中国民间文艺之乡
系中国民间文化遗产抢救工程系列成果
福建屏南
于2016年被中国民间文艺家协会命名为
中国红粬黄酒文化之乡

《中国民间文艺之乡》总编委会
　　总顾问：冯骥才
　　总主编：潘鲁生　邱运华
　　编委会主任：邱运华　朱　庆
　　编委会委员：潘鲁生　邱运华　周燕屏　吕　军　侯仰军　徐岫鹃　刘德伟
　　　　　　　　孔宏图　朱　庆　姚莲瑞　周小丽　王东升

《中国红粬黄酒文化之乡——福建屏南》编辑委员会
　　顾　问：吴允明　王旭东　周芬芳
　　主　任：张德力
　　副主任：余兆钢
　　编　委：陆则起　苏旭东　张少忠　张峥嵘　叶学菊　张璘琳
　　主　编：陆则起
　　成　员：吴良滇　张世带　张明玉　蓝长波　郑玉晶　吴文胜
　　　　　　陈俊孙　吴昊罡　余根尧　陈穗芳

中国
红粬黄酒
文化之乡
福建屏南

主编 陆则起

中国文联出版社
http://www.clapnet.cn

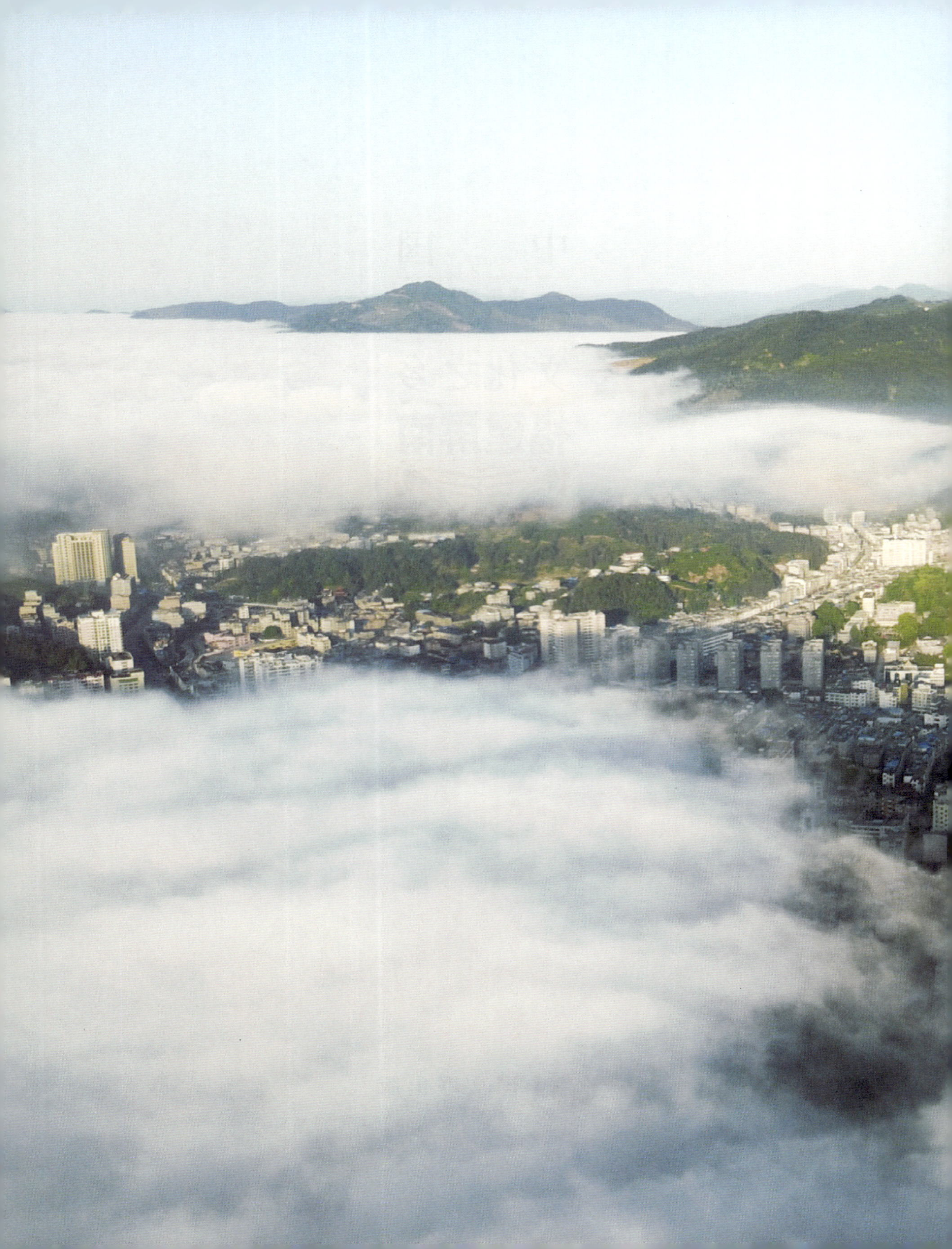

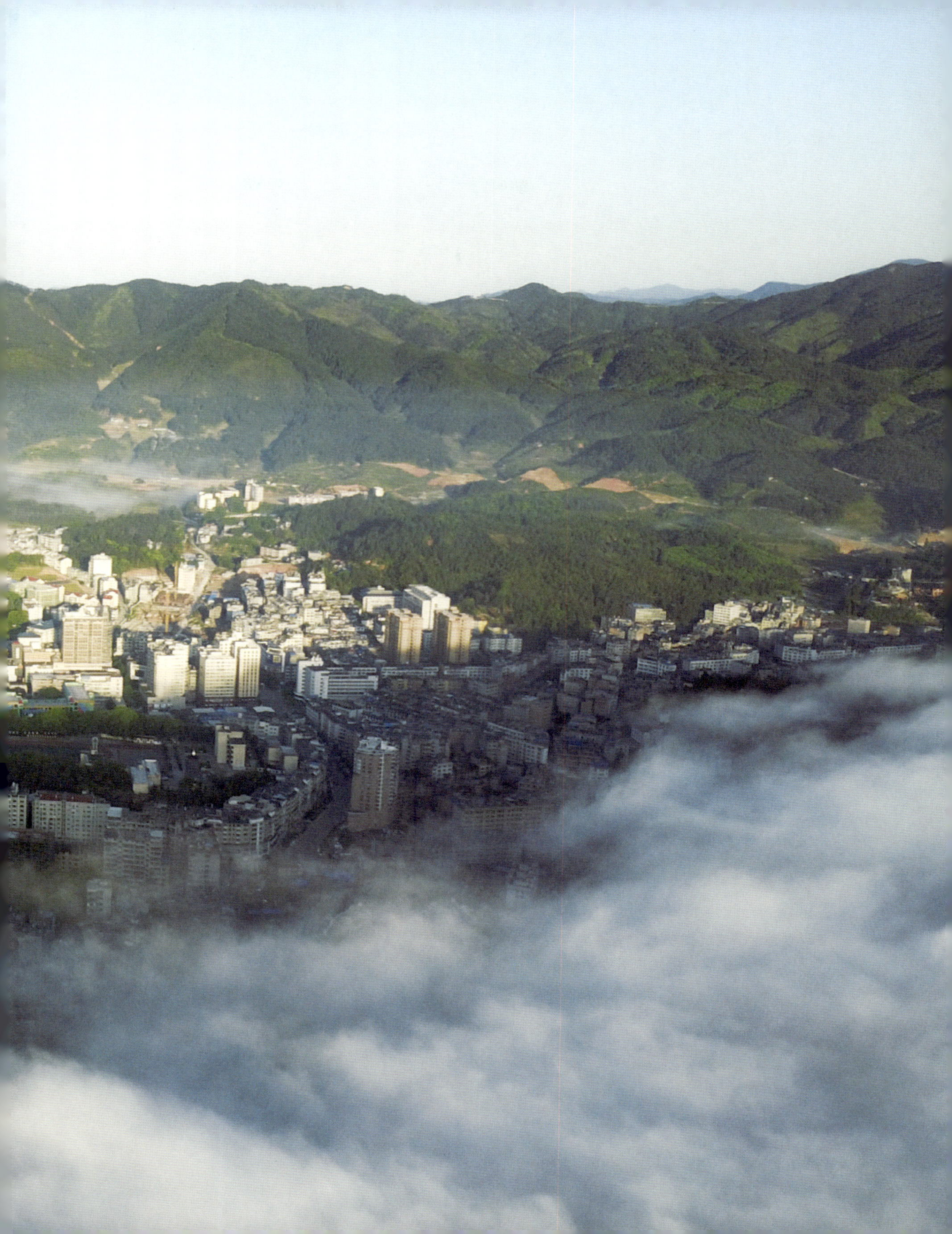

福建屏南

2015年1月被中国民间文艺家协会命名为
中国木拱廊桥文化之乡
中国民间武术文化之乡
2016年11月被中国民间文艺家协会命名为
中国红粬黄酒文化之乡 红粬黄酒文化传承基地
2017年11月被中国民间文艺家协会命名为
中国本草养生文化之乡 本草养生文化传承基地

乡村重建与民间文艺之乡建设

潘鲁生

"中国民间文艺之乡"丛书是我国民间文化遗产抢救工程的重要组成部分，以中国民间文艺家协会命名的遍布全国的"中国民间文艺之乡"和"民间文化传承基地"为基础，忠实记录了我国各地各民族独特的民间文艺，较为形象立体地展示了这些地区的民间文化遗产全貌，以生态性、民间性、地域性为特色反映了我国传统民间文艺的发展态势。书的名称采用"地名＋文化之乡名称"，一乡一卷，各卷独立成册，如《中国天河七夕文化之乡——湖北郧西》《中国民间文艺麒麟之乡——广东樟木头》《中国扑灰年画之乡——山东高密》等，是对各文艺之乡普查性的书写，内容包括文艺之乡基本情况、民间文化遗产、民俗生活等方面的信息，所调查记录和编写的信息翔实而准确。作为中国民间文艺家协会主持的中国民间文化遗产抢救与保护工程的成果之一，丛书是对中国民间文化进行大规模、系统的、科学的一次梳理，将为中国丰富的民间文化建立完善翔实的档案资料，具有较高的学术研究价值和社会价值，也是文化工作者、专家、艺术家和普通读者了解中国传统民间文化艺术，了解地方乡土文化的必读书。

"中国民间文艺之乡"丛书的出版在中国民间文化研究领域尚属首次，具有重要意义。近百年来，我国社会历史发展进程中贯穿着对乡村命运的关切，"乡村社会向何处去？如何守护传承乡村文明？"是一个深刻的发展命题。从20世纪30年代的乡村建设思潮，到新世纪以来，中央连续多年以"一号文件"的形式出台政策，一直关注农村问题。近年来国家高度重视农村文化建设，进一步关注决定中国乡村命运的乡村地位问题，从中华民族历史与文化的高度强调乡村是中国文明之根。习近平总书记2013年7月在湖北调研时强调，"农村绝不能成为荒芜的农村、留守的农村、记忆中的故园。"在2013年12月中央城镇化工作会议上提出，中国城镇化要"让居民望得见山、看得见水、记得住乡愁"。在2015年1月指出，"新农村建设一定要走符合农村实际的路子，遵循乡村自身发展规律，充分体现农村特点，注意乡土味道，保留乡村风貌，留得住青山绿水，记得住乡愁。"2015年中央一号文件明确提出"传承乡村文明"，在新农村建设中要"创新乡贤文化，弘扬善行义举，以乡情乡愁为纽带吸引和凝聚各方人士支持家乡建设，传承乡村文明"。可以说，乡村是中国五千年文明传承之载体，是中国文化传承与发展之根，乡村文明是中华文明的基础。在经济发展、实现温饱的背景下，中华民族的精神追求与文化传承越来越重要。追本溯源，源头在乡村。乡村是中国人的精神归属、记得住乡愁的家园。民间文艺之乡的发展基础在乡村、在社区、在基层，是对民族精神文化家园的守护。

一、增强乡村文化自信

一段时期以来，我们的乡村文明、乡土文化存在不同程度的断裂和瓦解，包括传统村落、民俗民艺、民间传承人等文化资源急剧流失，乡土文化的凝聚力不断减弱，乡村"空心化"问题较为严峻。社会发展需要共有的历史记忆、情感维系、文化寄托和凝聚，无论是城市还是乡村，即使物质上富有，如果精神上匮乏，仍然难以为继。从这个意义上说，重建乡村是一个精神文化工程，重建的是民众心灵的故乡。开展乡村重建，发展民间文艺之乡，也在于从更深层次上续存包括乡愁记忆、民间信仰、礼仪习俗、道德追求在内的精神纽带，增进人文关怀，提升我们民族民间文化复兴发展的内在动力。

我们要充分认识乡村文明的当代价值，增强乡村文化自信，保护好民间文艺传承发展的生态基础。要从全局意义上认识民间文艺之乡建设，在民间文化传承发展的源流与变迁、新型城镇化的必经历史进程、乡村重建与乡土文化生态以及特色文化对地方发展的驱动效应等更加宏观和综合的层面，为民间文艺之乡建设厘清脉络、找准定位。要从最基层、最具体的工作层面，共同研究和分析具体的民间文艺样态在传承保护与发展过程中面临哪些困境和难题，有哪些行之有效的办法以及怎样把我们的保护和发展理念落实为最具体的措施。要围绕乡村重建，加强民间文艺之乡的认定、建设与发展，要加强地区乡土教育，发掘地方民间文艺特色，编纂民间文艺的"乡土教材"，推进民间文艺进课堂，开展"民间文艺进校园"活动，加强民间文艺知识普及、民间文艺情感培养，增强乡土文化的自觉和自信。

二、激发民间文艺活力

发展民间文艺之乡，还要扎实做好民间文艺的保护与传承，积极创造条件，激发传统民间文艺活力。民间文艺不同于精英文艺，它来自生活，依托于生活，是生活的艺术。伴随我国社会转型和产业重点转移、人口城市化流动、生活方式和价值观变化，传统民间文艺的生活基础在发生改变。比如当传统民艺的集体基础相对弱化时，民间文艺创造的万千生活主体会不同程度地演变为传承坚守的艺人个体，原有的广泛蓬勃的文化基础和即时更新的创造力和感染力等相应受到影响。民间文艺之乡建设因此担负着民间文艺振兴的使命，不能局限于民艺样态本身，要关注民众的日常生活，关注民间文艺最广泛的参与者，关注民间文艺的多元载体，在老百姓"过日子"的过程中实现传承、创造与发展，使民间文艺作为一种情感的、审美的纽带，在礼仪互动、经济往来和节日欢歌中得到维系和传承。

激发民间文艺活力，不仅要保护和扶持相对少数的创作主体和传承人，做好重点保护和示范传习，还要进一步关注广大的接受群体和民间文艺的受众，做好普及宣传和推广，扩大队伍，增进认同。不仅要关注民间文艺本身，还要着力培育载体、厚植土壤，包括年节习俗、人生礼仪等时间载体，以及相关的传统村落、传统民居、庙宇宗祠等文化空间载体，还有与民间文艺发展水乳交融的歌圩集市、手艺劳作、乡戏娱乐等活动事项。比如要充分认识传统生活中节气以及与岁律相合的传统节日作为民间口头文学、民间戏曲、民间歌舞、民间美术、民间工艺等生成土壤的重要意义，进一步还原和培育传统节日里丰富的民间文艺内容，在当下生活空间中进一步充实民间文艺活动。比如有计划地恢复和培育优秀民间礼仪，增强传统文化认同与情感维系，培育民间文艺应用的文化空间，以及深刻认识民间文艺对传统村落、居民、生活的依存关系，推动传统村落保护，促进恢复传统民居营建等，保护民间文艺的丰富性等等。要着力推动地方特色文艺在农村和城乡社区扎根，开展传习、展演等群众文化活动，并针对不同群体和地方民间文艺样式因地制宜实施传承计划，使普通民众成为传统民间文艺传承的重要基础，使民间文艺成为社会、社区和民众自然、和谐、稳定、有序、良好互动的重要纽带，增强文化认同与凝聚。同时，积极吸收群众创作成果，培育民间文艺繁荣的基础。总之要扎根生活去研究，关心农村和社区群众，让民间文艺的发展充满生机活力。

三、创新民间文艺发展路径

建设和发展民间文艺之乡，要着力推动民间文艺的创造性转化与创新性发展，积极探索与当代生活需求的多元发展路径。1996年，在山东烟台召开的"当代社会变革中的传统工艺之路"的研讨会上，发布了《保护传统工艺 发展传统文化》的倡议书，提出，"中国手工文化及产业的理想状态应是：一部分继续以传统方式为人民提供生活用品,是大工业的补充和补偿;一部分作为文化遗产保存下来,成为认识历史的凭借;一部分蜕变为审美对象,成为精神产品;一部分则接受了现代生产工艺的改造成为依然保持着传统文化的温馨的产品。同时,还要建立适应现代生活的新手工文化。"也是在这期间,1997年我们提出启动民间文化生态保护计划,开展乡村调研采风,出版了"民间文化生态调查"丛书。当前,我们仍然要以科学、客观的态度把握相关民间文化的保护与发展问题。不仅要做源头保护,也要做终端利用;不仅要保护艺人等创造主体,也要激活更广泛的受众认同;要加强民间文艺的原生态、衍生态认定,促进民间文艺多元发展。

民间文艺之乡建设尤其要关注以下几个层面:一是具有鲜明民族历史文化特色但处于濒危困境的传统民间文艺的传承与活化,加强文化生态基础研究,制定保护与传承措施,从丰富中华传统民艺存量、续存民艺母本、保持民艺多样性的意义上,促进濒危传统民艺的活化与发展。二是与传统民间习俗、民间信仰和新时期的社会主义核心价值观一脉相承、有助于加深民族文化认同、增进民间文化凝聚、有助于丰富人民群众文化生活的传统民间文艺,要从文化建设意义上加以倡导和扶持发展,丰富乡村文化生活,增强民间文化创造力,延续匠心文脉。三是发展基础较好、具有较好的传承与生产基础,并有望拓宽发展空间的传统民艺,要进一步丰富题材和品种,提升设计与转化水平,培育知名品牌,提高传统工艺等行业管理水平和市场竞争力,提高从业者收入,提高对城乡创业就业的促进作用,促进传统工艺在当代生活中的广泛应用。不仅要做好"传统工艺振兴"的大课题,同时也要关注移动互联网和大数据为核心的现代数字信息技术的迅猛发展,"移动互联网+社交+大数据"以全新的支撑平台和传播渠道重建大众日常生活方式,重构文化的多元化发展格局,"互联网+"打通了生产价值链和消费价值链,成为相关文化创意产业发展的内生动力。民间文艺要与内容产业有效对接,民间工艺等要关注文化创意产业发展,在适应当代生活中寻求新的发展生机。

总之，乡村重建与民间文艺之乡发展是历史潮流中的自觉之举，是对民间文化使命的担当。我们要以更宽广的文化视野、更坚定的文化自信、更包容开放的胸襟投入到这项事业中来，共同守护民族的文化乡土，用民间文艺的纽带增进认同、涵养心灵，实现民族文化创造力的复兴。

在"中国民间文艺之乡"丛书付梓之际，是以记之。

丁酉小满，于泉城

目 录 >>>

前 言   001

第一章   基本概况
    第一节   自然地理   002
    第二节   历史沿革   007
    第三节   社会发展   010
    第四节   自然景观   015
    第五节   文物保护单位   020
    第六节   名镇名村与传统村落   026

第二章   红粬黄酒
    第一节   历史溯源   038
    第二节   酿造技艺   041
    第三节   酿造习俗   051
    第四节   文化形态   060
    第五节   传承发展   082

第三章   木拱廊桥
    第一节   历史演变   096
    第二节   表现形式   101
    第三节   营造技艺   111
    第四节   营造习俗   121
    第五节   文化空间   129

第六节　技艺传承　　142

第四章　传统戏剧
　　第一节　四平戏　　156
　　第二节　平讲戏　　164
　　第三节　乱弹戏　　171
　　第四节　四平傀儡戏　　176
　　第五节　杖头木偶戏　　182
　　第六节　戏剧习俗　　187
　　第七节　代表性传承人　　198

第五章　民间武术
　　第一节　种类与特点　　210
　　第二节　习俗与文化　　223
　　第三节　名家逸闻　　228
　　第四节　创新发展　　236

第六章　本草养生
　　第一节　历史渊源　　246
　　第二节　青草医知识与实践　　251
　　第三节　药膳养生　　265
　　第四节　"茶"道文化　　283

第七章　保护与发展
　　第一节　保护实践　　298
　　第二节　学术研究　　306
　　第三节　实施方案　　317
　　第四节　创新发展　　323

主要参考书目　　330
后　记　　331

前　言

张德力

千峰竞秀，百川争流；屏山汾水，生机盎然。

屏南县位于福建省东北部、鹫峰山脉中段，于清雍正十二年（1734）建县，幅员1487平方公里，辖5镇6乡152个行政村7个社区，人口20.53万。这里是革命老区县、高山生态县、风景名胜县、文化厚重县，是一方充满生机和希望的绿色宝地。

屏南平均海拔830米，森林覆盖率76.4%，绿化程度93.2%，是福建省平均海拔、森林覆盖率最高的县份之一，是典型的高山生态县。屏南自然景观奇特，风景名胜众多，世界地质公园、国家级风景名胜区、国家5A级旅游景区白水洋•鸳鸯溪位于境内。2016年，屏南县被国家旅游局公布为首批"国家全域旅游示范区"，白水洋•鸳鸯溪景区被公布为首批"国家绿色旅游示范基地"和"全国十佳避暑景区"。屏南是福建省26个重点苏区县之一，叶飞等老一辈革命家曾在这里战斗过，屏南是新四军六团北上抗日整编集训与出征地，被誉为"红旗不倒县"。

屏南历史悠久，人文荟萃，境内分布大王台等商周文化遗址14处，文明史可上溯至商周时期。魏晋至明清，中原先民多次南迁入闽，屏南成为一个重要的过境地和落脚点，中原文化与古闽越文明在这里得到较好的融合。同时，古代屏南还是闽海洋与内陆茶盐商贸的重要通道，茶盐古道是南来北往的商旅踏出的文化之路、商贸之路，是福建古丝绸之路的重要组成部分。

屏南地处丘陵地带，生活在这片热土上的先民具有山地文化粗犷与豪迈的底蕴。田畴之上，山峰林立，山脉逶迤，其文化中存在着坚韧、刚毅的元素。大斧垦荒、大犁耕地、大鼎煮食、海碗喝酒，粗吃粗做成生存常态。大嗓说话、大腔唱戏，耍拳舞棍、迎神赛会，高腔高调成文化特质。

近年来，屏南经过努力挖掘与积极申报，在文化遗产保护与品牌建设方面成果丰硕。现拥有联合国教科文组织《急需保护的非物质文化遗产名录》项目"中国木拱桥传统营造技艺"；"闽浙木拱廊桥"（包括闽浙两省七县22座木拱廊桥，屏南有万安桥、千乘桥、广福桥、广利桥、龙津桥）入选第三批《中国世界文化遗产预备名单》；国家级文化类项目共有30多项，包括全国重点文物保护单位2项11处，含"闽东北廊桥"（万安桥、千乘桥、百祥桥）、"漈下建筑群"（龙漈仙宫等8个单体建筑）；国家级非物质文化遗产代表作名录项目四平戏、屏南平讲戏、木拱桥传统营造技艺、双溪铁枝传统表演技艺4项；中国历史文化名镇名村3个（双溪镇、漈下村、漈头村）以及棠口村、长桥村、柏源村、厦地村、北墘村等22个中国传统村落；同时，国家文化部与中国民协分别授予屏南中国民间文化艺术之乡（民间戏曲）、中国木拱廊桥文化之乡、中国民间武术文化之乡、中国红粬黄酒文化之乡、中国本草养生文化之乡；中国民族建筑研究会授予屏南木拱廊桥、双溪古镇、漈头村、漈下村、棠口村、厦地村、北墘村等7处为"中国传统建筑文化旅游目的地"，授予屏南"中国传统村落文化创意产业发展示范县"称号；中国药膳研究会授予屏南"中国民间药膳示范县"。

屏南是一块美丽神奇的绿色生态区域，一方充满生机和希望的土地。近年来，屏南县确立"差异发展、绿色崛起"发展思路，铁心拼搏，奋力攻坚，加快建设海西一流的观光休闲、养生度假旅游目的地和福建三产联动示范区，努力实现县强民富生态美的山区发展一流县目标。

《中国红粬黄酒文化之乡——福建屏南》，全面系统地反映了屏南的地理区位、自然资源、生态环境、人文历史以及社会经济发展成就。特别是以红粬黄酒、木拱廊桥、民间戏曲、传统武术、本草养生文化为主线，系统地展示了屏南形象和风貌。该书在把握时代特征、彰显地理特色、突出地方特点等诸多方面做了很大努力,以严谨的学风,简洁的文笔,翔实的史料,精确的考证,为读者奉献了一本图文并茂的通俗读物。该书对宣传提升屏南知名度有着积极作用,希望您能通过阅读此书,了解屏南,认识屏南,热爱屏南!

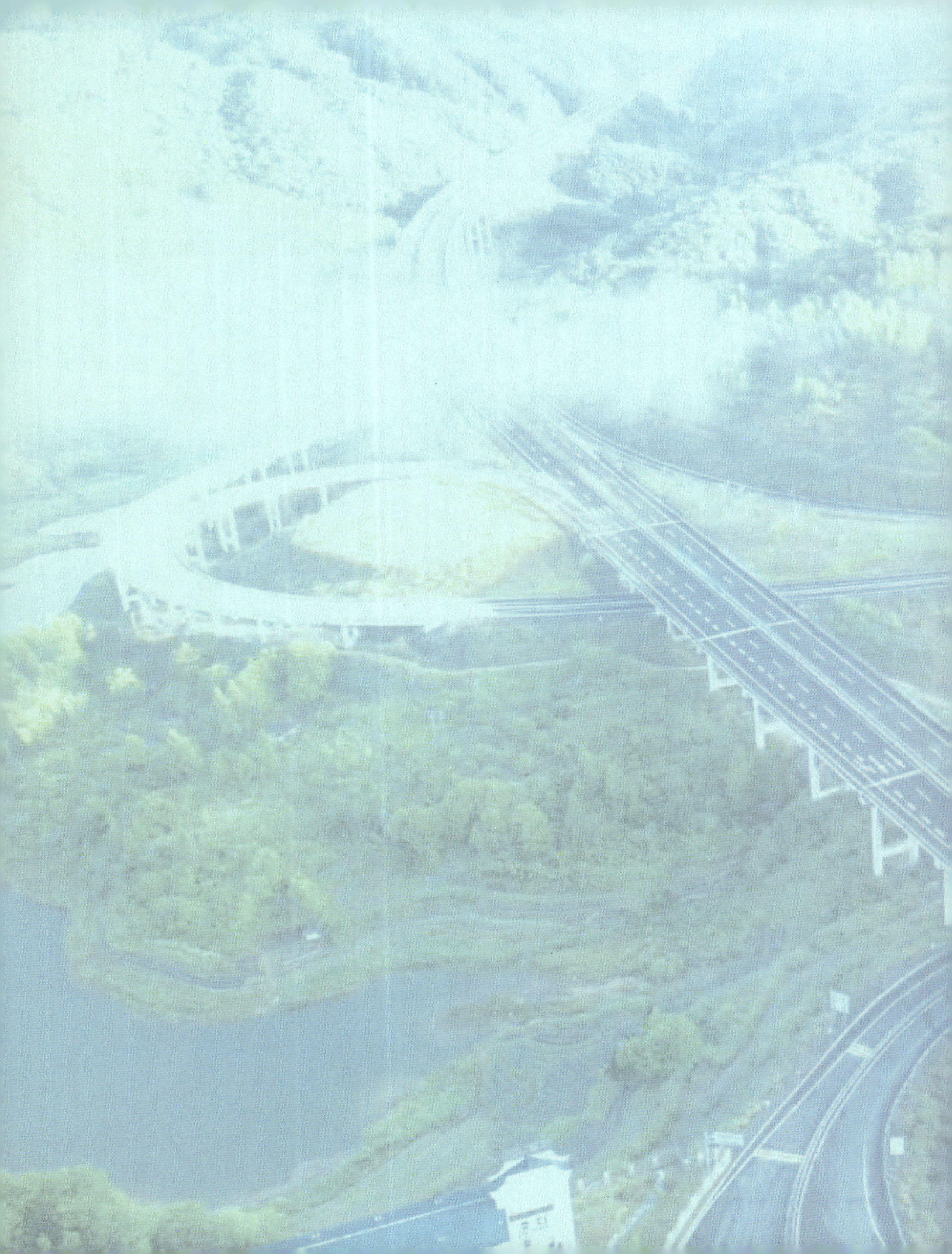

第一章 基本概况

屏南县位于福建省东北部、鹫峰山脉中段,于清雍正十二年(1734)建县,幅员1487平方千米,辖5镇6乡152个行政村7个社区,人口20.53万。这里是革命老区县、高山生态县、风景名胜县、文化厚重县。近年来,屏南县确立『差异发展、绿色崛起』发展思路,铁心拼搏,奋力攻坚,加快建设海西一流的观光休闲、养生度假旅游目的地和福建三产联动示范区,努力实现县强民富生态美的山区发展一流县目标。

第一节　自然地理

屏南县位于福建省东北部，霍童溪、古田溪上游，屏南是典型的内陆山区县。地理坐标介于北纬26°44′～27°10′，东经118°41′～119°13′，东南与宁德市蕉城区相连，东北与周宁县交界，北与政和县接壤，西北至西与建瓯市毗邻，西南至南与古田县相接。全境东西宽54公里，南北长50公里，县境总面积1487平方千米。

一、地理环境

屏南区域地质位置是在寿宁—南靖北东向断裂带及政和—大埔北东向断裂带之间。主要地层以晚侏罗系酸性碎斑熔岩为主。屏南县境内地层出露不全，从前震旦系至新生界为断续出现，其中以中生界晚期上侏罗－下白垩统陆相中性－中酸性火山沉积碎屑岩分布最广，约占全县面积的四分之三，前震旦系变质岩和新生界上第三系玄武岩只小面积出露。全县岩石除少量变质岩外，大部分是岩浆岩，没有正常沉积岩出露。岩浆岩主要有侵入岩、次火山岩、喷出岩三类。

白水洋全景

屏南境内地质构造以新华夏系为主，其次还有东西向和北西向构造。构造形迹主要以断裂形式出现，褶皱构造不发育。世界地质公园白水洋是极为罕见的高峡平洋，是由九岭溪和仙耙溪流水长期侵蚀作用形成的一个宽阔的平底基岩河床。

屏南地处鹫峰山脉中段，地势西北高、东南低。地貌属中山、低山、丘陵、山间盆地4种类型。其中中、低山分布最广，面积1368.9平方千米，占全县总面积的93.1%。丘陵面积49.2平方千米，占有全县总面积的3.3%。山间盆地面积52.57平方千米，占全县面积3.6%。屏南境内仅有小块山间盆地，山多田少，是典型的"九山半水半分田"的山区县。境内山峦叠嶂，群峰耸峙，山谷盆地纵横交错，大部分地区海拔700—800米之间，平均海拔830米，大小山峰300余座，千米以上山峰达265座，其中东峰尖海拔1627米为境内最高峰，寿山乡园坪村为全县海拔最低处，仅250米，两处高程差1377米。屏南境内前十大山峰分别是：东峰尖（1627米）、鸡鸣山（1529米）、灵峰尖（1513米）、仙殿顶（1385.9米）、南山尖（1477米）、印山（1374米）、笔架山（1369米）、谷婆峰（1302米）、黄必峰（1287米）、文笔峰（1231米）。

二、自然资源

屏南全县土地总面积148733.07公顷。其中耕地15321.73公顷，占总面积10.30%；园地6756.92公顷，占总面积4.54%；林地108644.18公顷，占总面积73.05%；草地8871.66公顷，占总面积1.17%；交通运输用地894.88公顷，占总面积0.60%；水域及水利设施用地2373.54公顷，占总面积1.60%。

屏南境内探明的矿藏资源金属类矿主要有铅、锌、银、铜、锰、银、铁、稀土等，但贮藏量不大。非金属矿主要有硅石、石墨、石灰岩、叶蜡石、紫砂陶土、闪长岩石材、辉石闪长岩石材、辉绿岩石材、花斑状花岗岩石材、片麻岩石材等，其中优势矿种为闪长岩类石材。境内土壤以红壤和黄壤为主，红壤分布最广，占境内土地面积的46.99%，黄壤占34.46%。

屏南原生植被属于闽中戴云山—鹫峰山脉常绿槠类照叶林小区，境内原生植被主要有壳斗科、樟科、山茶科、杜英科等常绿阔叶树种组成。经过长期人工措施和开发利用，原生植被群落被主体马尾松、杉木等常绿针叶林所取代。

屏南是块绿色的宝地，境内林海苍莽，溪流纵横，森林资源丰富。全县森林面积184.42万亩，木材蓄积量594.3万立方米，竹林面积25.8万亩，森林覆盖率76.4%，绿化程度93.2%，居宁德市之首。

屏南植被类型有8种、43个群系、212个群丛。境内濒危植物较多，共有26种。其中一级保护植物5种，二级保护植物13种，三级保护植物4种，省重点保护植物13种。世界闻名孑遗植物银杏、红豆杉、水松、桐木、喜树、闽楠、福建柏、长叶榧等零星分布于县境东北部，成片水松林（73株）仅分布于县境西北部岭下上楼村，该植物入选中国孑遗植物特种邮票。

水松林

水松邮票

鸳鸯邮票

屏南县复杂的生态环境以及丰富的植被，为野生动物提供了良好的栖息场所，据野生动物调查统计，县内有哺乳动物100多种，属国家级保护的有云豹、黑鹿、苏门羚、猕猴、穿山甲、大（小）灵猫等；鸟类400多种，属国家级保护的有赤腹鹰、林雕、白鹇、白颈长尾雉、鸳鸯等；两栖与爬行类动物近百种，属国家级保护的有蟒蛇、平胸龟、虎纹蛙等；昆虫种类十分丰富，1万多种。屏南拥有宜洋鸳鸯猕猴省级自然保护区，保护区地处屏南东北部，地跨屏南、周宁、政和三县，于1984年设立，保护区东西宽近1.0公里，南北长约14.5公里，总面积为1457.3公顷。保护区以鸳鸯、猕猴等21种国家I、II级野生动、植物为重点保护对象，同时具有典型的中亚热带常绿阔叶林生态系统和水源涵养林特征。保护区属于野生生物类别中的野生动物类型的自然保护区。

三、气象水文

屏南县地处低纬度，并受海洋影响较大，属中亚热带海洋性季风气候，四季分明，冬无严寒，夏无酷暑。冬季除个别年份外不出现"轻寒期"，仅海拔千米以上山地中有一个月左右 0～5℃的"冷期"。夏季全县不出现气温大于28℃的"暑热期"，仅海拔700米以下地区才有1～2个月气温大于25℃的"炎热期"。由于屏南大部分乡镇海拔较高，各地年平均气温在13℃～18℃之间。屏南县城海拔820米，年平均气温仅15℃。是福建省"凉区"之一。屏南雨量充沛，年均降水量1842.3毫米，分布从西北、西南向东南递减。降水随季节变化显著，一年可分为春雨（3～4月，雨量340～480毫米）、梅雨（5～6月，雨量500～650毫米）、台风雷阵雨（7～9月，雨量410～530毫米）和秋冬雨（10～2月，仅290～380毫米）等4个降水季节。降水量年际变化大。屏南境内大部分是山地，沟壑纵横，山高谷深，切割强烈，许多地方相对海拔高差大，每当海拔高度升高100米，气候要素就会发生年平均气温降低0.6℃；平均年降水量增加20毫米左右；最低气温降低0.5℃，海拔900米高度极端低温可达-10℃等变化。

屏南降水充沛，水资源丰富。水资源总量为17.54亿立方米，其中地表水14.4亿立方米，占82％；地下水3.14亿立方米，占18％。平均每平方公里水量119万立方米。人均占有水量11975立方米，耕地亩均水量8679立方米，均高于全国、全省水平。境内有大小溪流186条，分属霍童溪和古田溪两大水系，其中主要溪流有7条，属霍童溪水系的有棠口溪、金造溪、白玉溪、后龙溪、代溪，流域面积1340平方公里；属古田溪水系的有长桥溪、柏源溪，流域面积405平方公里。水电可开发装机容量46万千瓦，已建成电站装机容量43万千瓦，被列为全国100个农村电气化试点县之一。

棠口溪　系全县最大的溪流，发源于岭下乡东峰尖北麓，经岭下至长栏桥与双溪汇合而成，至寿山乡的单条桥与金造溪汇合流入霍童溪。流域面积670平方公里，全长45公里，比降19.1‰，天然落差1010米。

鸳鸯湖

金造溪　发源于甘棠乡天湖山顶北麓，流经屏城乡，至棠口镇金造桥与后龙溪汇合而成，东穿熙岭、代溪2乡北部和寿山乡南部，汇入霍童溪。流域面积297平方公里，全长39公里，比降11.7‰，天然落差950米。

后龙溪　发源于政和县，是屏南与政和、周宁两县的界河，在县境内溪段又称为叉溪，经双溪镇、寿山乡后进入宁德县境。流域面积100平方公里，境内长48公里，比降23.5‰，天然落差763米，水能理论蕴藏量53221千瓦，平均流量19.76立方米/秒，年平均径流量6.23亿立方米。

代溪　发源于天湖山顶西北麓，经代溪镇后汇入霍童溪。流域面积208平方公里，全长31公里，比降40.1‰，天然落差851米，水能理论蕴藏量15553.5千瓦，平均流量8.36立方米/秒，年平均径流量2.64亿立方米。

长桥溪　发源于岭下乡东峰尖南麓，经屏城、长桥两乡，汇入古田溪。流域面积199平方公里，全长34公里，比降18.9‰，天然落差810米，水能理论蕴藏量7701千瓦，平均流量7.56立方米／秒，年平均径流量2.38亿立方米。

　　柏源溪　由路下溪、门里溪和岑洋溪汇流而成。发源于路下乡灵峰尖，经路下乡、长桥镇，流域面积206平方公里，全长35公里，比降25‰，天然落差850米，水能理论蕴藏量为8160.2千瓦。屏南县内溪流河床坡降大，源短流急，属于暴涨暴落的山区性河流。通常每年5~6月溪流水位最高，11月至翌年2月水位最低。屏南境内森林茂盛，植被完好，地表水呈中性或微酸性，水质好，大部分溪段为一级水，符合饮用、渔业和地面水质标准。

第二节　历史沿革

　　屏南于清雍正十二年（1734）建县，辖5镇6乡152个行政村、7个社区，总人口20.53万。屏南基本县情可以概括为"四县"，即革命老区县、高山生态县、风景名胜县、文化厚重县。屏南是福建省26个重点苏区县之一，叶飞等老一辈革命家曾在这里战斗过，被誉为"红旗不倒县"。

一、历史沿革

　　屏南境内考古发现的14处新石器时代古文化遗址，表明屏南境内人类活动最早可以追溯到三千年前的商周时期。《古田县志》《屏南县志》记载，古田自唐开元二十九年（741）析侯官立县，今屏南地域属古田县管辖。清雍正九年（1731），古田知县赵琳，以"古邑界连四府九县，地方辽阔，跨六百余里，鞭长莫及"为由，请求分县，历四载。雍正十二年（1734）析古田县东北部移风里、新俗里和横溪里的13都之地建县。县治所在地双溪位于屏山之南，故雍正皇帝赐县名为"屏南"，由古田知县朱岳楷、马纶华先后兼摄县政，因而只有分县之名，而无建治之实。至清乾隆元年（1736）第三任知县沈钟莅任后，始兴建城池、衙署、学宫、市肆，初具县治规模。

　　屏南建县后，属福州府管辖。民国元年（1912）废府、州制，实行省、道、县三级建制，屏南县属福建省东路道。民国十四年（1925）废道，屏南直

属福建省辖。民国十二年（1923），十九路军在福州成立的中华共和国人民革命政府将福建省划分为4个省，屏南属闽海省。民国二十三年至三十八年（1934—1949），屏南历属第二、三、八行政督察区。1949年，

《屏南县志》

屏南属南平专区；1963年8月，改属闽侯专区；1970年7月，又改属福安专区。1971年，原福安专署驻地迁往宁德，改称宁德地区，2000年宁德撤地建市，屏南县属之。屏南自1735年建县至1949年县治均设于古城双溪，新中国成立后屏南县人民政府于1949年12月3日在双溪旧城成立。1950年至1956年2月，县治设于长桥镇，1956年2月迁到新城长坋村、古厦村现址至今。

二、民族人口

屏南全县总人口约20.53万人。由于屏南地处偏僻，历史上长期交通闭塞，经济、文化落后，人口县际流动极少，因此各村点稳定为单一姓氏的人口居多。新中国成立后，因交往增加，人口入迁较频繁，姓氏随之渐趋复杂，全县现有约230个姓氏。其中人口在千人

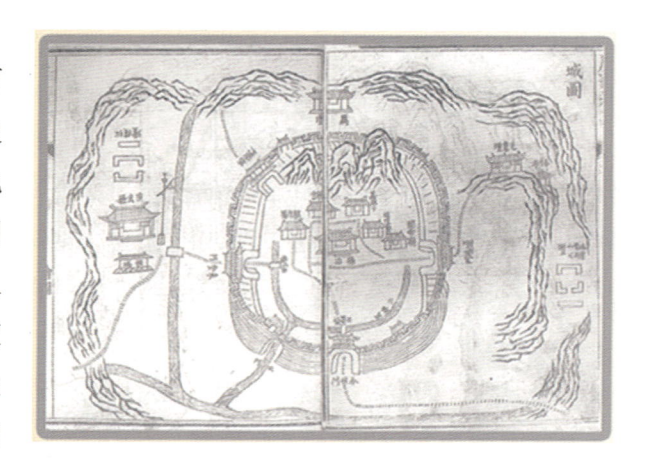

《屏南县志》县域图

以上的姓氏有张、陈、陆、郑、吴、叶、周、林、黄、苏、李、杨、甘、韦、谢、何、包、胡、徐、江、卓、彭、高、魏、王、余、刘、孙、宋、韩、章、倪、游、邱、熊、薛等36个。其中张姓最多，约2.8万人；陈姓第二，约1.8万人；陆姓第三，约1.6万人。其他姓氏人口均未超过万人。

屏南人口民族结构较单一，汉族人口占总人口的99.7%，遍及各村，少数民族有畲、回、藏、蒙古、朝鲜、壮、俄罗斯、苗、黎等十多个，其中以畲族人口居多。

三、方言特点

屏南地方方言属闽方言中以福州话为代表的闽东方言南片，接近古田话。由于历史上的原因和地理条件，屏南人和古田人交往密切。因此，屏南话和古田话这个小片看作是闽东方言中南片和北片之间的过渡片，兼具南片话、北片话的某些特点。屏南话可以分为里路话、前路话和下路话三个小片。里路片包括双溪镇、岭下乡、棠口镇和古峰镇以及屏城、寿山两个乡的一部分村庄，人口计11万多，占屏南县总人口的53.6%多。前路片包括甘棠、长桥两个乡镇以及路下、屏城、熙岭的一部分村庄，人口计5万多，占屏南县总人口的24.4%左右。下路片包括代溪镇以及熙岭、寿山两个乡的一部分村庄，人口计4.5万多，占屏南县总人口的22%左右。屏南话以里路话为主体。

由于屏南地接两市五县（市），复杂的地理环境使屏南的边界方言更为复杂。县境西南部、南部大片受古田话影响而形成前路话；东南部部分区域受宁德话影响而形成下路话；县境西北部因现南平市建瓯毗邻，使岭下乡的富竹、上楼、东峰、上梨洋，路下乡的发竹坑、秋园、岭头等村都能讲属于闽北方言系统的建瓯话，他们也能讲屏南话，但均带有浓重"建瓯腔"，而岭下乡谢坑村、葛畲村，他们的屏南话却融入了建瓯话和政和话成分；双溪镇紧靠政和的北村的屏南话则带有政和腔。

屏南方言有以下几个特征，一是方言中仍保存古汉语和吴楚方言的特点，是汉语言的活化石；二是屏南话属于福州方言，历来以语词丰富、语体多样、语流音变复杂而著称，是汉语方言中最具特色的一种；三是屏南方言词汇中留下了不同历史层面的历史印记，是研究本地历史文化的重要见证。

瑞光塔

第三节　社会发展

屏南是一块美丽神奇的绿色生态区域，一方充满生机和希望的土地。近年来，屏南县确立"差异发展、绿色崛起"发展思路，铁心拼搏，奋力攻坚，加快建设海西一流的观光休闲、养生度假旅游目的地和福建三产联动示范区，努力实现县强民富生态美的山区发展一流县目标。

一、经济建设

2017年，屏南县完成地区生产总值73.43亿元，固定资产投资58.77亿元，社会消费品零售总额20.5亿元；公共财政总收入6亿元，地方公共财政收入3.83亿元；城镇居民人均可支配收入25171元，农民人均可支配收入13298元。

（一）旅游经济长足发展

屏南立足资源特色，提出以"建设国内一流旅游县"和"一流健康养生休闲度假胜地"为发展目标，依托大交通，高起点、适度超前地规划旅游产业，大力推进旅游重点项目建设。形成了以县城为中心，"旅游古镇"双溪镇、"廊桥水乡"长桥镇、"甘国宝文化旅游园区"甘棠乡三个旅游特色乡镇为副中心；强化以生态观光、民俗文化、休闲度假、红色旅游四个主题旅游，依托以15个国家级传统村落，9个省级传统村落，建设特色乡村休闲游，推动乡村旅游发展组成全域旅游结构体系，实现旅游产业的全域覆盖，并着手长桥至白水洋沿线的产业规划，逐步把长桥、甘棠、古峰、棠口、双溪一线串连，建成一条品位高、规模大、配套全的国家级旅游产业带。其次，通过突出特色，促进全面发展。发挥"旅游+"功能，与农业、林业、工业、文创、电商、体育等特色产业深度融合，形成新的生产力和竞争力，进一步延伸旅游产业链。着力构建多样化、个性化的旅游产品和服务体系，提高"清新福建•生态屏南"全域旅游品牌效应。

（二）新型工业发展壮大

近年来，屏南突出质效提升，致力加快发展，壮大新型工业。按照抓龙头、铸链条、建集群的思路，突出产业延链、补链、强链工作，推进产业集群发展。其中新能源汽车新材料产业化项目（一期）2018年5月投产，年产值达20亿元，新能源"811"项目已完成备案，并动工建设。福建省（屏南）榕屏技改一期、中源新能源醇烃复合燃料一期项目已入驻精细化工园区，正在有序建设中，全部建成后，预计年产值达30亿元。板式家具制造项目与福建福旅贸易有限公司以及福建家具制造企业商会所属8家企业签订了正式投资协议，建成后产值可达15亿元。

（三）农业基础得到巩固

绿色农业、生态农业是屏南农业发展的定位，也是农业走向规模化、品牌化、现代化的风向标。屏南着力做优农村经济，大力发展现代农业。按照"创特色、抓龙头、打品牌"的要求，在稳定粮食的基础上，扶持发展设施、观光和品牌农业。全县食用菌1.5万吨，年产值4.8亿元；高山蔬菜16万亩，年产值5

亿元；竹林面积26万余亩，年产值4亿元；优质茶果7万多亩，年产值1.5亿元；鲟鱼、大鲵、棘胸蛙、淡水鳗鲡等特种养殖年产值也过亿元，成为农民增收主渠道和特色农业支撑点。农业领域已拥有惠泽龙1个中国驰名商标、2个国家地理证明商标、17个绿色认证和无公害认证产品。

（四）城市面貌持续改善

屏南县在做旺城市经济方面将围绕建设海西腹地生态优美的宜居县城目标，按照"小县大城关"的要求，持续推进"东进、西扩、北展、南优、提中心"城市发展战略。坚持把城区当作景区规划建设，组建北部、西南、东南三个组团，实现乡镇组团式发展。全面铺开省级新型城镇化试点工作，扎实推进国家级园林县城、省级森林县城创建工作。深化城市执法体制改革，进一步拓

春野

古政高速

展中心城区规划体量，提升城市品位内涵、承载能力和管理水平。力争到2020年城区面积达26.7平方千米，城镇化率大于60%。通过几年努力，把东区旅游生态城建成产城联动、新型城镇化、全域化旅游发展的先行区、示范区，实现棠口、古峰两镇同城。抓好城市绿化、路网、管道、夜景等市政工程专项规划与建设，使屏南成为宜居宜业宜游的向往之城。

（五）交通环境便捷通畅

屏南县结合省"八纵十一横十五联"的交通建设方案，加快实施高速铁路、高速公路、省道、农村公路、场站建设等各项发展规划。交通区位优势逐步凸显。屏南现有宁德至武夷山高速公路连接线和两条国道，宁德至衢州铁路、连接京台高速公路的屏古联络线已建成通车，屏南通用机场项目、火车站扩容及连接县城一级公路项目得到省里支持，而且率先在宁德市完成"镇镇有干线"项目，形成以县城为中心的半小时交通圈。以快速便捷的现代交通体系支撑，将屏南发展成为区域交通枢纽、福州大都市圈后花园和东南旅游集散地。

二、社会事业

屏南坚持以人民为中心的发展思想,实施民生社会事业四个领域的补短板项目。加强基础教育内涵建设,全县有高级中学1所、职业中专1所、完中3所、初中9所、小学92所、幼儿园21所、特教学校1所,通过国家义务教育发展基本均衡县评估验收。全县分级诊疗制度实现全覆盖,医联体改革稳步推进,家庭医生签约服务覆盖率不断上升,养老体系不断完善,12349服务平台正式启动。文化体育事业长足发展,2018年实现基层综合文化服务中心建设全覆盖。荣获国家高水平体育后备人才基地、国家登山健身步道示范点及省级文化产业示范基地称号。屏南被评为第五届福建省科普先进县,县科技馆投入使用并对外开放。

屏南着力提升社会保障水平,落实促进就业创业扶持政策,完善就业服务平台,执行劳动保障守信激励和失信惩戒制度,努力构建和谐劳动关系。健全社会求助体系,按照兜底线、织密网、建机制的要求,不断完善对困难企业、特殊群体的扶持和救助。坚持多主体供给、多渠道保障、租购并举的住房制度,让人民群众住得起、住得好。深化"平安屏南"建设,坚决贯彻"总体国家安全观",统筹推进各项安全工作。保持社会和谐稳定,进一步提高群众的获得感、幸福感、安全感。

屏南城区鸟瞰

第四节　自然景观

屏南生态环境良好，自然景观奇特，风景名胜众多，2016年2月，屏南县被国家旅游局公布为首批"国家全域旅游示范区"。同年9月，白水洋•鸳鸯溪景区又被公布为首批"国家绿色旅游示范基地"。2017年，屏南全县接待游客达405.3万人次，增长21.6%，旅游综合收入32.1亿元，增长31.7%。

一、白水洋•鸳鸯溪风景名胜区

世界地质公园、国家级风景名胜区、国家5A级旅游景区白水洋•鸳鸯溪景区总面积66平方公里，分为白水洋、宜洋（鸳鸯溪）、刘公岩、太保楼、鸳鸯湖五大景区。

（一）白水洋

白水洋是鸳鸯溪五大景区中最具特色的天然景观，平坦的岩石河床一石而就，净无沙砾，登高俯瞰，其形状犹如一丘刚刚耙平的巨大农田，平展展地坐落在崇山峻岭之中。因而当地人称"仙耙溪"。白水洋中洋面积达4万平方米，最宽处182米，河床布水均匀，水深没踝。阳光下波光潋滟，一片白炽。白水洋是目前已发现的全世界最大的稀有浅水广场。经专家考证，白水洋为火山岩地貌，由于地壳运动，部分地段有花岗岩侵入，河床底部岩石由于横向节理比较

发育，在水流的长期冲刷下，形成了今天这种奇特的地质景观。白水洋的地质地貌虽然不是太复杂，但形成这种地貌的原因，目前仍然是众说纷纭。白水洋被称为"奇特景观""天下绝景，宇宙之谜"。

白水洋可开展水上拔河、鸳鸯板竞走、骑车、漂流、冲浪、皮划艇极限运动、万人泼水等别具一格的水上活动。每年夏秋季节，屏南县都会在白水洋与鸳鸯溪举办水上特色运动会与国际皮划艇极限挑战赛，吸引国内外极限运动名将参赛，成为国内著名的水上运动项目。白水洋的宽谷与两岸的峭岩形成巨大反差，其周边的五老峰、观音岩景色秀美，景区中还有猴王望月、神龙吸水、水族拜观音、棋盘石、纱帽岩、孔明帽、齐天大圣洞等景观。

（二）鸳鸯溪

鸳鸯溪（宜洋）景区森林茂密，峡谷纵向深度800多米，横向跨度最窄处仅1.8米，融秀溪、峡峰、怪岩、奇洞、雄瀑、诡云、朦雾、古道、险栈、珍禽异兽于一体，构成一幅立体式的十里画廊。鸳鸯溪景区内共有树木151科，428属，747种。在环境清幽的鸳鸯溪峡谷中栖息着几百只中华猕猴和鸳鸯、白鹇、

水上盛会

云豹、蟒蛇、穿山甲等十多种国家二类以上保护动物,每年冬季都有数以千计的鸳鸯鸟来此过冬,所以,鸳鸯溪享有"鸳鸯故乡""爱侣胜地"的美誉。鸳鸯溪是我国瀑布最多的景区之一,其中百丈漈瀑布水帘洞天、小壶口瀑布、

仙境鸳鸯溪·凌云栈道

鼎潭仙宴谷为特级景点，人称"瀑布世界"。其中百丈漈瀑布落差157米，宽20多米，气势恢宏，瀑前长虹卧波，气象万千。小壶口瀑布潭深达数丈，潭壁笔直，滔滔溪水注入壶口，飞泻深潭，惊涛荡谷，雄奇壮观。鼎潭仙宴谷四潭如巨鼎相连，潭深丈余，潭内碧水沸腾，水雾弥漫。此外，鸳鸯溪景区还有喇叭漈、青蝶漈、九重漈、仙女瀑、游龙瀑、印潭、长潭、九曲潭、刀鞘潭、情岭、虎嘴岩、比翼峰、凌云栈道、九扎龙洞石林等高山峡谷景观。

（三）刘公岩

刘公岩位于屏南县双溪镇水竹洋村，景区面积约7平方千米，有刘公岩、玉柱峰、仙峰顶、情侣峰、三鲤峰、桃源洞、古栈道、柳杉王等自然景观。其中，刘公岩由石堡和峰丛组成整座岩体，形状奇特，颜色如黛，岩壁上有刘公洞，设神龛祀刘四公，属石窟寺遗址。

刘公岩

（四）太保楼

太保楼景区位于鸳鸯溪下游郑山村周边，区内奇峰林立，峡谷幽深，植被良好。主要景观有太保楼、玉兔岩、老翁岩、金鸡岩、牛鼻洞、折叠瀑等。离此不远有磐臂岭，位于双溪镇往郑山途中，道路弯曲似磐臂，古为县道，是屏南往周宁必经之路，岭两边森林茂密，一路可观景点颇丰。

（五）鸳鸯湖

鸳鸯湖景区位于双溪古镇西侧，湖中分布数岛，环境清幽。湖上碧波荡漾，树影婆娑，甚是秀丽。湖光山色和双溪古镇风貌构成一道亮丽的风景线。湖边有瑞光塔、避暑山庄，高速与白水洋互通，古镇外有迎恩桥、劝农桥、大观亭、北岩寺、蟠龙墓，内有老街、古民居、孔庙、城隍庙、石牌坊等人文景观。

二、天星山国家森林公园

天星山国家森林公园由龙井桥景区与仙山松海景区两部分组成，公园规划总面积1862公顷。

（一）仙山松海景区

仙山松海景区位于路下乡与长桥镇辖区内，原名仙山牧场，距屏南县城西北约70公里处，与古田、建瓯交界，面积达10万亩，平均海拔1100米，夏季凉爽。仙山松海景区是福建迄今发现面积最大、保存最完好的天然黄山松林，面积约1350公顷，同时还是华东罕见、福建面积最大的中山草本泥炭湿地，由12片分散湿地组成。仙山松海景区有竹笋、野生菌、蕨菜、树梅、豺狗、麂、山鸡、棘胸蛙、娃娃鱼等野生动植物。主要景点有仙山湖、聚仙岩、仙人洞、卧仙石、李生岩、送子观音、脊背岩、天元石、双鸟石等一大批景点。仙山牧场还是重要的红色旅游景区，是中共屏古瓯县委驻地与新四军第三支队第五团诞生地。仙山牧场还遗存丰富的人文景观，九仙文化、狩猎文化、牛文化等资源十分丰富。

（二）龙井古桥景区

龙井古桥景区位于代溪、寿山两乡镇辖区范围内，景区规划面积1153公顷，其地形地貌发源于白垩纪，由于地质变迁和岩石风化，景区幽谷深壑，悬崖峻峭，云遮雾绕，飞瀑流泉；林木蓊郁，花香鸟语，景色迷人。龙井桥景区有蜡烛山、巨石阵、灵猿石、探水龟、过风口、飞鹰峡、人面崖、卓笔峰、飞跃石、天道崖、寄灵石、斧劈石、眺云台、老虎照镜、大赤壁、飞马崖、老鹰

仙山牧场

岩等自然景观和茶盐古道、康里驿站、德信楼、红军碑、龙井古桥、两县亭、乾峰堡等人文景点。

屏南县除鸳鸯溪风景名胜区、天星山森林公园外，还有许多尚待开发的自然景观，如天湖湿地、罗经山、天坪山、水松林、四季杜鹃、冰臼群等。

第五节　文物保护单位

文物保护单位是指具有历史、艺术、科学价值的古文化遗址、古墓葬、古建筑、石窟寺和石刻，其专指确定纳入保护对象的不可移动文物。文物保护单位分为三级即全国重点文物保护单位、省级文物保护单位和市县级文物保护单位。我县现已公布一至四批县级文物保护单位48处，同时拥有省级文物保护单位6项7处，国家级文物保护单位2项11处，其中尤以古建筑最为突出，类型有廊桥、寺庙、宗祠、民居、亭阁、古塔、牌坊等。

一、全国重点文物保护单位

（一）闽东北廊桥

"闽东北廊桥"于2006年5月列为第六批全国重点文物保护单位，编号

Ⅵ-593。闽东北廊桥位于福建省东北部的宁德市、南平市辖区，具体包括宁德市屏南县的万安桥、千乘桥、百祥桥，寿宁县的鸾峰桥、杨梅洲桥、仙宫桥、飞云桥、升平桥、登云桥，柘荣县的东源桥，古田县的田地桥，南平武夷山市的余庆桥共12座古代木拱廊桥。

（二）漈下建筑群

第七批全国重点文物保护单位漈下建筑群位于屏南县甘棠乡漈下村。漈下村四面环山，前有双溪夹流，后有层峦叠嶂，景色秀丽，屋舍俨然，山水景观与人居环境和谐交融。村落格局至迟于明代中期之前已经形成，至今保存较好，能清晰显示出明、清两个时期的不同布局，漈水溪穿村而过，形成一水二岸的格局。漈下村古建筑类型丰富、数量众多、规模较大，主要有城楼、路亭、水井、庙宇、祠堂、桥、水碓等，沿漈水溪两岸布置，从北到南依次有龙山公祠、乡公所、甘氏支祠、明城墙、水碓、"漈水安澜"城楼、花桥、龙漈仙宫、峙国亭、水碓、清城墙、漈川桥、飞来庙等，形成一个古建筑群体。这些古建筑构造精美，一般都有彩画题刻等装饰，历史内涵丰富，而且蕴含于古建筑内的风水意识也相当明显，如在甘漈溪之口位置建广通桥、凌云寺，在双溪汇合处营建迎仙桥、龙漈仙宫，在水尾处建造聚宝桥、飞来庙以及拦水坝、风水林等，是传统古村落公共建筑空间分布与数量配置的典型代表。同时，漈下村建筑年代延续时间较长，可以区分为明中后期、清早、中、晚期、民国等四个时期，各时期建筑风格虽有差异，但演进关系清晰，是研究福建省中北部山地型古建筑的极好实例。

漈下建筑群包括龙漈仙宫、云门路（城门楼）、龙山公祠（官厅）、甘氏支祠、迎仙桥、峙国亭、飞来庙、聚宝桥等古建筑。

龙漈仙宫 又名登瀛宫、仙奶殿，2005年被公布为福建省文物保护单位。位于龙漈东、西两涧合流之处的内侧，前对文笔峰。仙宫的主体建筑由前面的门房、天井、二侧厢房和后部的大殿组成，总建筑面积230.39平方米。大殿平面为横向的长方形，面阔五间，宽13.67米，次间与梢间用板壁相隔；进深六间，深9.18米，最里一间供奉开基拓主马仙娘的神位。穿斗、抬梁混合结构，前后金柱间抬梁，上覆藻井天花，后部的明间上方也加平板天花覆盖。屋面重檐，下

檐的四面均为单面坡，内端与四金柱间的穿枋相搭接；四金柱向上抬升，在金柱内侧的平梁、横枋和45°角枋上，等距离八面立柱，中心架立雷公柱，构建出完整的圆形屋网构架，挑檐斗拱、椽条、屋瓦等均从内向外呈放射状伸展，形

龙漈仙宫

成外观独特的圆穹窿顶上檐屋面。

云门路（城门楼）　始建于明末，城门楼双层，高7.07米，面宽7.85米，进深7.42米。下层砖石结构，开北、东二门，北门石砌拱顶，宽2.22米，高2.87米；门额"漈水安澜"四字；东门用木柱架空。上层为木结构城楼，单檐歇山顶，面阔三间，宽6.20米，进深五柱，深5.64米；穿斗、抬梁混合结构，前后金柱间抬梁，檐下用四跳丁头拱托挑檐檩。

龙山公祠　始建于明天顺年间，于清道光年间改建为祠。龙山公祠建于龙漈溪畔，门楼斜迎来水，开设于祠堂的右前方。单进合院，四面高墙围合，宽15.82米，深29.67米。前天井前方是空透的下马厅，二面围廊；厅堂面阔五间，宽13.5米，进深七柱，深13.73米；明间使用跨空大额枋，减去前廊柱、前檐柱、前金柱、中柱共八根立柱，开成宽大通透的厅堂空间；前后金柱间为五架抬梁，五架梁前方，在前廊及前金步间的单步梁下方单纯仅用斗拱悬挑而不使用双步梁支撑。

甘氏支祠　始建于清嘉庆年间，祠名"良清公祠"，堂号"善继堂"，是开基三世祖甘良清的祠堂。祠沿溪而建，四面高墙围合，门开中间；宽8.9米，深

21.53米。单进合院式,前天井三面围廊,厅堂面阔三间5.71米,进深七柱10.41米,但次间二侧用山墙搁檩,不用立柱。厅堂前廊轩顶,穿斗式梁架,结构简洁,明晰实用。

迎仙桥 又名花桥,建于清康熙年间。木质平梁,单檐歇山,四扇八柱风雨廊屋桥。面阔三间,长9.99米,进深二柱抬梁,宽3.50米,距水面高度3.89米。在桥内梁枋的内外侧面,保留大量的人物故事和花鸟彩绘装饰。

峙国亭 位于漈下村西南端,为南向进出村子必经之路亭。亭子正方形,单檐歇山顶,面阔、进深均三间,宽6.5米,高5.48米。穿斗、抬梁混合结构,前后金柱间抬梁,但在亭子东北侧通往横路街方向,又减去一柱,成为独特的15柱结构。神龛供祀武圣关公及关平、周仓神像。该亭脊檩下墨书纪年"大清康熙四拾肆年岁次乙酉……"为清康熙四十年重修,但亭内构件简洁明朗,具有典型的明代建筑风格。在亭子内外各处梁枋的内外侧面,保留下来大量的人物故事彩画,绘画题材涉及各类传奇故事、人物传说等。

飞来庙 俗称水尾殿,建于清道光年间。飞来庙为单进合院式,前天井三面围廊,总面积155.89平方米。大殿单檐山顶,面阔三间,宽8.63米;进深五柱8.57米;抬梁、穿斗混合式,前廊轩顶,前后金柱间抬梁。

聚宝桥 又称漈川桥、水尾桥。木质平梁,二侧加支斜撑拱臂,单檐歇山,八扇十六柱风雨廊屋桥。面阔七间,长25.11米,进深二柱抬梁,宽3.97米,距水面高度4.88米。神龛供玄天上帝。

二、省级文物保护单位

屏南省级文物保护单位有广福桥、广利桥、双溪文庙、屏南城隍庙、小梨洋甘国宝故居、漈头牌坊群、九峰寺。

(一)**双溪文庙** 2005年5月被公布为第六批省级文物保护单位。双溪文庙位于双溪古镇北,建于清乾隆元年(1736)。文庙坐东北向西南,海拔840米。中轴线建筑从内往后,依次有泮池、戟门、大成殿、崇圣祠及大成殿前的左右二庑等。大成殿面阔五间14.93米,进深七柱14.15米,穿斗抬梁混合式梁架,十六檩前卷棚后双廊式,中部五架抬梁覆藻井天花,重檐歇山顶。

双溪文庙

　　（二）漈头石牌坊群　2009年11月被公布为第七批省级文物保护单位。漈头石牌坊群位于棠口乡漈头村西北1000米古道两旁，石牌坊群面向古道，自东南向西北并肩而立共8座（均残缺）。最早立于清乾隆五十七年（1792），最晚立于清光绪十四年（1888），质地为花岗岩，建筑形式分一间二柱二楼式，三间四柱三楼式，通高约6米，宽3.1—4.9米不等。立柱阴刻楹联，额枋浮雕龙凤图案纹饰。

　　（三）九峰寺　2009年11月被公布为第七批省级文物保护单位。九峰寺位于熙岭乡三峰村东南600米处，创建于明景泰元年（1450），嘉庆二年（1797）重建。该寺坐北朝南，海拔982米。九峰寺进深55.8米，宽23.9米，占地面积1334平方米，中轴线由门亭、下殿、前殿、天井、大殿、后殿组成。大殿内铺设明清时青砖，古朴端庄。

　　（四）小梨洋甘国宝故居　2009年11月被公布为第七批省级文物保护单位。甘国宝故居位于甘棠乡小梨洋村村东。始建于明崇祯八年（1635），后经多次修缮。该故居土木结构，坐北朝南，占地面积373平方米，由门亭、天井、

九峰寺

大厅、观鱼池及花园等组成。大厅为暗厅二层结构，悬山顶，面阔三间9.9米，进深5柱11.6米，穿斗抬梁构架。

（五）屏南城隍庙　2009年11月被公布为第七批省级文物保护单位。城隍庙位于双溪古镇东北面，始建于清雍正十三年（1735），后于清乾隆、嘉庆、道光等年间重修、扩建，形成完整建筑群。该庙坐北朝南，占地面积1201平方米，海拔844米。主体建筑由戏台、庭院、拜亭、大殿、事殿组成。戏台为单檐歇山顶台式建筑，立四柱，上覆平板天花；大殿面阔七间17.96米，进深七柱11.76米，穿斗抬梁式混合式梁架，十五檩前后双廊式，中部五架抬梁，单檐悬山项。

三、县级文物保护单位与文物点

屏南县于1986年、1990年、1996年、2004年公布了四批县级文物保护单位48处。2007年至2011年，屏南县开展了第三次全国文物普查工作，共登记不可移动文物点311处，涉及的文物包括古遗址20处、古墓葬17处、古建筑247处、石窟寺和石刻9处、近现代重要史迹及代表性建筑18处。

双溪陆氏宗祠

第六节　名镇名村与传统村落

　　中国历史文化名镇名村是指保存文物特别丰富，且具有重大历史价值或纪念意义，能较完整地反映一些历史时期传统风貌和地方民族特色的镇和村。它是由建设部和国家文物局从2003年起共同组织评选的。同时，各省、市、县也相应开展各级别的历史文化名镇、名村评选工作。2006年，屏南县人民政府公布了首批县级历史文化名镇名村11个。2007年，双溪镇、漈头村、漈下村入选福建省第三批历史文化名镇名村，2008年，漈下村入选第四批中国历史文化名村，同年，棠口村、岭下村、长桥村、北墘村、龙潭村入选市级历史文化名村。2008年，漈下村入选第四批中国历史文化名村。2010年，双溪古镇、漈头村入选第五批中国历史文化名镇名村。2011年，棠口村入选第四批省级历史文化名村。

传统村落是指拥有物质形态和非物质形态文化遗产，具有较高的历史、文化、科学、艺术、社会、经济价值的村落。传统村落承载着中华传统文化的精华，是农耕文明不可再生的文化遗产。为促进传统村落的保护和发展，住房和城乡建设部、文化部、财政部于2012年组织开展了"中国传统村落名录"的评选。2012年至2016年，全国共公布五批计6799个"中国传统村落名录"，屏南有双溪社区、漈头村、漈下村、棠口村、长桥村、柏源村、北村村、北墘村、厦地村、芳院村、寿山村、后龙村、降龙村、岭下村、忠洋村、前洋村、恩洋村、康里村、里汾溪村、前塘村、罗沙洋村、谢坑村等22个村入选。下文选取双溪古镇、漈头村、漈下村、棠口村为代表展示屏南传统村落特色。

一、双溪古镇

　　第五批中国历史文化名镇、中国首批传统村落双溪古镇距屏南县城18公里，古镇面积约2平方公里，人口8000多人。双溪境内山环水抱，峰峦叠嶂，北依屏山，前屹文峰，正所谓玉柱峙于前，三台拥于后，金钟、玉印、狮、象诸山环抱于左右，重重包裹，气象峥嵘，镇区海拔约820米。世界地质公园、国家

双溪古镇

级风景名胜区、国家5A级旅游景区白水洋鸳鸯溪距离古镇约5公里。双溪是屏南的旅游重镇和中心服务区。

双溪肇基于五代后梁乾化三年（913），清雍正十二年（1734）屏南建县，县治设于双溪，1950年因匪患迁移。双溪在这215年县治历史中，成为全县政治经济文化教育中心。同时，双溪是闽东北官道枢纽之一，商贾云集，货栈林立，市镇繁华。

双溪古镇现存传统建筑规模达8万多平方米，现有省级文物保护单位文庙、城隍庙2处，县级文物保护单位陆氏宗祠、薛氏宗祠、瑞光塔、北岩寺、南安桥、劝农桥、新四军北上抗日纪念碑、小蟠龙墓等8处，另有文物点10多处。双溪现存传统建筑中公共礼制性建筑数量较多，其中镇区之内的文庙、城隍庙等保存完好。镇区之外，保存较好的还有北岩寺、南安桥等。双溪的宗祠建筑比较多，知名的有陆氏宗祠、薛氏宗祠和张氏宗祠，其中陆氏宗祠和薛氏宗祠规模较大，属福州十邑名祠。

双溪古镇街衢古巷纵横交错，古街古巷与民居建筑分布于城内东、西、南三部分。清中叶以来双溪街衢二侧，市肆分列，其中后街、中山街是当时县城之内最主要的商业古街，南北京果、东西海鲜、干杂山珍、木材土产、生禽活畜、青草药材等各类商铺比比皆是，如今这些百年老铺多数仍然保存下来。双溪古镇现有150余处保存较好的明清至民国时期的古民居建筑，如宋氏老宅、六合春茶庄、盖屏户、进士第、薛氏老宅等，这些为数众多、不同时期的古民居，与大量留存至今的公共建筑群一起，较为清晰地折射出双溪古镇萌生于宋明、形成于清雍乾时期、清中后期达到鼎盛，并于清末民国时逐步衰退的历史进程。

双溪古镇路网体系完备，驿道通达，为闽东北官道枢纽之一。官道上通闽西北四府、浙江，远及京城，南往古田并达省城，西去南平及江西腹地，东出宁德、福安港口；各路驿道之上，"关、隘、桥、梁因地制宜，连类及之"。在县治四周，建南安桥、劝农桥、源里桥、百花桥；四面山岭之上，驿道之间各建路亭，以供休憩，亭距城五里，统称五里亭；于水尾山上，创建瑞光塔，以为"发轫龙门，题名雁塔"之愿。双溪古镇之外的驿道、桥、亭、塔等保存相当完好，堪称古代驿道路网的典型实例。

双溪古镇物华天宝，人杰地灵，传统文化中尤以民俗文化、饮食文化最为突出，有"玩在白水洋、吃在双溪镇"之美誉。民俗文化活动又以闹元宵最为热闹。双溪元宵灯会主要内容有：抬阁（铁枝）、香火龙、白蛇灯、高跷、鼓亭音乐、香亭、狮子、花灯等。如今，双溪铁枝传统表演技艺被列入国家级非物质文化遗产代表作名录，双溪元宵灯会也已成为省级非遗名录项目。

香火龙

抬阁

二、漈下村

第四批中国历史文化名村、中国首批传统村落漈下村地处屏南县南部甘棠乡境内，距县城15公里。漈下村于明正统二年（1437）肇基，古称龙漈甘溪、甘漈下。全村现有人口1700多人，368户，大部分为甘姓族亲。

漈下村村落格局清晰，明、清两个时期的城寨遗迹均存，为我省古村落中少见。古村公共建筑类型丰富，有祠堂、路亭、庙宇、廊桥、寺院、学堂等。它是研究我省古村落公共建筑空间分布与数量配置的极佳范例。漈下村民居保存质量较高，年代跨度大，断代清楚，是研究闽东民居建筑结构特征与历史演变的很好实例。同时，漈下村是福建历史文化名人甘国宝的祖居地，有清乾隆皇帝御赐"福"字匾、甘国宝指虎画、圣旨和民间习武器械、马氏天仙信俗祭祀器物与仪仗等文物。

漈下古村

油画《漈下村》

漈下村坐东朝西，四面环山，前对马鞍山，左引文笔峰，右傍洁霞岭，恰似飞凤落洋，青松古木，景色秀丽。村之北与西南山中，二溪同出，流至村西南并二为一。古村傍溪而建，前有双溪峡流，后有层峦叠嶂，天关地轴，罗城秀丽，屋舍俨然，城楼高墙，映水而立。

漈下村的文物古迹以古建筑为主，现有全国重点文物保护单位"漈下建筑群"等。此外，漈下村保存较好的明清至民国期间古民居建筑近80幢。传统建筑规模6万多平方米。传统民居保存较好的有官厅厝、甘氏大厝、溪边古厝、红军厝等。漈下村主要传统街巷有曰字路、侯门岭、羊蹄道、华丽街、堡里弄等，总长度达千米。漈下村沿溪还保存数十处雨廊，村落中与周边还有凌云寺、骑马碌、炮楼、禁示碑等景点。

漈下村中所藏匾额较多，除甘国宝任广东提督时，乾隆御赐"福"字匾至今仍珍藏村中外，还有"武魁""五代同堂""望重梁州""好义可风"匾，以及"隆记"灰塑店额等。

漈下村具有四百多年的传统习武历史，是远近闻名的武术之乡，主要有虎尊拳、板凳功、锄头功、狼筅功、雨伞功。漈下民俗文化与非物质文化遗产保存丰富，戏曲文化、传统技艺、节俗信仰特色鲜明。其中一年一度的马仙信俗与甘氏会亲大会隆重而热闹，目前已发展成"屏南漈下民俗文化节"，吸引着八方游客与甘氏宗亲。

三、漈头村

第五批中国历史文化名村、中国首批传统村落漈头村地处棠口镇境内，距县城6公里，国道317线穿村而过，古政高速屏南互通设在境内，交通便捷。漈头全村总面积31平方公里，平均海拔850米，下辖8个自然村。全村现有812户4176人。

漈头村肇基于唐僖宗乾符三年（876），曾有宋、兰、梁等姓氏居住。现主要以张、黄两族姓为主。漈头村人文荟萃，英才辈出，历代科举人才达200多名，其中有参与编修明朝《永乐大典》的黄童，有深受林则徐关注的"叔侄两

漈头村

进士"张正元、张方矩；有办案1302起无留牍的河南开封地方检察厅检察官张中士，有编纂《国音字典》的同盟会会员张赞等。千余年的文化积淀，留下了丰厚的文化底蕴和纯朴的民俗民风，科举文化、戏剧之乡、武术文化、饮食文化、鲤鱼文化、节俗文化博大精深，无愧于"屏南四大书乡之首"与"屏南好漈头"之美名。

漈头古村坐北向南，四面环山，形似"双鲤朝天"，如"官船出海"，素有"高山假平原"之称，漈头景色秀丽，山水景观与人居环境和谐交融，自古咏传龙漈"上六景"与"下八景"。

漈头村村落格局清晰，明、清时期的建筑保存较为完整。现有全国重点文物保护单位百祥桥，省级文物保护单位漈头石牌坊群，县级文物保护单位金造桥、黄童墓、慈音寺，以及众多的文物点与乡土建筑。漈头村传统建筑规模达8.8万平方米，按类别可分为桥梁路亭、洋楼街巷、宫庙建筑、宗祠建筑、民居建筑、古遗址、古墓葬、古碑刻等，数量达104处。漈头村古街古巷主要有9条，总长度达2000多米。漈头村宗祠建筑较多，有黄氏宗祠、溪头张氏宗祠、八家张氏宗祠、上村张氏宗祠。2005年5月溪头张氏宗祠被评为"八闽名祠"。

漈头村保存较好的古民居100多幢，均属明清风格的土木结构建筑。土墙青

漈头冬景

瓦、朴实无华的平民住房与粉墙青瓦、雕梁画栋的宅院府第毗邻密集而居，街巷间隔尺度适宜，房屋装修各异，有的精雕细刻，有的古朴粗放，其中木雕、墙饰尤为突出，所刻绘花鸟人物形象逼真。代表性民居主要有漈水路40号旗杆厝，南洋路4号张氏老宅，凉亭路28号后街张氏老宅等。漈头村古匾额有160多面，这些古匾额来源于"封、诰、赠、立"。由于历史原因曾遭浩劫，现仍存有40多面，可谓翰墨香溢全村。

漈头村非物质文化遗产与民俗文化保存丰富，形态多样，其中戏剧、武术、饮食、民俗文化声名远播。"屏南平讲戏"发源于漈头，被列入国家级非物质文化遗产名录。漈头传统武术源自南少林，盛名闽东北，已传承八代有200多年历史。漈头扁食皮薄滑韧、肉馅香郁、高汤鲜纯，令人垂涎欲滴，是屏南最负盛名的小吃之一。

四、棠口村

棠口村地处屏南县中部，距县城5公里，古政高速、国道215线穿境而过，交通便捷。棠口于宋神宗熙宁元年（1068）肇基，原名棠溪，因位于棠溪与白溪交汇口，故更名曰棠口。棠口村有周、黄、张、危、苏等五个姓氏，其中周姓人口最多，现全村1134户4000人。棠口村于2011年被评为第四批省级历史文化名村、首批中国传统村落。

棠口文化遗

棠口鸟瞰

产保存丰富，文物古迹较多。传统建筑包括木拱廊桥、民居宗祠、寺院宫庙、古井作坊、炮楼窑址、西洋建筑等。现有全国重点文物保护单位千乘桥（包括周边八角亭、祥峰寺、三圣夫人宫、夫人宫、林公殿等建筑），县级文物保护单位西洋建筑群（包括妇幼医馆、姑娘厝、淑华女校）、新四军六团北上抗日纪念地，以及一定数量的文物点如长潭岗遗址、鉴湖双井、周氏宗祠等。棠口村现存传统建筑150多处，规模近10万平方米，其中古民居多为清代土木结构建筑，山地特征明显，由成片古民居组成的古建筑群，是棠口古村落景观建筑的核心组成与精华所在。

棠溪毓秀、英才辈出，仅清代就培养出科举人才123人。棠口传统文化形式多样，内容丰富。历史上创办过平讲戏、乱弹戏、杖头木偶戏等，其中杖头木偶戏艺术特色明显，是我省唯一的杖头木偶艺术形态，被列入省级非物质文化遗产名录。棠口铜锣铸造技艺、粉干制作技艺、木刻退光金油画技艺、小种红

清光绪年间棠口西洋建筑

茶制作技艺名闻闽东北。其中铜锣铸造技艺是棠口周氏祖传手艺，有民谣云：波山前后十八寨，梅溪左右廿四窑；太堡钢炉喷金花，赤岩银坑显神奇；硋窑瓷器出大洋，棠口铜锣响天下。

　　棠口村是我县重要的红色旅游目的地。1937年春，闽东红军独立师奉命集中棠口，改编为国民革命军陆军新编第四军第三支队第六团，叶飞任团长、政委，阮英平任副团长，下编三个营十个连，全团1380人在棠口整训。当年农历正月十八，新四军六团从棠口出发，北上抗日、奔赴战场。棠口千乘桥头的松岛上矗立着由原国防部长迟浩田将军题写碑名的纪念群雕。

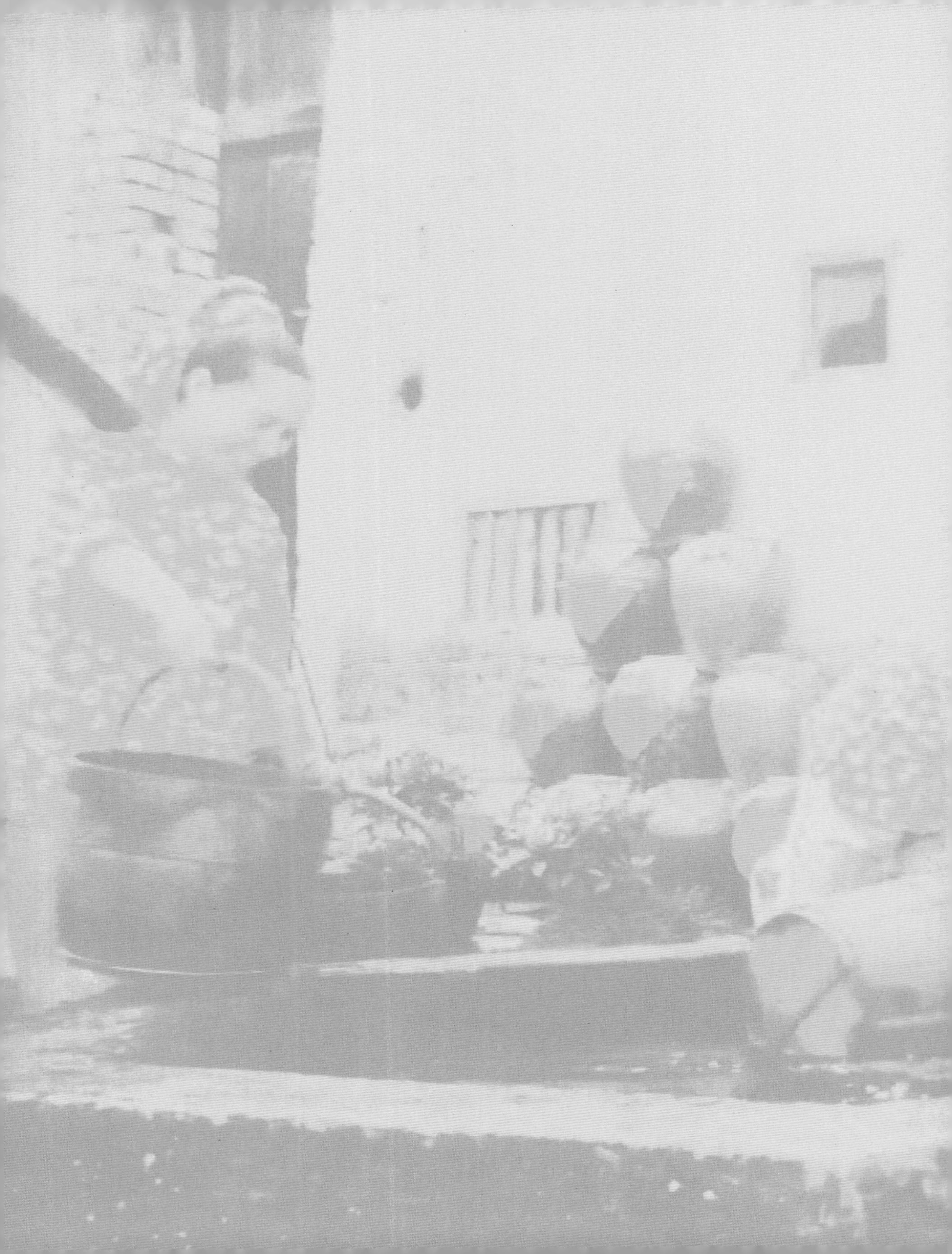

第二章 红粬黄酒

黄酒,世界上最古老的酒类之一,源于中国,且唯中国有之,是世界三大古酒之一。屏南山高林密,清泉醇冽,有着得天独厚的优质大米与泉水。千百年来,乡民承传古法酿造传统,以家酿或小作坊形式生产红粬黄酒。屏南红粬黄酒酿造技艺于2008年被列入省级非物质文化遗产代表作名录,屏南黄酒成为中国地理标识产品,惠泽龙闽派黄酒品牌成为中国驰名商标。2016年11月,屏南县被命名为『中国红粬黄酒文化之乡』『中国红粬黄酒文化传承基地』。

黄酒是我国最古老的酒种，是酒中之祖，酒中之王，黄酒的酿造技艺世界上独一无二。早在七千多年前，我们的祖先就已经用稻米酿造黄酒，用红粬酿酒是我国酿酒业最宝贵的遗产之一。

屏南山高林密，清泉醇冽，有着得天独厚的红粬制作与黄酒酿造优质大米与泉水。千百年来，乡民承传古法酿造传统，大都以家酿或小作坊生产形式存在。屏南红粬与黄酒一直是屏南重要的传统产业与外销产品。同时，黄酒所形成的民俗文化几乎覆盖人们生产生活的方方面面，是屏南民俗文化的载体和表达形式。屏南红粬黄酒酿造技艺于2008年被列入省级非物质文化遗产代表作名录，屏南黄酒成为中国地理标识产品，惠泽龙闽派黄酒品牌成为中国驰名商标。2016年11月，屏南县被中国民间文艺家协会命名为"中国红粬黄酒文化之乡"。

第一节　历史溯源

酒，是人类在长期的历史发展过程中，创造的一大饮料。关于酒的起源，历来众说纷纭，并无定论。不过，人们普遍认同的有猿猴造酒、仪狄造酒、杜康造酒三种。西晋江统《酒诰》云："酒之所兴，肇自上皇；或云仪狄，一曰杜康。有饭不尽，委之空桑，积郁成味，久蓄气芳，本出于此，不由奇方。"

通过对我国原始文化遗址的发掘，可以清楚地知道，无论是早期的仰韶文化，还是随后的龙山文化和良渚文化时期，都发现了盛酒用的陶器，有的还十分精致，同时，还出土了酿酒用的酒缸。这说明远在仪狄、杜康时代以前，我国已有了酒。近年来，中国考古学家在对河南贾湖遗址的考古发掘中，发现了目前世界上最早造酒的证据，更将中国造酒历史向前推进到了距今近九千年前。

中国最早的文字甲骨文和金文都有"酒"字。古文字简单，"酒"字作"酉"，写法都像是一个陶罐的模样。再推上去，西安半坡村遗址所发掘出来的距今七千年左右的陶器中，就有像甲骨文和金文中的"酉"字形状的罐子；至于距今四千年前的山东大汶口遗址的发掘中，已有大量的卣、豆、杯等盛酒的陶器，证明那时饮酒已相当普遍和讲究，酒文化的发展已有了相当水平。

一、黄酒的起源

黄酒是中国特产，也称为米酒，属于酿造酒，是世界上最古老的酒类之一，与啤酒、葡萄酒并称世界三大古酒。早在七千多年前，我们的祖先就已经用稻米酿造黄酒。《尚书·说命》记载殷王武丁与大臣的对话："若作酒醴，尔为麹糵。"麹是酒母，又叫酒麯；糵是麦芽、谷芽之类的糖化发酵剂；麹糵是一种谷物发霉发芽的混合物，是原始的麹。麹酿法和糵酿法都是"固态发酵法"，但麹酿法克服了糵酿法糖化高、酒化低的缺点，并使糖化、酒化两种步骤同时进行，相互催化，提高了酿酒质量，缩短了酿酒过程，因而称为"复式发酵法"。这是中国古代科技史上的一大进步。

大汶口出土彩陶酒器

酿造黄酒用的麹也早已发明。《尚书·禹贡》提到大禹规定的荆州贡品中，有"菁茅"一种，汉代经学家郑玄注道："菁茅，茅有毛刺者，给宗庙缩酒。"缩酒，就是滤酒去糟粕的意思。有酒浆需要过滤，就决非自然发酵，而是用麹酿造了。再从北魏贾思勰《齐民要术》可知至迟在殷商时已经大量酿酒，非有酒麹不可了。因为酿酒要用麹，所以酒又有"麹蘖"的别名。

《齐民要术》

中国西周时期，农业的长足发展为酿造黄酒提供了原料，人们在总结前人"秫稻必齐，曲蘖必时"的基础上有了进一步的发展。秦汉时期，曲蘖酿造黄酒技术又有所提高，《汉书·食货志》载："一酿用粗米二斛，得成酒六斛六斗。"这是我国现存最早用稻米曲蘖酿造黄酒的配方。《水经注》又载："酃县有酃湖，湖中有洲，洲上居民，彼人资以给，酿酒甚美，谓之酃酒。"那个时代，在人们心中已有了品牌意识——喝黄酒必首推酃酒，酃酒誉满天下，是曲蘖酿黄酒的代表。

我国从汉王朝到北宋年间，历时1200年，是我国传统黄酒的成熟期。《齐民要术》《酒诰》等科技著作相继问世，酃酒、新丰酒、兰陵酒等名优酒开始诞生。陶渊明、阮籍、张载、李白、杜甫、白居易、杜牧、苏东坡等酒文化名人辈出，中国传统黄酒的发展进入了灿烂的黄金时期。

黄酒的传统酿造工艺，是一门综合性技术，根据现代学科分类，它涉及食品学、营养学、化学、微生物学等多种学科知识。我们的祖先在几千年漫长的实践中逐步积累经验，不断完善，不断提高，使之形成极为纯熟的工艺技术。中国人独特的制曲方式、酿造技术流传到日本、朝鲜及东南亚一带。曲药的发明及应用，是中华民族的骄傲，是中华民族对人类的伟大贡献，被誉为古代四大发明之外的"第五大发明"。

二、红曲黄酒的起源

红曲黄酒是黄酒家族最古老的品类之一，而用红曲酿酒是我国酿酒业最宝贵的遗产之一。最早记载红曲酒见唐朝褚载的"相逢多是醉醺醺，应有囊中子母钱。有兴欲沽红曲酒，无仙直上翠旌楼。"宋朝福建红曲酒达到一个高潮。宋朝庄绰《鸡肋篇》载，"闽中公私酝酿皆曲酒。"喜爱红曲酒，北宋苏东坡诗句："去年举君苜蓿盘，夜倾闽酒赤如丹。今年还须去看月，露冷遥知范叔寒。"我国古籍中最先记载用红曲酿造曲酒的书是元朝佚名氏《居家必用事类全集》的天台红酒方，明高濂《饮馔服食笺》酿造类中记载了建昌红酒酿造工艺。明代名医李时珍在《本草纲目》中也写到红曲酒具有舒筋活血的药用功能，可见红曲酿酒盛行于世，历经宋、元而不衰。

红粬，名出《饮膳正要》，又名赤粬、红米，因主产于福建又名福粬，是红粬霉寄生在粳米上而成的粬。红粬霉虽然耐酸、耐较浓的酒精、耐缺氧，但生长得慢，只有在较高的温度下才能繁殖，所以成为我国南方福建、广东、台湾一带酿酒的重要酒粬。我国宋代已能较普遍地制作红粬了。红粬制作工艺难度较高，稍有不慎红粬霉就很容易被繁殖迅速的其他菌所压倒。明代李时珍赞美说："此乃窥造化之巧者也""法出近世，亦奇术也"。

位于福建省的古田、屏南两县是红粬正宗和优良产地，明万历《古田县志》记载："田家多制粬，畲客少租山。"说明在明代，古田红粬已很兴盛，清乾隆《屏南县志》"货物卷"中已有"红粬"记载，清光绪江若干编写的《屏南县志》还对制粬水稻"降来壳"有专门记载："米制红粬殊佳，近古田各都，每于山上种之。"民国三十年《屏南县志·实业志》载，粬埕：路下、古厦、长坋、北墘诸乡均有白粬、红粬两种，出售外省。自清代至民国期间，屏南路下、长桥、屏城、甘棠等乡镇各村，一直是红粬生产地，所产红粬质量上乘，销往邻县及省城福州，远则贩运上海、宁波、天津各地。

红粬

第二节 酿造技艺

红粬黄酒酿造技艺主要包括红粬制作技艺与红粬黄酒酿造技艺两部分。

一、红曲制作技艺

明代宋应星《天工开物》中就有丹曲制作法的详细记载,但与红曲制作有较大的区别。明代李时珍《本草纲目》"红曲"集解时珍曰:"红曲《本草》不载,法出近世,亦奇术也。其法白粳米一石五斗,水淘浸一宿,作饭。分作十五处,入曲母三斤,搓揉令匀,并作一处,以帛密覆。热即去帛摊开,觉温急堆起,又密覆。次日日中又作三堆,过一时分作五堆,再一时合作一堆,又过一时分作十五堆,稍温又作一堆,如此数次。第三日,用大桶盛新汲水,以竹箩盛曲作五六分,蘸湿完又作一堆,如前法作一次。第四日,如前又蘸。若曲半沉半浮,再依前法作一次,又蘸。若尽浮则成矣,取出日干收之。其米过心者谓之生黄,入酒。"屏南红曲制作技艺工艺流程如下。

(一)原料选择

制造红曲的主要原料有:曲种、曲醋、晚米。

1.曲种白毛红曲霉的培育:选上好红米,去壳为糙米,浸泡4小时,蒸煮40分钟,摊凉,晒干,制成醋曲。

2.曲醋:选优质高山糯米,酿制醋酒,加入醋曲,经三年陈酿即为曲醋,取其酸味带甜、性缓而经久的特性。

3.晚米:根据所制品种的不同,应进行选择。色曲:用上等晚米或山稻米(陆稻米);库曲、轻曲:最好使用高山红土田生长的早米(籼米),因早米制成的曲色红且颗粒整全。屏南东峰、上楼的白早米最好,其横断面稍呈蓝色,所以又称"蓝骨米",制成红曲,品质也较优良,一般要求使用精白的上等晚米。

(二)生产工艺

1.浸米:将选好的上等白米装入米篮内,放在水中淘去糠秕,再用水浸约1—1.5小时(以用手指一搓就碎为度),捞起,沥干。

2.蒸饭:将木甑在沸水釜上加热后,将沥干的米倒进甑内,用猛火蒸40—60分钟,使大米熟的程度达到用湿手摸饭面不粘手,而饭又软透的程度。蒸毕,将饭摊散在竹箩上,使冷却至40摄氏度左右(不烫手)即可配料。

3. **入曲房**：曲房俗称曲埕，系土木结构。埕底要用无沙且榅的红土筑坚实，两边墙上开窗，以调节温度，遇天冷可用木炭柴火升温消毒。将拌曲种的饭挑到埕中堆放，盖以干净麻袋，保温24小时，曲菌渐渐发热（菌丝繁殖），待品温升至45摄氏度时进行翻曲，把曲块搓散摊平，厚约寸许，每隔4—6小时搓曲一次，并调节室温（放热）。翻曲换气对曲蘖生长繁殖甚为重要。

古法制曲场景

入曲房3—4天，菌丝渐渐透入饭中心部分（呈红色斑点），这阶段半成品称为"上铺"。这时把它装入箩筐，在水中漂洗约10分钟，使曲粒吸收水分，保持湿度，抑制杂菌发育。将曲粒沥干，再堆放半天(升温发热)，然后轻轻摊散；此后每隔6小时翻拌一次，这时菌丝发育旺盛并分泌红色素。当曲中水分散发至干燥现象出现时（用手触动曲面有响声），可适当喷以清洁水，调节温度，使温度保持在25—30摄氏度。这一阶段称"头水"，历时3—4天，这时曲面全呈绯红色。

此后主要在于维护湿度，应适时适量地喷水。喷水如过湿，发热必高，易使曲腐烂生杂菌；过干，曲菌又不能繁殖，故必须严加掌握，并且每隔6—8小时上下翻曲一次，同时注意调节温度。这阶段需经3—8天，俗称为"二水"，这时菌丝已内外繁殖旺盛，曲粒里外透红，有特殊的红曲香味。

4. **出曲**：当曲里外透红时，就可将曲移至室外空埕，用太阳直接晒干后即为红曲成品。可按类分级包装。红曲有库曲、轻曲、色曲三个品种。库曲主要用于酿制黄酒，轻曲主要用于食品着色，色曲用于食品调红。

二、红粬黄酒酿造技艺

（一）原料选择

水：选择晨间至午时的山涧泉水。过午时后的水不用，因此，上午要备好一天的酿造用水。

糯米：外观应具有品种特色和光泽，粒丰满，整齐，米质要纯，不可以混有糠秕、碎米和杂米等其他物质。

红粬：选择上等红粬。

（二）酿造方法步骤

1．浸米：浸米是使米的淀粉粒子吸水膨胀，淀粉颗粒疏松便于蒸煮。浸米的时间要求：浸米的程度一般要求米的颗粒保持完整，而米酥为度。

2．蒸煮：对糯米的蒸煮质量要求是达到外硬内软，内无白心，疏松不糊，透而不烂和均匀一致。

3．冷却：蒸熟后的糯米饭必须经过冷却迅速地把品温降到适合于发酵微生物繁殖的温度，冷却的方法按其用途摊在大竹簟上，但需防止污染。

4．入坛：把已清洗干净的酒坛用开水烫过，然后按比例斗米升粬加二五水（米与水按1:1.25），计算准确依次入坛，搅拌均匀，坛口加盖能透气的竹箩子或干净的麻袋。

5．发酵管理：物料入坛后如室温低于15摄氏度以下要进行适当保温，方法是地铺30厘米的谷壳，旁边加盖麻袋，关闭窗口和门，一般经过12小时后开始糖化和发酵，由于酵母的发酵作用，多数的糖分变成酒精和二氧化碳，并放出大量的热，温度开始上升，坛里可听到嘶嘶的发酵响声，并会发出气泡把酒醅顶到液面上来形成厚被盖的现象，取发酵醪尝，味鲜甜已略带酒香，品温比落坛时升高5—7摄氏度此时要注意观察，把握开耙时间。历代相传，开耙有高温和低温两种不同形式，高温开耙待醪的品温升到35摄氏度以上才进行第一次搅拌（开头耙）使品温下降。

低温开耙是品温升至30摄氏度左右就进行第一次搅拌，发酵温度最高不超过30摄氏度，由于开耙的品温掌握的高低不同影响到成品风味也不同，惠泽龙

福建屏南

摊凉

加红粬

加糯米

第二章　红粬黄酒

045

黄酒采用的是低温开耙，俗称"冷作酒"。头耙后品温显著下降，以后各次开耙应视发酵的具体而定，如室温低品温升得慢，应将开耙时间拉长些，反之把开耙的间隔时间缩短些。耙酒一般在每日的早晚进行，主要是降品温和使糖化发酵均匀进行，但为了减少酒精高挥发损失，在气温低时应尽可能少搅拌，经过约13—15天，使品温和室温相近，糟粕开始下沉，主发酵阶段结束即可停止搅拌用报纸封住坛口，让其长期静置发酵2—3个月。

6. **压榨**：把发酵醪中酒的液体部分和糟粕固体部分分离称压榨。用木材制成榨箱（每一箱可容酒三斗左右）。箱与箱之间用竹篾间隔，箱内放置装满酒醅的细袋，装满后，用千金套上蝴蝶吊，让酒液自流，然后逐渐上石块，为保证压干；先行取出榨袋，将袋三折，仍放入榨内再榨。

发酵管理

7. **澄清**：刚榨出的酒是生酒，含有少量微细的固形物，因此，要在大木桶静置2—3天使少量微细浮游物沉入桶底，取上层清液装入酒坛，沉渣重新压滤回收酒液，此操作称为澄清。

8. **装坛**：澄清后酒液装入酒坛，坛口先封一层箬叶，一层报纸，再封一层箬叶，然后用草绳捆紧，再做上土头。

9. **煴酒**：把做土头的酒坛抬到煴酒埕，排列的间隔多根据酒坛大小进行区分，大坛间隔需宽些，

古法封坛

小坛间隔需小些，这样便于放置适当的稻草和谷壳燃烧的容量，达到温度的控制防止酒温过火，或温度不够，过火了对酒的风味有破坏，温度不够达不到杀菌的目的酒会变质。

10.贮藏管理： 把温好的黄酒打上标签进入酒库进行贮存，酒库应阴凉通风干燥。贮存的酒不宜随便搬动。要经常巡查酒库内的酒坛是否有渗漏等情况，一旦发现要及时处理，以免造成其他酒坛被渗漏出来的酒液熏染。最后按酒龄的长短程序分别出库。

煴酒杀菌

窖藏

三、技艺流程

屏南红粬黄酒按含糖量可分干型与甜型两种,甜型又称为"加酿酒"。

干型红粬黄酒工艺流程:

浸米 → 洗米 → 沥干 → 蒸煮 → 摊凉 → 加粬下醅 → 糖化发酵 → 榨酒 → 装坛 → 煴酒灭菌 → 窖藏陈酿

甜型红粬黄酒工艺流程:

浸米 → 洗米 → 沥干 → 蒸煮 → 摊凉 → 加粬、加一级黄酒下醅 → 糖化发酵 → 榨酒 → 装坛 → 煴酒灭菌 → 窖藏陈酿

干型与甜型关键工艺区别为,干型红粬黄酒:水、糯米、红粬比例为130:100:8.5;甜型红粬黄酒:一级黄酒、糯米、红粬比例为180:100:6。

四、技艺特征

屏南红粬制作与黄酒酿造技艺具有较为明显的地方特色,具体体现为以下四个明显特征。

(一)原料特征

制粬需要选用高山红土壤基质田生长的早米(籼米),因早米制成的粬色红且颗粒整全。屏南县岭下乡东峰、上楼两村的白早米最好,其横断面稍呈蓝色,所以又称"蓝骨米",制成红粬,品质最优良。清光绪江若干编写的《屏南县志》还对制粬水稻"降来壳"有专门记载:"米制红粬殊佳,近古田各都,每于山上种之。"而酿酒一定要选用上等高山产、生长期长的糯米为原料。这两项原料屏南都是最优质地道的。

(二)水源气候特征

屏南境内山峦叠嶂,群峰耸峙,山谷盆地纵横交错,主要溪流有7条,水质优良。屏南黄酒优良品质主要还得益于屏南当地优质的水源,同时屏南属中亚热带海洋性季风气候,四季分明,冬无严寒,夏无酷暑。年平均气温13℃~18℃。这样的气候条件最有利于黄酒酵母的生长,因此,酿造出的黄酒清醇甘洌,品质最优。

（三）工艺特征

从粬母选育、制粬到酿造，可以说工艺流程繁多，酿酒历经数百年，长期以来生产技艺全靠师徒传承或族内世代相传，如今虽然工艺流程见诸著作，但真正的制粬酿酒绝技仍然需要言传身教或长期的实践摸索，特别是对酿造温度、湿度的感觉，全凭经验掌握。因此，这项技艺确属传统民间技艺，是宝贵的民间文化遗产。屏南境内的熙岭乡龙潭村、代溪镇北墘村、玉洋村、达善溪村等黄酒酿造技艺传承最为久远，传统工艺特征明显，是屏南最具代表性的黄酒酿造技艺群体与村落。

（四）产品特征

红粬与黄酒即是食品、饮品，同时有着重要的药用价值，尤其黄酒作为我国最古老的酒，其传统酿造方法与取自原生态有机原料是酒类中最健康饮品，是地道的有机食品。同时，黄酒是人们生活中不可或缺的饮品，其承载着丰富的中华文化基因，是我们探索中华文化的脉络之一，因此，把它说成是中国"四大发明"之外的第五大发明是不为过的。

五、红粬黄酒特点

红粬黄酒营养丰富，富含21种氨基酸，其中包括人体必需的但不能自身合成的8种氨基酸，同时红粬黄酒还含有无机盐18种和丰富的B族维生素。屏南红粬黄酒，芬芳醇厚，色香味俱佳。红粬黄酒呈琥珀色，透明澄澈，使人赏心悦目。红粬黄酒有诱人的馥郁芳香，是一种复合香，是由酯类、醇类、醛类、酸类、羰基化合物和酚类等多种成分组成的。这些有香物质来自米、红粬本身以及发酵中多种微生物的代谢和贮存期中醇与酸的反应，它们结合起来就产生了馥香，而且往往随着时间的久远而更为浓烈，所以屏南老酒，越陈越香。红粬黄酒的味是由以下6种味和谐地融合而成。

甜味：糯米和红粬经酶的水解所产生的以葡萄糖、麦芽糖等为主的糖达9种。另外，发酵中产生2、3-丁二醇、甘油以及发酵中遗留的糊精、多元醇等。这些物质都是甜味，从而赋予了红粬黄酒滋润、丰满、浓厚的内质，饮时有甜味和稠黏的感觉。

酸味：酸有增加浓厚味及降低甜味的作用。红粬黄酒中乙酸、乳酸、琥珀酸等为主的有机酸达十多种。它主要来自米、红粬在发酵过程中由酵母代谢产生的。其中以乙酸、丁酸等为主的挥发酸是产生醇厚感觉的主要物质；以琥珀酸、乳酸、酒石酸等为主的挥发酸是产生回味的主要物质。酸性不足，往往寡淡乏味；酸性过大，又辛酸粗糙；只有一定量多种的酸，才能生成甘冽、爽口、醇厚的特有的酒味。所谓酒的"老""嫩"，即是指酸的含量多少，它对酒的滋味起着至关重要的缓冲作用。

苦涩：红粬黄酒的苦、涩两味是同时产生的。红粬黄酒的苦味，主要来自发酵过程中所产生的某些氨基酸、酪醇、甲硫基腺苷和胺类等，糖色也会带来一定的苦味。涩味主要由乳酸、酪氨酸、异丁醇和异戊醇等成分构成。苦、涩味适当，不但不会使酒呈明显的苦涩味，反而能使酒味有浓厚的柔和感。

辛辣：辛辣味不是饮者所追求的口味，但却是红粬黄酒中不可缺少的一味。它由酒精、高级醇及乙醛等成分构成，以酒精为主。适度的辛辣味，有增进食欲的作用，没有适度的辛辣味，就会像喝一般饮料那样，缺乏一种滋味感。

鲜味：红粬黄酒中的鲜味，来自众多氨基酸中的谷氨酸、天门冬氨酸、赖氨酸等，以及蛋白质水解所产生的多肽及含氮碱。这些物质均呈有鲜味。此外，琥珀酸和酵母自溶产生的5-核甘酸等物质也具鲜味。鲜味为黄酒所特有，很受饮者欢迎，而红粬黄酒的鲜味又比其他黄酒更为明显。

药味：饮用屏南红粬黄酒时，人们感觉有一丝淡淡的药酒味，所以有人问红粬有否加入某些中药材。研究发现红粬黄酒的药味来自红粬。因为红粬本身就是一味本草，红粬中的主要功能成分有红粬色素、洛伐他汀类、麦角甾醇、酶类活性物质和γ-氨基丁酸等化合物。

红粬黄酒以上6味互相制约，互相影响，和谐地融合在一起就形成了红粬黄酒不同寻常的色、香、味。红粬黄酒的澄黄清亮、醇厚甘甜、馥郁芬芳的色泽香味令人叹服。

第三节　酿造习俗

屏南红粬黄酒所形成的民俗文化，几乎覆盖人们生产生活的方方面面，是屏南民俗文化的载体和表达形式。

一、酒神信仰

中国民间流传黄酒是天上的酒星酿造的，人们把酒星当作酿酒的天神。宋代窦革在《酒谱》中就有这样的说法："天有酒星，酒之作也，其与天地并矣。"在中国古代文学作品中，也不乏咏酒的篇章。《后汉书•孔融传》有"天垂酒星之耀，地列酒泉之郡，人著旨酒之德"之说；李贺《秦王饮酒》诗中有"龙头泻酒邀酒星"之慨；皮日休《酒中十咏并序•酒星》有"谁遣酒旗耀，天文列其位"之咏；陆龟蒙《奉和袭美酒中十咏并序•酒星》有"不独祭天庙，亦应邀客星"之诚等等。天上"酒旗星"确实存在，最早见于《周礼》一书，距今已有三千多年的历史。而据《世本八种》陈其荣谓："仪狄始作酒醪，变五味，杜康作秫酒。"仪狄、杜康皆夏朝人，即夏代始有酒。因此，传说中的酿酒鼻祖为杜康、仪狄。

红粬黄酒传统酿造技艺也尊杜康为酒神和酿酒业祖师爷。在屏南广大农村，自酿红粬黄酒往往将祖宗尊为酒神，体现出祖宗崇拜。例如屏南重要酿酒名村北墘村就将吴氏宗先和郑公（郑样）尊为酒神和北墘酿酒业的行业神，并形成独具特色的冬至黄酒开酿节。屏南另一酿酒名村熙岭龙潭村，因村位于惠泽龙王所在的九峰寺与虎潮潭周边，并受龙王恩泽而敬惠泽

祭祀酒神

龙王为酒神。清乾隆五年版《屏南县志》"山川"载:"虎潮潭在箬洋山中,即僧惠泽化龙入此。元成宗年间,后将村(今屏南代溪镇后章村)有一童子,幼失怙恃,投九峰寺与僧清玉为徒。法名,惠泽。一日往园摘蔬,见两蛇争戏一珠,泽逐之。蛇舍珠去,泽拾珠含于口。忽尔吞下。是夜,腹中发热如火,倒身卧于石槽内,冷水浸润。稍觉凉快,月余身出鳞甲。乃告师曰:'土必化龙,不克时师矣。弟思此寺微薄,缺少斋田。寺侧三里川流俱系石岩。不能为坝。徒若神通,开辟一田,可供大众,幸勿惊恐敲动钟鼓可也。'言毕而泣。次夕风雨雷电。泽不知何去矣。越一年春,忽一日天昏地黑,风雨大作,雷电交掣,山动石走,寺僧共骇,其师忽悟前年惠泽之言,示众勿惧,众以为妄,求鸣钟擂鼓以定惊。片刻间,风停雨息。次日,观其水坝已成数十余丈,惜其功未竟,众僧悔之无及。后泽假梦于师曰:'徒今住三十四都箬洋山溪中虎潮潭。'次日,师往视之,见一深潭,两旁巨石相聚,幽黯不可测。师呼曰:'惠泽安在?'忽然潭水涌沸,少顷方止,灵通若此,至今祷雨无不立应。"现龙潭里村及周边村庄均信奉惠泽龙王,将惠泽龙王奉为乡村保护神,每遇家中酿酒,均于家中厅头敬奉美酒、糯米饭、红䊈,并焚香礼拜,以请龙潭庇佑酿成坛坛佳酿。近年来,屏南还将惠泽龙注册为黄酒品牌,并培育成驰名商标,同时,虎潮潭、龙潭里也成为黄酒品牌商标。

虎潮潭

二、酿造习俗——北墘冬至黄酒文化节

屏南酿造红曲黄酒一般选择在冬至节气,因此,冬至又被称为酿酒节、开酿节。屏南代溪镇北墘村中街边货栈、酒坊林立,酒旗灯笼高挂,沿河则廊屋栉比,碓房、水车、廊桥、矴步、古堡、更楼相连,荷塘、桎树、老柿点缀其间,真一幅山乡美景!

一方水土养一方人,山高林密,清泉醇洌的北墘,独占制曲酿酒之优良条件。谈起酿酒,北墘人个个是行家里手,千百年来,这里家家酿酒,户户有

北墘村

酒窖。冬令时节,村落氤氲着糯香酒香,那是北墘冬至节令的体香。2016年,该村延续了传统冬至黄酒开酿习俗,并成功举办了由中国民协、福建省民协主办,屏南县人民政府承办的"我们的节日·冬至民俗节暨屏南县第一届(北墘)黄酒文化节"。节日主要活动内容有:一是迎请吴氏先祖及酒神,舞龙舞狮,赏福活动;二是举行"中国红曲•黄酒文化之乡"授牌仪式暨福建省屏南县第一届(代溪北墘)黄酒文化节开幕;三是开展醉美北墘体验、观赏、品尝、猜

谜活动；四是欣赏乡村风情文艺演出。中国民协副主席万建中，中国民协分党组成员、副秘书长周燕萍，福建省民协副主席陈晓萍以及特邀专家中央民族大学教授陶立璠，中国艺术研究院研究员郑长铃，温州大学人文学院教授黄涛，中国社会科学院文学所副研究员邹明华等参加了活动。2017年，该村又成功举办了第二届冬至黄酒文化节，取得圆满成功。

开幕式

北墘村是屏南产业融合的范例，村内的古民居、祠堂、牌匾等遗迹均与酒文化息息相关。酒坊、酒窖旧址，街头巷尾、农家院落随处可见的酒缸、酒坛等酿酒器具，都得到了积极的保护。黄酒风情体验小街已经颇具人气，一到节假日，游客接踵而至。小村吸引了福州大学阳光学院在村里设立教研基地，帮助村里策划包装生成7个文创产品。省老年艺术家协会、省老年大学随后也在村里设立基地。村里也通过央视直播和媒体、企业家和商会的共同推动，来推广"北墘老酒"品牌。黄酒文化展示馆、观光型黄酒手工作坊、特色风情民宿区等项目将陆续建设使用，让黄酒产业向更新的方向融合发展。

斗酒评酒

三、酒宴习俗

（一）劝酒

中国人的好客，在酒席上发挥得淋漓尽致。中国人敬酒时，往往都想对方多喝点酒，以表示自己尽到了主人之谊，客人喝得越多，主人就越高兴。劝酒有"文敬""武敬""罚敬"。酒席开始，主人往往在讲上几句话后，便开始了第一次敬酒。这时，宾主都要起立，主人先将杯中的酒一饮而尽，并将空酒杯口朝下，说明自己已经喝完，以示对客人的尊重。回敬是客人向主人敬酒；互敬是客人与客人之间的敬酒，为了使对方多饮酒，敬酒者会找出种种必须喝酒理由，若被敬酒者无法找出反驳的理由，就得喝酒。代饮是本人不会饮酒，或饮酒太多不胜酒力，这时可请人代酒。为了劝酒，酒席上有许多趣话，如"感情深，一口闷；感情厚，喝个够""感情浅，舔一舔"等。而罚酒的理由也是五花八门，最为常见的可能是对酒席迟到者的"罚酒三杯"了。

（二）饮馔文化

中国人对"饮馔文化"是很讲究的。屏南饭桌酒宴有许多礼俗。主要是讲究礼、孝、德。"礼"是指饮馔的礼节和礼仪。家宴、便宴要以"长"(家长、长辈)为主，宾宴要以"客"为主。在宴请中的祝词、敬酒、交谈、进餐、辞宴的全程中都要注重礼节。开宴前主人要将重要宾客介绍给大家，并致简明热情的祝词；开宴时主人要亲自斟酒，按顺序向长辈和客人敬酒，不能强求；主动替不胜酒力的客人喝酒，并向客人致意。"孝"家宴时讲究要尊重长辈，要尽孝道。"德"是一种品行，在家族的饮馔中有"让、度、俭"的要求。"让"是要求大家相互谦让；"度"要求喝酒吃饭要有度，不能暴饮暴食，更不能劝酒无度，置人于醉；"俭"是要节俭，不能浪费。

屏南双溪古镇古为县治所在地，其酒宴还有许多规矩与文化内涵。婚宴、寿宴、梁下酒等喜宴属于正宴，是很讲究的。正宴讲究四桌帖、四分碟、首肉笋开宴、四大盆、四海碗、四中缸、四点心、三水果、糖糍粑结宴。这里面有许多有趣而富有双溪特色的文化内涵，如四桌帖，就是双溪独有。双溪家庭每逢喜事，必然在一个月前就写好请柬送于亲戚朋友。其中母舅、姑姑等至亲还需大红帖袋装成的请柬称"大帖"由专人送去，当接到"大帖"的亲戚必然在喜事正日三天前就来赴宴，称吃"长酒"，但在双溪本地，"厝下人"也就是本姓亲戚朋友则没有送请柬，只是根据各家世交到喜宴日前送贺礼，主人则根据往年的"门头"准备酒宴桌数。正席当日八仙桌上的这"四桌帖"就是代表请柬的意思。桌帖由两层红色、黄色土纸（其中红纸略小）对折成三角形置于八仙桌中间四角，上面摆放同样具有双溪特色的四分碟。双溪宴席所用食用器具与桌子排位同样也具有许多讲究，来不得半点马虎的。正席必用八仙桌与长条凳，每桌摆十二个席位，每位客人面前所用食器有筷子、碟子、汤匙、小酒盅，每桌摆四桌帖、四分碟，外加一把锡制酒壶。位置也很讲究，一般位于古民居正厅宴席第一、二桌是不能乱坐的，首桌称"娘舅桌"，是主人母亲娘家亲戚的专座。其中左上第一个座位就是正席最大的位置，那是非母舅不能坐的。其他座位依次为，第一位对面为第二位，第一位同排隔中间一位是第三位，第三位对面称第四位，这四个位置均较大，须留给辈分长者坐。而八仙桌上边横排称"上行头"，下边横排称"下行头"均为较小位置，一般下行头边上两个位置，右边者把酒，左边者接菜，是要承担本桌服务任务的。

四、场所与器具

（一）传统酿造场所

粬埕：粬埕是古代制作红粬的专用场所。其建筑是最古朴的土木结构的二层小楼，常散布于村落的边角地，或溪边或弄角。粬埕一般只开一扇小门，不开窗户，只在一楼底部开一排斜向的一尺见方的墙洞，主要用于通风。粬埕土墙一般在二尺厚，易于保持恒温，保持楼内冬暖夏凉，利于营造

粬埕

红粬生长环境。目前，屏南还留下数十座粬埕，但大都停止了生产，成为农村渐行渐远的乡土建筑。

酒窖：屏南农村家酿作坊一般只利用房屋一层房间或老屋的墙弄，也有利用房屋的披榭和侧房来酿酒。只有条件较好的农村可开挖窑洞或地窖用做酒窖。酒窖有利于黄酒的陈化，是酿酒和贮酒的最佳选择。

（二）传统酿造工具

制作红粬与酿造红粬黄酒的主要工具大部分为木、竹及陶瓷制品，少量为锡制品，主要有瓦缸、酒坛、瓮、木饭甑、底桶、水桶、木耙、木钩、木铲、挽斗、漏斗、粬斗、酒抽、木榨、风筅、米箩、米筛、竹簟、篓、竹席、笊篱、酒漏、麻袋、布袋等。

酿造工具

（三）饮酒器具

中国最早的专用酒具起源于何时，未有定论。远古时期的酒是未经过滤的酒醪，呈糊状和半流质，不适于饮用，而是食用。故食用的酒具应是一般的食具，如碗、钵等器皿。古代的酒器主要是陶器、角器、竹木制品等。随着酿酒业的发展，使酒具从一般的饮食器具中分化出来。在新石器晚期如龙山文化时期，酒器的类型增加，用途明确，与后世的酒器有较大的相似性。这些酒器有罐、瓮、盂、碗、杯等。酒杯的种类众多，有平底杯、圈足杯、高圈足杯、高柄杯、斜壁杯、曲腹杯、觚形杯等。

青铜器起于夏，现已发现的最早的铜制酒器为夏二里头文化时期的爵。青铜器在商周达到鼎盛，春秋没落，商周酒器的用途基本上是专一的。据《殷周青铜器通论》，商周的青铜器共分为食器、酒器、水器和乐器四大部，共五十类，其中酒器占二十四类。按用途分为煮酒器、盛酒器、饮酒器、贮酒器。盛酒器具是一种盛酒备饮的容器，主要有尊、壶、卣、厄、皿、鉴、斛、觥、瓮、瓿、彝。每一种酒器又有许多式样，有普通型，有取动物造型的。以尊为

中国民间文艺之乡

兽面纹斝 　　　　　　　　　　　　父辛爵

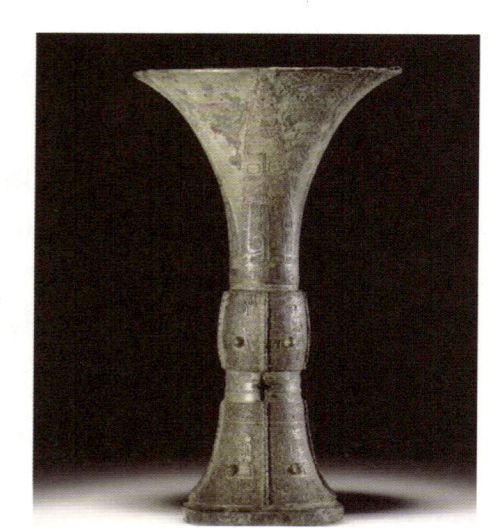

夷曰方甗　　　　　　　　　　　　商觚

中国红粬黄酒文化之乡　福建屏南

例，有象尊、犀尊、牛尊、羊尊、虎尊等。饮酒器主要有觚、觯、角、爵、杯、舟。不同身份的人使用不同的饮酒器，如《礼记·礼器》篇明文规定："宗庙之祭，尊者举觯，卑者举角"。温酒器，饮酒前用于将酒加热，配以杓，便于取酒。温酒器有的称为樽，汉代流行。

商周以降，青铜酒器逐渐衰落，秦汉之际，在中国的南方，漆制酒具流行。漆器成为两汉、魏晋时期的主要类型。漆制酒具，基本上继承了青铜酒器的形制。瓷器大致出现于东汉前后，与陶器相比，不管是酿造酒具还是盛酒或饮酒器具，瓷器的性能都超越陶器。唐、宋是陶瓷生产鼎盛时期，有不少精美的酒器。宋代人喜欢将黄酒温热后饮用。故发明了注子和注碗配套组合。使用时，将盛有酒的注子置于注碗中，往注碗中注入热水，可以温酒。瓷制酒器一直沿用至今。明代的瓷制品酒器以青花、斗彩、祭红酒器最有特色，清代瓷制酒器具有清代特色的有珐琅彩、素三彩、青花玲珑瓷及各种仿古瓷。

在我国历史上还有一些独特材料或独特造型的酒器，虽然不很普及，但具有很高的欣赏价值，如金、银、象牙、玉石、景泰蓝等材料制成的酒器。明清以降，锡制温酒器广为使用。屏南饮酒酒器主要有锡制酒壶、瓷制温酒器、瓷制酒盅、砭制酒器等。

屏南瓷制酒具

第四节 文化形态

酒与我们生活密切相关,农事节令、红白喜事、访友聚会,饮酒甚为普遍。酒已成为人们日常生活中的常用饮品。酒在中国是一种重要的文化象征,无论是李白的举杯邀月,还是王维的西出阳关,红粬美酒泛出的琥珀之光,无不透出了浓浓的文化味、民俗味。酒可以在书画里飘香,可以在音乐中流淌,可以在诗文中宣泄,也可以在舞蹈中飞扬。

一、酒的礼俗

中国古代有"五礼"之说,祭祀之事为吉礼,冠婚之事为嘉礼,宾客之事为宾礼,军旅之事为军礼,丧葬之事为凶礼。五礼反映了古代中华民族的尚礼精神。有史以来,酒被视为上天恩赐的圣物,酒的使用,被视为神圣庄严之事,非祀天地、祭宗庙、奉佳宾而不用。酒被称为"百礼之首",可见酒的作用和地位。

中国夏朝,乡人会聚学堂行饮酒礼:"九月肃霜,十月涤场,朋酒斯飨,曰杀羔羊,跻彼公堂,称彼兕觥,万寿无疆。"(《诗经·豳风·七月》)好一幅先秦时期农村中乡饮的风俗画。周代就有冠、昏(婚)、丧、祭、乡、射、聘、朝八种,大多又酒冠其中,有声有色。而周代的婚俗,也已形成规范化、程式化,纳采、问名、纳吉样样不少。婚期至,"父醮而命之迎,子承命以往,执雁而入,奠雁稽首,出门乘车,以俟妇于门外,导妇而归,与妇同牢而食,合卺而饮。"新婚夫妇共食祭祀后的肉食,共饮新婚水酒,以酒寄托白发到老的愿望。中国古代风俗礼制作为中国传统文化,它"集前古之大成,开后来之改政"(《中国文化史》),传承沿袭,不少风俗现象仍保留至今。

(一)酒与节日习俗

中国人一年中的几个重大节日,都有相应的饮酒习俗,如春节饮"团圆酒",端午节饮"雄黄酒",重阳节饮"菊花酒",除夕夜饮"守岁酒",更有那专属女性的七夕"乞巧酒"与中秋"拜月宴"。在屏南民间,春季芒种时节插完秧苗后,要饮"洗耙酒",秋时收割第一埕新谷要饮"尝新酒",收割完毕更需痛饮"收埕完冬酒"。酒席散尽之时，往往是"家家扶得醉人归"。节日是选一些好日子让人们欢聚畅饮，酒成了节日最具象的情感表达。

1. 春节

春节是中华民族最悠久、最富有民族特色的节日。到了汉代，中国"年"作为重大节日逐渐定型。"除夕达旦不眠，谓之守岁"（《风土记》），年应从除夕之夜守岁说起。相传古时有一人住在屠苏庵中，每年除夕夜里，他给邻里一包药，让人们将药放在水中浸泡，到元旦时，再用这井水兑酒，合家欢饮，使全家人一年中都不会染上瘟疫。后人便将这草庵之名作为酒名。饮屠苏酒始于东汉，而宋代王安石在《元旦》一诗中写道："爆竹声中一岁除，春风送暖入屠苏。千门万户曈曈日，总把新桃换旧符。"宋时不仅"守岁"，还有"馈岁""别岁"等花样，样样都离不开酒，"士庶不论贫富……如同白日，围炉团座，酌酒唱歌""守岁之事，虽近儿戏，然而父子团圆把酒，笑歌相与，竟夕不眠，正人家所乐也。"

祭祀

屏南年夜饭是一年中最讲究的，傍晚时分，一家人围坐八仙桌，必上自酿黄酒，菜一定有药膳美食、红糟焖猪蹄、全鱼、糍粑或甜汤丸。庆祝合家团圆，预祝来年生活甜美圆满。晚饭后守岁开始，如今大家都是围坐客厅看电视，一同观看中央电视台春节联欢晚会。在过去，小孩围着长辈听故事，讲笑话，其乐融融，到子时时分，吃些小点心，接着长辈给小孩晚辈送压岁钱，放鞭炮。家庭主妇则备酒菜香烛献于厅头祀桌，以敬神祭祖，同时，用米装满火饭甑，并插上发财树敬于厅头，以祈来年五谷丰登、财源广进，同时要煮好初一的饭，以示年年有余。家中长者还会在墙壁上钉上一两颗铁钉，象征来年添丁。

屏南民间有"年三天，节三餐"习俗。农历正月初一至初三是春节。初一早晨起床洗漱后，敬香上茶、开大门放爆竹，大家穿新衣，互相祝福拜年，喝糖茶。早餐一定要吃素食，必吃线面、长命菜等，忌动刀讲不吉利话。中午起开荤，至此之后，则餐餐必上家酿美酒，菜肴也丰盛可口。

火饭甑

2.元宵节

又称灯节、上元节。元宵节始于唐代，因为时间在农历正月十五，是三官大帝的生日，所以过去人们都向天宫祈福，必用五牲、果品、酒供祭。祭礼后，撤供，家人团聚畅饮一番，以祝贺新春佳节结束。晚上观灯、看烟火、食元宵(汤圆)。屏南把春节叫"小年"，元宵节叫"过大年"。因此，元宵节期间，家家门前悬挂花灯，许多村庄还要举行闹元宵活动，由于正月十五是被称为妇女儿童保护神的陈靖姑（俗称陈大奶、陈夫人、通天圣母等）诞辰日，屏南乡村于节前选派请香队伍前往古田临水宫祖庙迎请陈大奶香火，祈求大奶庇护、合境妇婴安康。各村元宵活动主要有庙会神戏、舞狮、香火龙、白蛇灯等。

3.清明节

清明节始于春秋时期的晋国。人们一般将寒食节与清明节合为一个节日，有扫墓、踏青等习俗。清明节饮酒有两种原因：一是寒食节期间，不能生火吃热食，只能吃凉食，饮酒可以增加热量；二是借酒来平缓或暂时麻醉人们哀悼亲人的心情。古人对清明饮酒赋诗较多，唐代白居易在诗中写道："何处难忘酒，朱门美少年，春分花发后，寒食月明前。"杜牧在《清明》一诗中写道：

"清明时节雨纷纷，路上行人欲断魂；借问酒家何处有，牧童遥指杏花村。"屏南清明节其实指清明整个节气，期间（定个日子，如三月初一）人们邀上族亲前往祖祠、祖墓祭祖或祭扫，因此称为祭祠堂、祭墓、压清明。大的家族每年祭祖扫墓均由轮值（轮年头）办理。最值得称道的是会餐期间，过去一年有喜事之家必备家酿喜酒到场分享给每位族人品尝，称"喝喜酒"，喜酒主要有"娶亲酒""添丁酒""登科酒"等。

4. 立夏节

每年的5月5日或6日，太阳到达黄经45°，此时，"斗指东南，维为立夏，万物至此皆长大，故名立夏也。"《月令七十二候集解》："立夏，四月节。立字解见春。夏，假也，物至此时皆假大也。"我国自古习惯以立夏作为夏季开始的日子，并将立夏分为三候："一候蝼蝈鸣；二候蚯蚓出；三候王瓜生。"在立夏的这一天，古代帝王要率文武百官到京城南郊去迎夏，举行迎夏仪式。江南各地，人们因大好春光过去了，未免有惜春的伤感，故备酒食为欢，名为饯春。画家、诗人吴藕汀《立夏》诗也说："无可奈何春去也，且将樱笋饯春归。"

立夏节在福建民俗形态多样。福州流行煮鼎边糊（锅边糊）"做夏"。鼎边糊是用米浆涮锅边烧煮而成，配以虾米、虾油、葱菜、金针、黑木耳、蚬子，或少量香菇、蛏干等海鲜清汤，其味极为鲜美可口。而闽东各地也略有区别，福鼎立夏要用夏枯草煎汤，当成茶水来喝，据说这样夏天就不会中暑了；柘荣立夏当天要"补夏"，就是要"吃补"，吃猪脚、鸡、鸭等肉食；而屏南、古田两地，立夏是要吃用红色鲜酒糟煮的各色菜，比如红糟肉、红糟田螺、红糟笋、红糟蕨菜、红糟泥鳅汤、糟兔、糟姜等。各村要求不同，红糟菜要单数，三、五、七、九碗均可，三碗红、九碗红，图的是对红红火火、和和美美生活的追求！

5. 端午节

又称端阳节、重午节。时在农历五月五日，端午大约形成于春秋战国之际。人们为了辟邪、除恶、解毒，有饮菖蒲酒、雄黄酒的习俗。据文献记载：唐光启年间(885—888)，即有饮"菖蒲酒"。唐代殷尧藩在诗中写道："少年佳节倍多情,老去谁知感慨生,不效艾符趋习俗,但祈蒲酒话升平"。此俗之后逐渐在民间广泛流传。菖蒲酒、雄黄酒是我国传统的时令饮品,而且历代帝王也将它列为御膳时令香醪。明代刘若愚在《明宫史》中记载:"初五日午时,饮朱砂、雄黄、菖蒲酒、吃粽子"。清代顾铁卿在《清嘉录》中也有记载:"研雄黄末、菖蒲根,和酒以饮,谓之雄黄酒"。由于雄黄有毒,现代人们不再用雄黄兑制酒饮用了。

屏南端午节从农历五月初一就开始了,但主要包括初三晚、初四早、初五午三餐,俗称"节三顿"。其实,初一家家户户插菖蒲、艾叶,包各色粽子,以备给当年出嫁的女儿家"送节",而新婚媳妇则早早忙着编"百索"、织香囊(俗称避毒丹)、购红绳,以备回赠娘家弟妹。端午主要习俗有拔"午时草"、洗"午时汤"、饮雄黄酒、涂雄黄末、缚生车身、祭屈、走桥等。

近年来,屏南积极打造"我们的节日",举办"端午屏南(代溪•康里)民俗文化节"。活动以端午祭祀为主线,贯穿印端午、舞端午、祭端午、画端午、包端午、赛端午、食端午、购端午、演端午、走端午等十多项内容丰富、形式多样的活动。一直以来,康里村保留着较为古朴的端午祭祀楚大夫屈原仪式。俗传五月初五是闽王王审知死忌,旧福州府所属各县或其他府部分县都改为五月初四祭祀屈原,俗称"月四节",所以康里的端午祭祀亦是定于五月初四中午举行。当天午时,抬护屈原神像,在八仙、书童、道士、幡旗、龙旗、乐队、诵经、狮、龙等队伍护送下,沿旧村、郑氏大宗祠、门闾,直到鉴湖,环湖行至祭祀台。待队伍列队完毕,祭品摆在湖塍上,祭祀正式开始。祭屈祝词承载了康里人自强不息、厚德载物等美好品质以及对年景丰收的愿望。而在屏南双溪古镇等地则保持着古朴的"端午走桥"、投粽祭屈的古楚遗俗。

6.中秋节

又称仲秋节、团圆节,时在农历八月十五。在这个节日里,无论家人团聚,还是挚友相会,人们都离不开赏月饮酒。《说林》记载:"八月黍成,可为酎酒。"《天宝遗事》中载唐玄宗在宫中举行中秋夜文酒宴,并熄灭灯烛,月下进行"月饮"。韩愈在诗中写道:"一年明月今宵多,人生由命非由他,有酒不饮奈明何?"到了清代,中秋节以饮桂花酒为习俗。潘荣陛著《帝京岁

缚生车身　　　　　　　　　　　　　印端午

编百索　　　　　　　　　　　　　包粽子

第二章　红粬黄酒

时纪胜》记载，八月中秋，时品饮"桂花东酒"。而清乾隆《屏南县志》载："八月初一日，县中往走马山烧天地香。十五日中秋，备酒赏月。"

屏南中秋主要节俗有吃月饼、品酒赏月。其中长桥镇万安桥两端的长桥村与长新村保留着古老的"中秋射箭盘诗会"；双溪古镇则举办中秋花灯展示与拜月活动，吸引四邻八乡前往观赏。

中秋拜月

7.重阳节

又称重九节、茱萸节，时在农历九月初九日，有登高饮酒的习俗。宋代《西京杂记》曰："九月九日佩茱萸，食蓬饵，饮菊花酒，云令人长寿。"自此以后，历代人们逢重九就要登高、赏菊、饮酒，延续至今不衰。明代李时珍《本草纲目》对常饮菊花酒"可治头风，明耳目，去痿，消百病"等。因而古人在食其根、茎、叶、花的同时，还用来酿制菊花酒。除饮菊花酒外，有的还饮用茱萸酒、黄花酒、薏苡酒、桂花酒等。历史上酿制菊花酒的方法不尽相同。晋代是"采菊花茎叶，杂秫米酿酒，至次年九月始熟，用之"，明代是用"甘菊花煎汁，同曲、米酿酒。或加地黄、当归、枸杞诸药亦佳"。屏南重阳节各村各户打糍粑、庆丰年。《屏南县志》载："九月重阳，登高饮酒。"屏南境内重阳民俗形态最丰富的是代溪镇忠洋村。

（二）酒与人生礼俗

1.生育酒

坐月子与月子酒 妇女在分娩后一个月里，不论衣食行，都有一套严谨规范，叫"坐月里"。坐月子时期产妇的饮食十分讲究，要吃干不吃稀，注意营

养，吃高热量食物。主食一般是米饭、鸡肉，后期可适量搭配鸭肉、猪肉、兔肉、鱼肉等。点心有鸡蛋、线面或鸡肉。一天多餐，有"三餐四点心"之俗。月子期间忌吃生冷食物，不吃水果、青菜、豆制品，少吃食盐，而同时多食用黄酒（月子酒），在屏南民间，妇女一个月子下来要用去黄酒一大酒坛之多，黄酒成了产妇调养身体的关键食品之一。随着现代生育知识的普及，原有的"坐月子"习俗有了很大的变化，但食用黄酒仍是不变的习俗。

洗三旦 婴儿诞生，必须举行一系列隆重的庆生礼俗，其中，洗三旦、满月、做周等，都是最重要的仪式。婴儿诞生的第三天要"洗三旦"（又称"庆三朝"）。用艾叶、茶叶、蒲草等煎汤为婴儿沐浴。屏南还杀鸡敬谢陈大奶和虎马公，以求保护母婴平安。

"送酒"与"泡酒" 屏南有给亲戚（主要给娘家、姑、舅等）"送酒"的风俗。婴儿降生，备鸭子或兔1只、喜酒1瓶、线面1千克，分别送往亲戚家，亲戚则根据情况回送鸡、米，以及婴儿衣、裙、帽、用品等。而备酒、线面、鸡、鸭、兔肉在家请亲友邻里，以示答谢和庆贺，则称"泡酒"。

满月酒 婴儿满月剃头是件大事，要办"剃头酒"也称"满月酒"。剃头时，将胎发剃去装在绣花布袋内，悬放门户高处，以祈婴儿长大腾达高就，光宗耀祖。同时，还要给婴儿穿围兜直到10岁，意在避免受风寒侵袭。

吃"满月酒"可有些讲究，娘家最长者坐首席，第一碗必上鸡汤线面，这时，长者要站立用筷子将线面夹起并高声唱诗讲"好话"（吉语），如："线面长长、丁添满堂""家添人丁堂添喜、福临门户寿绵长"，这时，亲朋好友们则同声高喊"好啊！"以示庆贺，家人用小碟装上由长辈夹起的长长线面端放在厅堂祀桌上，点香敬献祖宗神明。这时大家方举杯同贺，酒宴开席。在屏南，外婆送来的礼物可有讲究了，一般外婆要送亲手制作的虎头帽、虎头鞋、围兜、拦身裙等吉祥服饰，是时还要送银制项链、手镯、手坠、长命锁、脚链等如意首饰。

做周 做周又称拭儿、试晬、抓周，当小孩满周岁时，在其面前摆上各种玩具和生活用具，任其随意抓取，以此来卜定预测其日后的前途、性情和志趣。"抓周"习俗可上溯到南北朝时期。北齐颜之推《颜氏家训·风操》中就明

中国民间文艺之乡

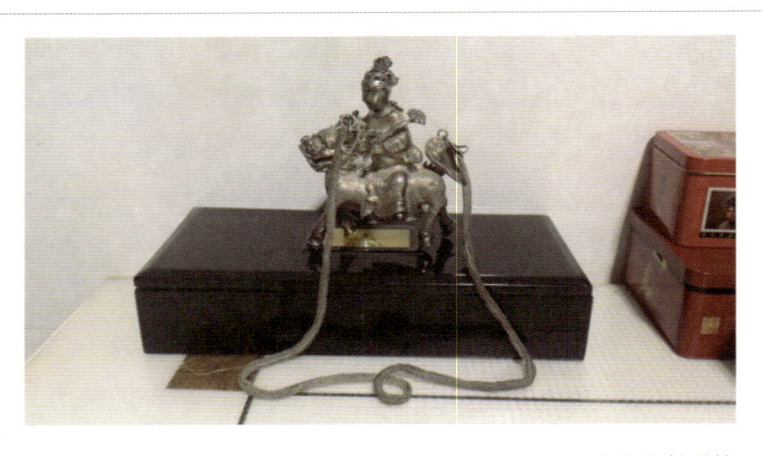

古代银制项链

确记载:"江南风俗,儿生一期(即满一周岁),为制新衣,盥浴装饰,男则用弓、矢、纸、笔,女则用刀、尺、针、缕,并加饮食之物及珍宝服玩,置之儿前,观其发意所取,以验贪廉愚智,名之为拭儿。"宋代孟元老《东京梦华录·育子》中记载说:民间生子后,"至来岁生日,罗列盘盏于地,盛大果木、饮食、官诰、笔砚、算秤等经卷针线应用之物,观其所先拈者,以为征兆,谓之'试晬',此小儿之盛礼也。"到元代之后,此习俗更加盛行。

屏南民间的"抓周"仪式一般都是在吃中午那顿"长寿面"之前进行。在厅前八仙桌上,摆放印章、书、笔、墨、纸、砚、算盘、钱币、杆秤、首饰、吃食、玩具。如是女孩还要加摆铲子、勺

抓周

子等炊具，剪子、尺子等缝纫用具和绣线、花样子等刺绣用具等。然后，由大人将小孩抱来，令其端坐，不予任何诱导，任其挑选，视其先抓何物，后抓何物，以看其长大后的前途志向。"抓周"仪式结束后，便端出线面、酒菜等宴请来宾，长辈们对小孩的前途则寄予厚望，祝贺孩子年复一年，吉庆平安，健康成长。

2. 婚俗酒

福建闽东北婚俗基本相同，屏南主要有议亲、订婚、完婚等仪式。清乾隆版《屏南县志·婚嫁》记载："两造各开庚帖，问卜合婚为准。如吉则男之聘金，女之妆奁，必经月老议定，开列礼单，立有合同，后惟依议而行。亦有好礼之家，议亲各随其便，不敢争论聘金、妆奁，致伤姻好。迎娶用花轿、鼓乐、灯彩，于道中备办酒筵款待送亲之人，必尽醉。入门后，请诸亲受拜，席散进新房看妆奁。越三日，备办五烧送至女家，名曰谢亲席。未嫁之先数月，亲戚互相请女，各曰饭顿。归期将至，男家备办银、布、轿下猪牛等，送至女家，女子守房三日。上轿，新人袖藏茶、米、锁钥，茶米进轿即抛出，锁钥交付兄弟。过门三日，女家备办糕饼送到婿家，名曰下厨茶。"它较完整描述了屏南婚俗迎娶习俗。

议亲 由男方托媒，由媒人携带求婚帖向女方求亲，女方认为合适，便书明庚期，将回帖交媒人带回，男方则请先生合庚(又称合婚)。有"冲克"不合者，则互退庚帖作罢，若无"冲克"，就可正式议亲，订立婚约。

订婚 经议婚后，男方家长觉得满意，多通过介绍人与女方家长就聘金、聘礼、妆奁、婚期等进行协商，取得一致意见后，由男方择吉日送礼到女家，谓之"插钗"，有订盟之意。女子一经定聘，即开始纺线织布，绣花做鞋，父母筹办木竹妆奁，其中锡酒壶、鞋笭、竹篮、扁篓等做工考究，堪称精品。

完婚 屏南婚礼主要流程有新娘躲房哭嫁、备办礼物、开吹接戚、送押礼、起轿（接轿）、女方于归酒、扛妆奁、新娘拜别、上轿仪式、送路迎亲（碰轿盘诗）、拜堂仪式、正宴、闹房暖房、下厨房、端茶敬亲、回门等。婚礼过程最重要的宴席有杀猪顿、起轿顿、接轿顿、正酒、下山顿、端茶暝（也有在下山顿前安排茶点代替端茶暝）、犒厨暝等。

结婚日期确定后,男方送去礼肉和礼饼。嫁日前数天,出嫁女躲在绣房哭嫁,并有若干名女子作伴,俗称"躲房""啼娘奶"。在开婚前女方亲人轮流宴请女子,称作"请饭顿";亲戚则送米粿或粽子、线面、黄酒,还有一套衣料,俗称"送饭顿"。屏南婚宴男方办结婚酒,女方提前一天办于归酒。婚前一天,男家由媒人带数位"押礼伯"挑送台、米粿、猪腿、寿面、黄酒、鸡鸭、八色盘等礼物,俗称"做押礼"。红轿和鼓吹手也一同到女方家过夜,女方称"接轿",并办"接轿顿"。女方家于当晚办"于归酒"有许多讲究,首桌为娘舅桌,二桌为媒人与男方押礼伯桌。酒宴期间有"娘舅开台""媒人开台""品尝台酒""劝吃暝(劝母舅、亲戚饮酒)""骂别人(押礼伯)"等习俗。屏南女子"躲房哭嫁"用【出嫁调】有《十别姐》《十字名》《十盆花》《十粒手指歌》《十朵牡丹》《十粒橄榄》《十留妹》《十二双牙箸》等,多为哭别姐妹弟兄;而《哭别父母》则掺杂着对父母养育的感恩与出嫁的不舍以及埋怨。《十怨媒》则通篇表达对媒人的埋怨了!哭嫁歌最有趣的是骂别人(押礼伯)的《骂别人进门歌》《骂别人》《骂别人吃饭歌》《叠字》《十条葛藤》等。以下为《骂别人》。

一粒桃子正开花,你做别人该骂皮是瓜;
二粒桃子二粒光,你做别人嘴舌没骨滑滑转;
三粒桃子三月三,你做别人做牛做猪做头牲;
四粒桃子四粒四,你做别人没志气;
五粒桃子五粒皮,你做别人厚脸皮;
六粒桃子六粒实,你做别人谎话反转舌;
七粒桃子七粒籽,你做别人死无赖;
八粒桃子八中秋,你做别人骂得心会焦;
九粒桃子九重阳,你做别人理输没骂不白详;
十粒桃子满树红,你做别人没骂不成人!

送往女方礼物中最重要的是"台",其为一对外形似酒瓮的漆盒(用柳杉特殊工艺制成),由几层组合而成,各层分别装各式糖果、海鲜干、桂元干等物,外挂数十只杀好用红绳、竹片、剪纸捆绑布置好的鸭、兔(过程称

"挂台"），台顶上放一锡瓶装满酒称台酒。"台"是屏南及周边农村婚嫁风俗的吉祥之物，女儿出嫁，要约好"台"多少斤（一般要120市斤左右），迎亲时由"押礼头"挑去，到女方家，"台"是要过秤的，一般过秤时见证人（厨师）会特别将秤高高翘起，高声唱道"有啦！有啦！"以求吉利。称完后将"台"慎重地置于厅头祀桌之上，正酒开宴，酒过三巡，东家将两只"台"端下分别放在母舅与媒人桌前，燃放鞭炮，大家肃静，敬请母舅、媒人"开台"，这时母舅先起身手放在台上，高声贺《开台歌》"美酒诸亲齐饮，佳肴贵客同尝，今日于归正命，他年麟趾呈祥！"众亲附贺称"好啊！"母舅开完到媒人，媒人接着贺："月台圆圆，金鸡排沿；今天于归，五世其昌！"开台毕，分台酒众亲齐饮！婚宴进入高潮！为了有足够台酒供亲朋享用，男方往往选最好陈年老酒，另备大酒壶送去。大家饮后往往称赞"好酒！好酒！"

迎娶之日，女家张罗女儿出门，设出门酒"起轿顿"请亲友。下午，男方接亲数十人先行到女方家搬嫁妆，俗称"扛妆奁"。花轿装扮完毕，新娘凤冠霞帔，盛装而待。上轿前向家中所在长辈哭嫁行拜别礼、梳妆、吃粉干蛋、拜厅头、骂轿等，并同兄弟举行"分家契"仪式，然后由母舅或兄长背上花轿，轿门贴轿封，轿后贴符，女子胸前挂铜镜，以防"邪恶侵身"。叔伯弟妹侄三代及女伴数人（单数7、9、11人均可）伴送前行，称为"送长路"。花轿在路上如遇对面送亲花轿，为抢走路的

台

碰轿表演

大边（指路内侧）新娘必下轿盘诗争胜负，俗称"碰轿"。今选《碰轿对歌》一首，唱【对歌调】：

　　甲：县城高楼八角翘，乡下担柴老爷烧，
　　　　盐油酱醋大店买，大街小巷好客聊。
　　乙：城里那是好名声，不如后峭溪沿大荆灯，
　　　　赌钱吃酒败家仔，乡下茅楼厝仔出状元！
　　甲：高山松树青又青，张家溪水流到京，
　　　　奴家世代手艺精，今日是你走小边。
　　乙：高山柏树青又青，李家道路通到京；
　　　　李家世代生意兴，今天是我走大边！
　　甲：路上樟柴香又香，张家历代为书香；
　　　　举人进士科科中，谁敢跟我争大边。
　　乙：山前桂花香又香，李家世家出忠良；
　　　　大唐元勋谁不知，我敢叫你走小边。
　　甲：坡上麻竹枝开丫，唐皇游猎马失蹄；
　　　　写了降书交高丽，幸好仁贵来保驾。
　　乙：路边葛藤尾开丫，仁贵征东又征西，
　　　　唐朝江山盖世阔，历代皇朝好皇帝！
　　甲：你是红脸青鸟花，眼前好看算什么？
　　　　树上开花树下烂，无子无孙怎做婆？
　　乙：你是路边荆灯花，满身黑刺害人多；
　　　　三弯六曲占大位，日夜只想交契哥！

　　花轿抵达男家，再由男家全福长辈出来揭去轿门上的"轿封"，"正中姑"(全福小女孩担任)请新娘下轿，再由"伴娘妈"(通晓当地婚姻礼仪的老妇)搀扶至大厅，等待举行拜堂成亲大礼。经"子弟官"(全福小男孩担任)来回上楼三请新郎身着长袍头戴礼帽下楼与新娘一道拜堂。三跪九叩礼毕，新娘由全福长辈持喜烛，捧"斗灯"(系用红漆圆形木斗，内置大米、红蛋、镜子、剪刀、

尺子、油灯等），缓步进入新房。新娘进入新房后，端坐床沿，让人观睹，俗称"瞧新妇"。礼毕，则由一位年轻后生在新房门口派发喜糖、花生、糖豆、向日葵等，称"夺豆糖"，这时必引来全村孩童争抢，场面热闹喜庆，是为婚礼高潮之一也。

婚嫁场景

当晚办结婚喜宴称"正酒"，最为丰盛热闹。如今宴席前要举办隆重仪式，期间新人与父母要敬酒分喜烟喜糖。宴毕则闹洞房至深夜。屏南闹洞房可有讲究了。要唱《整帐门诗》《洞房对歌》《十照洞房歌》《闹洞房十全歌》等。各地略有不同，如屏南长桥镇范围，先由吹班选一人称"八仙头"先进入新房在锣鼓声中歌唱："蜡烛辉煌，喜气盈门，财丁两旺，富贵双全。"歌罢便开始整理新床。从被中取出吉祥物"被蛋"和"被桔"，高声唱："开罗帐，整牙床，诗题红叶，烛照华堂……"众亲朋进门唱上述闹房诗，最后关门，歌曰："关好房门，福寿双全，夫妻百岁，五代同堂。"屏南熙岭乡龙潭村是古老剧种四平戏的发祥地，那里的闹洞房一定有唱《八仙庆贺》《撒帐》《云头送子》等。屏南甘棠巴地是唯一的畲族村，这里闹洞房则有畲乡风情，要打新郎屁股，唱《拍喜歌》。

手掏喜板笑微微，洞房拍喜大家临；
今晡催喜拍数板，秋后双手抱孩儿。

手掏喜板举得高，今晡阿弟拍阿哥，
拍喜总要加把劲，新娘年尾添娃娃。

手掏喜板响叮叮，新妇进门添人丁，
八仙也来同庆贺，儿孙世代家业兴。

手掏喜板唱颂歌，新郎新娘乐呵呵，
夫妻捧出糖果酒，六亲齐唱拍喜歌。

屏南习俗，迎娶次日天一亮，新娘要进厨房行"下厨礼"。当天新娘还要参拜亲属长辈，行见客礼改称谓称"端茶"，同时还要由母舅开箱。中午办"下山顿"，餐后大部分亲戚，包括女方送亲客人均回家。迎娶第三天，新郎陪伴新娘同往女家，俗称"回门"。女家须摆"女婿酒"宴请女婿，并于当晚返回男家。至此整个婚礼才告结束。

3. 生辰酒

不论男女记下诞生日期（一般取农历），此后每年在这天举行庆祝，即"做生日"。逢生日这一天一般只由家人煮线面一碗，加蛋两个。线面细长谐音"长命"，蛋雅称"太平"，取其"长命平安"之意，少有送礼和摆酒庆祝的。

通常人们在五十岁开始"做寿"，十年一庆，五十岁寿称"做五十"，六十岁寿称"做六十"。庆寿不取生日，均在春节举行。送寿准备给寿星的礼物主要有猪脚一只、服装一套、线面2斤、冰糖2斤、黄酒一壶、寿匾或寿联一轴、贺寿屏风等。寿星一般收下部分礼物，回赠红包等。正月初三到十五为庆寿、请寿酒的佳期。办寿酒时，位于厅堂首席首座往往是族内最年长或辈分最高者，开宴前需行祝寿仪式，唱诗祝寿，如"瑶池王母登台坐，八仙庆寿乐呵呵。三星齐饮长庚酒，五老同台献蟠桃。南极北斗无不到，齐来拜祝寿更高。"或简单如"线面长长，福寿绵长！"等咏罢，大家齐贺"好啊！"举杯畅饮，燃放爆竹，宴席开始。

4. 丧葬酒

从远古以来，酒是祭祀时的必备用品之一。我国各民族普遍都有用酒祭祀祖先、在丧葬时用酒举行一些仪式的习俗。清乾隆《屏南县志》载："凡父母死，讣报亲族，备猪羊果品作祭。入殓，戚族乡邻登门拜奠，各分腰帛。席散，将猪、羊胙分送六亲。逢七遇旬，或作功果，或诵经致祭。百日，或自备猪羊，敦请戚族，或众备猪羊，公奠灵位。其贫者不过尽衷，备棺盛殓而已。"

屏南丧俗出殡应择吉日，前一夜要举行整夜祭奠仪式，曰"做大夜"。夜半，主祭孝男要举行三献礼，由傧赞朗读祭文，致祭亡灵，谓之"上寿"。然后撤去灵堂，出棺安葬。出殡时，先鸣炮起柩出殡，以锣鼓乐队开道，幡幛挽联引路，孝子持哭棒扶棺，亲属朋友随后送葬。灵柩所经的村落路口须贴"路帖"，过桥、过神庙要"参神"，焚化楮钱。沿途鸣炮，散发"发路钱"。晚于家中设宴报答戚友，曰"丧暝"。若家中女性逝世，则有报丧、接"后头"(指"娘家弟侄孙三代代表"、致祭见面、吃半暝顿（指丧葬当夜夜餐、有许多规矩讲究，如丧家敬肴敬酒时需披麻戴孝跪献、女眷哭丧）、披红送夜归等习俗。

屏南葬俗大都要哭唱丧葬歌，用【哭丧调】唱《十条面巾》《盖符被歌》《十条明香》《包钱歌》《十思娘》《十二时辰歌》《十辞别》《点灯歌》《巡棺歌》《十送寿柴歌》等数十首。现选"半暝顿"席间唱歌劝酒《劝后头》。

四个金字摆厅头，我娘归终请后头，
我娘心灵德行馨，保佑后头代代兴。
豆字加页就是头，孔明用计城墙头，
我娘一去没回头，保佑六亲后头会出头。
工字牵丝就是红，云头送子是韩明，
我娘一心做亡人，保佑六亲出贵人。
女字加盖就是安，唐朝名将薛丁山，
我娘一心去阴间，保佑六亲都平安。
三横一竖字是王，明朝腐败出阎王，
我娘一心见阎王，保佑六亲出状元。

屏南巴地畲族有敬"讨位酒"：因畲族每人都有一个讳名行位。男人死后，孝男要帮他向族长讨位。女人死后，孝男要帮她向母舅讨位。孝男手执托盘，内点两支白烛，摆三杯米酒、三杯清茶，两把鸡腿，捧到母舅面前，双脚跪地唱道：

双脚跪落母舅前，心肝忖痛泪淋淋。

手捧双酒请母舅，封母行位好作神。

母舅接过盘中双酒，右手一杯泼地上，供亡人。左手一杯(俗称娘家酒)倒一半到右手杯中，双手举杯做饮酒状，放进托盘，扶起孝男，答歌道：

今日后头托我来，接过外甥酒一杯，

你母排生第 位，上天作神领香火。

接着口念："新坟亡魂，郡行娘殁故尊流落东海，云游南山，一耀风水转，二耀福寿长，三耀子孙代代做官王。"说罢，孝男扯鸡腿给母舅下酒。

（三）酒与生产生活礼俗

1. 农事酒

小满过后，插秧开始，第一天先由插秧能手插第一班田或第一丘田，其他依次跟进。到芒种农忙结束，叫做"小满开栳(即秧盆)，芒种洗栳"。洗栳餐有酒、菜，以粉干或面条结席。插秧后鸣锣，禁止牲畜入田，违者按乡约处罚。收割第一批新谷，根据皇历选择"酉日"(谐"有"之意)尝新。同时挖芋头，摘田豆，还有酒菜，主要是用新米做饭。还请同房长者参加，进餐前先装三碗放香几上，烧香供神敬祖，临睡前收进仓内。进餐毕，碗内要留有余饭，以示有吃有余的美好愿望。最后由长者说一些如五谷丰登之类吉利话，尝新之俗延续至今。庆贺割稻结束的聚餐，俗叫"收埕"(即收拾好稻埕上用具)。该餐除酒、菜外，最后必是糍粑和红糖肉结席。做冬福：农历十月，秋收结束，稻谷归仓，农家用新秋米舂糍粑庆贺丰收，煮酒奉牲祀神灵，俗称做冬福。

2. 梁下酒

屏南农村把造屋建房看成人生重要事件，俗称"起厝"。起厝第一步是定坐向，而后择日立"符牌"，晚上要备丰盛酒席宴请族长和亲人，一为庆祝，二为见证。第一次带木匠师傅到山上选木料，俗称"出山"，要备茶酒供奉山神土地神，并送红包给师傅。砌墙基，遵循先左后右，先后墙再前墙。安放大门石板，俗称"垫门坪"，要放鞭炮燃香线，给师傅送红包。前后墙和边墙如正对路口，应在基座上安放"泰山石敢当"镇刹。上梁之日，事前应将"禁忌某生肖人近前"之红纸贴于该族宗祠大门上，要贴"安门大吉"大红字。

屏南起厝上梁最为重要和忙碌，需请许多帮工，称"扶榀""上梁"。当日，备三牲福礼、茶酒敬祭正梁，正梁上贴"福星拱照"或"紫微銮驾"；梁上挂米粽和"七宝袋"，俗称"压梁"。扶榀上梁时，主绳木匠师傅腰围拦身裙，肩挎鲁班尺，手持墨斗立于梁上指挥扶榀与上梁，当梁榀扶正，主梁合榫，主绳师傅持锡制酒壶立于梁上口颂上梁经：

伏惟哦，此酒不是凡间酒，

伏惟哦，乃是王母仙娘赐我祭梁酒！

伏惟哦，祭起梁头千斤重，

伏惟哦，祭起梁尾万年松！

伏惟哦，祭起梁中多富贵，

伏惟哦，荣华富贵万万年！

伏惟哦，此鸡不是凡间鸡，

伏惟哦，乃是王母仙娘赐我祭梁鸡！

伏惟哦，祭起梁头多富贵，

伏惟哦，祭起梁尾出万丁，

伏惟哦，祭起梁中百子又千孙！

伏惟哦，此物生在深山中，

伏惟哦，给我取来做金梁。

伏惟哦，一白起高梁，

伏惟哦，二黑寿绵长，

伏惟哦，三绿招财宝，

伏惟哦，四橙盛名扬，

伏惟哦，五黄生贵子，

伏惟哦，六蓝进科场，

伏惟哦，七赤人长寿，

伏惟哦，八靛起高梁，

伏惟哦，九紫人富贵，

伏惟哦，十全大吉祥。

伏惟哦，财丁能两盛，
伏惟哦，富贵两齐全。

主绳木匠师傅边颂经文边往梁上斟酒。颂完经，酒亦停，两端扎上红布条。上梁当晚，东家备一顿丰盛酒席犒劳师傅亲朋，俗称"鲁班顿"或"梁下酒"。酒席上泥水师傅坐正位，同时东家还要按主绳、师傅、学徒三等人分送红包和围裙。大木主绳加送香粉、镜台、头梳。

3. 饯行酒、接风酒

中国人，远客来要"置酒洗尘"，久别相逢则"把酒话旧"。正如"白发渔樵江渚上，惯看秋月春风。一壶浊酒喜相逢，古今多少事，都付笑谈中。"关于饯行之俗，古文献上有很多记载。《诗经•大雅•韩奕》上说："韩侯出祖，出宿于屠。显父饯之，清酒百壶"。这是远在周朝时代人们就用酒饯行的例证。李白《金陵酒肆留别》："金陵弟子来相送，欲行不行各尽觞。"表达了友人之间依依不舍的心情。"渭城朝雨浥轻尘，客舍青青柳色新。劝君更尽一杯酒，西出阳关无故人！"王维这首《送元二使安西》可谓最全面、最深刻地反映了古人送别挚友时的情感。以酒饯别，唐代达到高峰，"浔阳江头夜送客，枫叶荻花秋瑟瑟。主人下马客在船，举酒欲饮无管弦。醉不成欢惨将别，别时茫茫江浸月。"（白居易《琵琶行》）"多情却似总无情，唯觉樽前笑不成。"（杜牧

长桥万安宴准备宴席场景

《赠别》）这些诗句中显露的绵绵的离愁，反映了友情的深厚。

北宋文坛宗师欧阳修号称"醉翁"，其传世名作《醉翁亭记》，"醉翁之意不在酒，在乎山水之间也。山水之乐，得之心而寓在酒也。"这句名言脍炙人口，道出了文士雅饮的基本特征，也揭示出其迥别于凡夫俗子之饮的"风雅之举"。当人们的心灵思绪为自然山水之秀丽景色所陶醉之时，以酒达情，乘兴酣饮，觥筹交错，倍增其乐。酒在此不过作为一种传达情感的道具罢了。

4. 祭祀酒

人类从远古走来，酒始终是祭祀必用品。原始宗教起源于巫术，在中国古代，巫师进行各种祭祀活动，都要用酒。酒作为美好的东西，首先要奉献给上天、神明和祖先享用。而在《周礼》中，对祭祀用酒有明确规定。如祭祀时，用"五齐""三酒"共八种酒。主持祭祀活动的人，在古代是权力很大的。后来又有了"祭酒"主持飨宴中的酹酒祭神活动。

在一些重要的节日，举行家宴时，都要为死去的祖先留着上席，一家之主这时也只能坐在次要位置，在上席，为祖先置放酒菜，并示意让祖先先饮过酒或进过食后，一家人才能开始饮酒进食。在祖先的灵像前，还要插上蜡烛，放一杯酒，若干碟菜，以表达对死者的哀思和敬意。

二、酒令

饮酒行令曰酒令，是中国人在饮酒时助兴的一种特有方式。酒令最早诞生于西周，滥觞于隋唐。白居易诗曰："花时同醉破春愁，醉折花枝当酒筹。"后汉贾逵并撰写《酒令》一书，清代俞效培辑成《酒令丛钞》四卷。酒令分雅令和通令。最著名的雅令是魏晋时流觞曲水。所谓"流觞曲水"，是选择一风雅静僻所在，文人墨客按秩序安坐于潺潺流波之曲水边，一人置盛满酒的杯子于上流使其顺流而下，酒杯止于某人面前即取而饮之，再乘微醉或啸吟或援翰，作出诗来。最著名的一次当数晋穆帝永和九年三月三日的兰亭修禊大会，大书法家王羲之与当朝名士41人于会稽山阴兰亭排遣感伤，抒展襟抱，诗篇荟萃成集由王羲之醉笔走龙蛇，写下了名传千古的《兰亭集序》。当然在中国民间亦有将此简化只饮酒不作诗的。

兰亭修禊图

通令的行令方法主要划拳、掷骰、抽签、猜数等。通令很容易造成酒宴中热闹的气氛，因此较流行。

猜拳 也称"拇战""招手令"等。即用手指中的若干个手指的手姿代表某个数，两人出手后，相加后必等于某数，出手的同时，每人报一个数字，如果甲所说的数正好与加数之和相同，则算赢家，输者就得喝酒。如果两人说的数相同，则不计胜负，重新再来一次。划拳以说吉庆语言较多。如："对对手（0或同数）、一定高升(1)、哥俩好(2)、三星高照(3)、四季发财(4)、五经魁(5)、六六顺(6)、七七巧(7)、八仙过海（八匹马）(8)、快快到(9)、十全全（满堂红或全来到)(10)"等。这些酒令词都有讨吉利的涵义。由于猜拳之戏形式简单，通俗易学，又带有很强的刺激性，因此，深得广大人民群众的喜爱，中国

古代一些较为普通的民间家宴中，用得最多的也就是这种酒令方式。屏南猜拳还分福州拳、宁德拳、闽北拳、屏南拳之分。

猜骰子 猜骰子可以两个人玩或多人玩。利用骰子6面不同点数的数量来比胜负。每个人用一个盖碗，盖碗里面装上5个骰子(也可更多)。两个人晃动盖碗，将骰子打乱以后，自己看自己杯中的骰子点数，根据杯子中骰子的点数，来猜测对方骰子的点数，然后报出一个数字。对方根据自己盖碗中骰子的点数，来决定自己报出的点数，或者看对方的点数确定输赢家。

两只小蜜蜂令 "两只小蜜蜂呀，飞到花丛中呀，嘿！"石头、剪刀、布，然后猜赢的一方就做打人耳光状，左一下，右一下，同时口中发出"啪、啪"两声，输方则要顺手势摇头，作挨打状，口喊"啊、啊"；如果猜和了，就要做出亲嘴状还要发出两声配音、动作，声音出错则饮！适合两个人玩，有点打情骂俏的味道，玩起来特别逗！

汤匙令 着一汤匙于空盘中心，用手拨动匙柄使其转动，转动停止时匙柄所指之人饮酒。

三、红粬黄酒药用保健

红粬有活血化瘀，健脾消食。治产后恶露不净，瘀滞腹痛，食积饱胀，赤白下痢，跌打损伤之功效。《饮膳正要》："健脾，益气，温中。"《本草衍义补遗》："活血消食，健脾暖胃，赤白痢下水谷。"《纲目》："治女人血气痛及产后恶血不尽，擂酒饮之良。"《本草备要》："入营而破血，燥胃消食，活血和血。治赤白下痢，跌打损伤。"《医林纂要》："解生冷物毒。"《中药大辞典》将红粬的主要药效归纳为"活血化瘀，健脾消食，治产后恶露不净，瘀滞腹痛，食积饱胀，赤白下痢及跌打损伤"。这些流传在中国民间的红粬医疗功效，需待科学化的研究去验证。红粬具有四种疗效，一是降低血胆固醇，二是降血糖，三是降血压，四是防癌功效。红粬橙色素具有活泼的羰基，很容易与氨基起作用，因此，不但可治疗氨血症，还是优良的防癌物质。

黄酒是医药上很重要的辅料或"药引子"。中药处方中常用黄酒浸泡、烧煮、蒸炙一些中草药或调制药丸及各种药酒，据统计有70多种药酒需用黄酒作酒基配制。黄酒的另一功能是调料。黄酒酒精含量适中，味香浓郁，富含氨基酸等，人们喜欢在烹制荤菜时，特别是羊肉、鲜鱼时加入少许，不仅可以去腥膻还能增加鲜美的风味。

黄酒含有丰富的营养，有"液体蛋糕"之称。黄酒对人有七大好处。一是富含氨基酸，黄酒的主要成分除乙醇和水外，还含有18种氨基酸，其中有8种是人体自身不能合成而又必需的。二是易于消化，黄酒含有许多易被人体消化的营养物质，如麦芽糖、葡萄糖、甘油、高级醇、维生素及有机酸等。三是利于舒筋活血，黄酒气味苦、甘、辛。冬天温饮黄酒，可活血祛寒、通经活络，有效抵御寒冷刺激，预防感冒。适量常饮有助于血液循环，促进新陈代谢，并可补血养颜。四是美容抗衰老，黄酒是B族维生素的良好来源，维生素B_1、B_2、尼克酸、维生素E都很丰富，长期饮用有利于美容、抗衰老。五是促进食欲，锌是能量代谢及蛋白质合成的重要成分，黄酒中每100毫升含锌0.85毫克，饮用黄酒有促进食欲的作用。六是保护心脏，黄酒内含多种微量元素，每100毫升含硒量为1~1.2微克，这些微量元素有防止血压升高和血栓形成的作用。七是理想的药引子。黄酒是中药膏、丹、丸、散的重要辅助原料。

第五节　传承发展

屏南红粬黄酒传统酿造技艺秉承家族和师徒传承，在重点村落都有着清晰的传承谱系。

一、传承保护

（一）代表性传承谱系

屏南红粬黄酒酿造历史悠久，技艺传承谱系清楚，同时，还表现出家族式与小片区特点。有史料依据的传承关系可追溯到北宋年间。在屏南路下吴姓、林姓、李姓；长桥新乡施姓；长坋叶姓、陆姓；北墘吴姓、龙潭陈姓等村落多土法生产红粬、酿造黄酒。

1. 龙潭陈氏世家

龙潭村位于屏南县东部，面积2平方公里，全村340户1400余人。龙潭村四面环山，一条小溪从村中流过，溪水清澈见底，溪中分别耸立三墩天然巨石，景色优美，正是"颍水三墩驻，西溪七拱桥"。龙潭村陈氏家族自明代天启年间以来，随着家族的发展壮大，酿造庶民酒，创办庶民戏班（四平戏）、制作粉干一直是陈姓家族的传统，因此，有着较为清晰的传承谱系。

第一代 陈马朝，生于明万历年间，一代戏曲宗师，酿酒技艺精湛。

第二代 陈志现，生于明天启间，与其兄陈志现及子侄一同首创四平戏班社；并在村落南面建金峰寺；还在村中建立粬埕，制作红粬，并创办酒坊。

第三代 陈世祀（约1645—1718）

第四代 陈尚察（约1678—1739）以制粬、酿酒闻名。与族兄尚林组织龙潭四平戏出班演出。

第五代 陈兆吉（约1714—1785）在屏南县城双溪开办店铺，出售红粬和自酿黄酒。

第六代 陈文钿（1755—1832）一代四平戏大师，在龙潭及周边传授四平戏，是当时著名艺人之一。同时好饮酒，每上台表演尤喜饮庶民酒，有"酒葫芦"雅称。

第七代 陈振竭（1796—1872）

第八代 陈奕年（1833—1909）酿酒技术精湛。

第九代 陈清廉（1859—1941）民国期间制作红粬外销福州等地。制粬与酿酒工艺有所创新与改进。

第十代 陈元宽（1883—1965）开展作坊式酿酒，酒业有所发展，并成立酒业商会。

第十一代 陈大局（1920—1997）创办多个龙潭酒坊，以酿酒为业。

第十二代 陈官唱（1946— ），创办"龙潭庶民酒业有限公司"，任董事长，现任福建白水洋酒业有限公司顾问。为龙潭红粬黄酒传人与技术带头人。陈官购（1959— ），龙潭庶民酒业有限公司创始人之一，主要技术骨干。2007年两人被公布为省级非遗项目"屏南红粬黄酒酿造技艺"代表性传承人。

第十三代 陈孝总（1972— ），福建白水洋酒业有限公司董事长。陈孝好（1975— ），福建白水洋酒业有限公司总经理。两人均为红粬黄酒酿造技艺传人与骨干，宁德市级非遗项目"屏南红粬黄酒酿造技艺"代表性传承人。

第十四代 陈子文（1992— ），福建省白水洋酒业有限公司营销经理。为龙潭红粬黄酒酿造技艺新一代传承人。

2.玉洋邱氏世家

屏南县代溪镇玉洋村位于屏古宁三县交界处，是屏南县的东大门。村落面积9.8平方公里，人口1186多户4213人，辖6个自然村。玉洋自古就是连接屏古、屏宁的交通要塞。玉洋现有郑、韦、邱、陈、高、余、黄、叶、谢、张、林、姚、彭、吴等十几个姓氏。该村主要产业有食用菌、水果、酿酒、茶叶等。其中玉洋村红粬黄酒酿造技艺始于明万历年间。邱氏一支由邱康添创办家庭作坊，到创办乡村酒铺，再到作为技术带头人，成立福建惠泽龙酒业红粬黄酒酿造技术团队，成功研发出国内第一支有机红粬黄酒，发明多项相关专利，约400年来，传承脉络清晰。传承谱系如下：

第一代 邱康添（1591—1665）号凤池，识茶善饮善酿，广结朋友，与忠洋韦龙池、北墘吴少池结为金兰之交。明崇祯五年（1632），三义兄弟捐巨资为资福寺重修三宝金身，右边建三姓祠堂。

第二代 邱赵羲（1633—1709）建有酿酒作坊。

第三代 邱佛枝（1676—1749）建有酿酒作坊，所酿酒销往宁德、南平、福州等地。

第四代 邱得彻（1728—1803）

第五代 邱奶铎（1755—1825）父子合力开办酒铺，建有粬埕。

第六代至第十代 邱承瑶（1786—1855）；邱贤炳（约1825—1894）；邱登桔（约1856—1932）；邱开河（约1891—1962）酿酒技艺精湛，闻名于乡里；邱光晴（1926—1991）。

第十一代 邱允滔（1968—）福建省酒业协会监事长、福建省酒业协会红粬黄酒产业联盟理事长、福建惠泽龙酒业股份有限公司董事长，福建省级非遗项目"屏南红粬黄酒酿造技艺"代表性传承人。

第十二代 邱兴杯（1975—）福建惠泽龙酒业股份有限公司常务副总经理，惠泽龙酒业主要技术骨干。宁德市级非遗项目"屏南红粬黄酒酿造技艺"

代表性传承人。

3. 北墘吴氏世家

第一代 吴亦可，出生清代中期，北墘村红粬黄酒酿酒技艺创始人之一。

第二代 吴长泰、吴长佃，吴亦可子，师承其父。

第三代 吴云想，师传吴长泰。吴云亮、吴云辉，师承吴长佃。掌握传统红粬制作和黄酒酿造传统工艺，并把红粬出售宁德、福州等地。吴云辉后成了北墘首富，建造了远近闻名佛仔厝。

第四代 吴新锦、吴新凤、吴新雁、吴新鹊、吴新邵等。

第五代 吴存平、吴存根、吴存拱、吴存炳、吴存体、吴存兴等。

第六代 吴积飘、吴积彬、吴积年、吴孝妹、吴积富、吴积豪、吴积久、吴积整、吴积搏等。

第七代 吴善寨，投资320万打造北墘老酒品牌"珑泉古酿"，2016年销售12.5万斤品牌酒，3.6万斤原浆酒。吴善果，北墘酿大户，打造"一口香"系列品牌。北墘村第七代传承人还有吴善田、吴善园、吴善钦、吴善丽、吴善童、吴善殿、吴贺州、吴善楔、吴善艳等。北墘村黄酒品牌有珑泉古酿、一口香、北墘老酒、北圪老酒等。

（二）代表性传承人

1. 陈官唱

陈官唱，1946年出生于熙岭乡龙潭村一个普通的农民家里，1972年学习红粬制作与黄酒酿造技艺。他在前人的经验基础上，结合实践创造性地开发了闽派黄酒系列产品，发扬了传统技艺，开发了市场。

1989年，陈官唱任屏南熙岭乡龙潭村党支部书记，带领农民利用祖传技艺发展黄酒酿造业。1993年带领13户农民创办了屏南龙潭糯酒酿造厂。1999年注册了惠泽龙商标，并进一步创办了屏南龙潭庶民酒业有限公司，任董事长兼总经理。2005年与上海津源环保建材有限公司合资注册资金1000万元，通过两年的努力使企业总资产达4000多万元。企业得到长足发展，生产的闽派黄酒深受广大消费者青睐。2010年，陈官唱从惠泽龙酒业有限公司分出成立了"福建白水洋酒业有限公司"，酒厂设于龙潭村，坚持传统酿制与技艺传承，产品品质优异，公司通过QS质量安全认定和ISO9001：2000国际质量体系认证。

2007年8月，"屏南红粬制作与黄酒酿造技艺"被福建省人民政府列入第二批省级非物质文化遗产名录。陈官唱被评为省级代表性传承人。陈官唱带领儿子陈孝总、陈孝好创办了"福建白水洋酒业有限公司"，注册了"龙潭里""虎潮潭"两个品牌。如今，已过古稀之年的陈官唱，仍坚持每天6点起床，到酒厂各处走走看看。跟两个儿子说，一要守好技艺，二要发扬光大品牌，把企业做大做强。他在厂门口高高挂起"诚信为本，质量第一"八个大字，作为一生信奉与追求。陈官唱追求的人生是酒的本色人生。随着年份的增长，酒的颜色由浓郁渐渐变得清淡，而这漫长的修炼过程，却积淀出了厚实的韵味，醇香、悠远、绵长……

2. 邱允滔

邱允滔，1968年8月生，清华大学"企业管理人才研修班"学习结业，现任金塑企业集团（上海）有限公司董事长、福建惠泽龙酒业股份有限公司董事长。兼任福建省政协委员、屏南县政协常委，屏南县工商联副主席，福建省酒业协会监事长，福建省红粬黄酒产业联盟首任理事长。2017年，被评为福建省级非遗项目"屏南红粬黄酒酿造技艺"代表性传承人。

邱允滔高中毕业后为了实现梦想，毅然走出大山，投身商海。20世纪90年代，凭着对商业敏锐的嗅觉，他从广州转战上海，于1995年创办福闽五金批发部，后成立上海津源环保建材有限公司、上海金塑实业有限公司、上海康诺管业有限公司等实业投资项目。

2005年，邱允滔重组龙潭庶民酒公司，成立并控股了福建惠泽龙酒业有

邱允滔在评选黄酒

限公司，在屏南县城征地60亩，使生产基地面积扩大到120亩，先后投入资金2亿多元扩大企业规模。至今，"惠泽龙及图"商标已被国家工商总局认定为中国驰名商标，先后获得国家地理标志保护产品、国家地理标志证明商标中食协科技进步奖、全国守合同重信用企业、福建老字号、省级非物质文化遗产保护单位、全国金奖优质产品等40多项省级以上荣誉。邱允滔被评为"福建省科技创业领军人才""宁德市优秀青年人才"等称号。拥有多项发明专利，荣获"中国酒业协会科学技术奖"三等奖，当选为福建省酒业联盟首任理事长。作为中国优秀企业家的代表随同温家宝总理参加第八届中欧工商峰会；当选为福建省酒业协会红粬黄酒产业联盟首任理事长，福建省酒业协会监事长。带领技术团队与福建师大生物工程学院合作，成功研发出国内首支有机黄酒，并投入生产。

二、产业发展

1949年全县有酒糟作坊87家,年制红糟75吨,酿酒作坊98家、黄酒128吨。1953年,全县经登记批准的制糟埕80家,年产量33.7吨。黄酒酿造几乎遍及家家户户,但因交通不便,运输困难,仍多为县内自给。

1956年6月,在屏南县城建立屏南县酒厂,下设长桥、棠口、双溪、忠洋、熙岭、康里6个分厂,当年产量155吨。1957年,在城区新建厂房500平方米,当年产量160多吨。1958年转为国营,产量增至239吨。同年接受省粮油食品进出口公司的委托,加工出口红糟。成品送往省外贸公司,当年出口红糟191吨。1964年,根据外贸出口需要,在城关溪坪建立国营屏南县糟厂,酒、糟产量日升,当年产黄酒172吨、红糟57.5吨,其中出口40.2吨,成为全省最大红糟出口基地。

1973年,县酒厂和县糟厂合并成立屏南酒糟厂,黄酒产量130吨,红糟90吨。1980年,该厂试制成功红糟优良菌株及纯种提纯制糟技术,获1982年省科技成果三等奖。1985年所产"白鹭"牌轻糟获1985年福建优质产品称号,县酒糟厂成为福建独家红糟出口企业。

1999年,熙岭乡龙潭里村黄酒酿造传人陈官唱联合几家村民组建了"龙潭庶民酒业有限公司",注册了"惠泽龙"商标。通过几年的发展,老酒坊从小到大,形成了一定规模。企业本着"立足资源优势,壮大特色产业,依靠科技创新,惠泽农家万户"的经营理念,在代溪、熙岭等乡镇采取"公司+基地+农户"的生产模式,带动农户1350户,建立订单农业种植基地8000多亩,组建农户规模化半成品黄酒酿造车间28个,有效增加农民收入1000多万元。

通过几年的发展,公司荣获"福建省著名商标""福建省名牌产品""福建省优秀龙头食品企业",2006年公司通过QS质量安全认定和ISO9001:2000国际质量体系认证。产品畅销宁德、福州等省内城市,远销上海、浙江、江苏、广东等省市。

目前,屏南县黄酒产量已达5万吨。屏南得益于得天独厚的自然生态环境、酿酒环境、厚重的酒文化、千年的酿酒技艺传承、本地优秀造糟酿酒企业成长壮大，成为福建省红粬黄酒产量最大的县，为当地经济做出了巨大贡献，也承担着福建黄酒重振雄风的重任。

三、屏南红粬黄酒企业与品牌

屏南现有红粬黄酒企业数十家，其中福建惠泽龙酒业有限公司为龙头企业，其他较大规模企业有福建白水洋酒业有限公司、福建高达酒业发展有限公司、屏南福田酒业有限公司、屏南善溪醇酒业有限公司、宁德市龙头湾酒业有限公司等。除此之外，还有北墘老酒、四坪老酒、九洋老酒、康里老酒、棠溪老酒等民间黄酒品牌。

非遗牌

（一）福建惠泽龙酒业有限公司

福建惠泽龙酒业股份有限公司创办于1993年，总投资3亿多元，公司总部位于屏南县古峰镇国宝支路，占地面积120亩，集红粬黄酒、露酒、养生酒、有机黄酒等黄酒系列产品的研发、生产、销售，是中国第一家有机黄酒生产企业。2013年12月，"惠泽龙及图"商标被国家工商总局认定为"中国驰名商标"。现拥有会溪和玉洋两个原酿基地。

惠泽龙品牌及企业荣获国家地理标志证明商标、国家地理标志

惠泽龙有机黄酒成为厦门金砖会议指定产品

保护产品、福建省科技进步奖、中国食品工业协会科技进步奖、全国守合同重信用企业、福建省著名商标、福建名牌产品、福建老字号、福建省非遗项目。企业通过了"食品工业企业诚信管理体系"认证、"福建省农业产业化重点龙头企业"、福建红粬黄酒企业工程技术研究中心、福建省创新型试点企业等。近年来，惠泽龙酒业不断加大市场投入，加强品牌建设和科研力度；优化产、学、研合作机制，不断引进人才与技术，带动福建黄酒产业的发展，已成为福建黄酒生产企业的一面旗帜！

惠泽龙酒业重视企业文化建设，以惠泽龙文化为底色，以"文化酿酒"为立足点，酿造原生态、高品质红粬黄酒、红粬酒，全力打造高端品牌。为弘扬闽派黄酒文化，传承非物质文化遗产，公司兴建惠泽龙闽派黄酒博览园，展示闽派黄酒深厚历史和文化魅力。公司持续加强产品创新，成功开发出中国第一支有机黄酒、红粬酒，研发出"冠牛"玛咖酒、"诗e年华"等时尚小酒。2017年7月，福建惠泽龙酒业有限公司成为国内首家登陆"新三板"挂牌的有机红粬黄酒企业。9月，在厦门举办的金砖国家领导人第九次会晤上，惠泽龙酒经过相关部门层层严格筛选、送检、抽检后脱颖而出，成为金砖会晤黄酒类唯一指定品牌用酒。

惠泽龙部分产品

（二）福建白水洋酒业有限公司

福建白水洋酒业有限公司位于屏南县熙岭乡龙潭村，由"屏南红粬黄酒酿造技艺"省级代表性传承人陈官唱、陈官购创办，是一家集生产、加工、销售于一体的股份制企业，现公司董事长为陈孝总。白水洋酒业有限公司创办于1993年（原为屏南龙潭糯酒酿造厂、屏南庶民酒业有限公司）。现拥有两个酿酒基地熙岭乡龙潭村和代溪镇樟源村，主要有"虎潮潭""龙潭里""月子酒"商标。公司始终秉承"质量第一"方针，重视并加强质量管理。以"追求客户的完全满意"为服务目标，以"诚信为本、文化先行、品牌至尊"为经营理念，遵循"以人为本、人尽其才"的用人原则，贯彻"与时俱进、永续经营"的发展理念，实现"多方共赢、共同发展"的经营目标。公司年产黄酒2000吨，产品被评为"福建省消费者最喜爱的地方特色酒品牌"。分别于2014年、2015年获湘、鄂、赣、桂、渝、闽五省一市酒类质量评比金奖产品。

奖牌

"虎潮潭"与"龙潭里"黄酒是闽派黄酒典藏精品，其历史渊源可追溯到明朝天启年间，始传于一代传承人陈志现，现由福建省非物质文化遗产"屏南红糖黄酒酿造技艺"传承人陈官唱继承祖传秘方全程把控，精心监制。其酒性柔和绵长，酒色橙黄清亮状如琥珀，酒香馥郁优雅，酒味醇厚清爽。央视乡土栏目曾以《山水深处酒飘香》专题进行过展播。

（三）屏南县福田酒业有限公司

屏南县福田酒业有限公司位于屏南县代溪镇玉洋村，经营人郑福田。该公司总投资300多万元，占地面积2000多平方米，年产黄酒500余吨。公司创办于 2006 年，刚起步时以"惠泽龙酒业有限公司"加农户的模式酿造黄酒；现在主要生产经营清爽型系列黄酒、传统型甜黄酒"福田家酒"两类。公司曾获得屏南县质量技术监督局和消费者协会的认可和好评，年销售量 200 多吨，主要销往屏南、宁德、福州及周边县市。

白水洋酒业有限公司黄酒产品

（四）屏南善溪醇酒业有限公司

屏南善溪醇酒业有限公司成立于 2014 年，公司位于屏南县代溪镇达善溪村，公司占地面积 5 亩，是屏南县"创业创新巾帼行动"的示范企业。董事长黄林招女士，主要从事善溪醇黄酒的生产销售与黄酒传统酿造技艺的传承发展。近年来，该企业年生产黄酒 500 多吨，主要销往屏南、宁德、福州和厦门等地。

善溪醇老酒产于达善溪村，该村开基于北宋开宝二年（969）是一个千年古村。善溪醇老酒采用高山糯米加达善溪山泉为原料，所酿造出的黄酒清醇味厚，名闻闽东北，其传统酿造技艺始于清嘉庆年间。从第一代传承人黄以广创办酒坊到五代传承人黄布述，精于制粬酿酒，在宁德、古田一带传艺带徒。

（五）宁德市龙头湾酒业有限公司

宁德市龙头湾酒业有限公司位于北墘村，董事长吴善寨。公司成立于2015年，一期项目黄酒技术研究中心和标准化包装车间占地3.5亩，总投资300多万元。公司传承延陵堂吴氏先祖700多年的红粬黄酒古法酿造技艺，以"精于工、匠于心、品于行"为经营理念，整合村内佛仔厝、郑公桥、六角井等资源，采用"公司+农户"的合作社模式，结合古法酿造技艺和现代黄酒酿造技术，匠心

独造原生态山泉黄酒第一品牌。"山泉酿、醉情怀",高山绿色生态环境,独有的天然偏硅酸山泉,高山糯米,手工红粬,标准化生产车间,加上祖传秘方工艺,酿造出纯正香醇的珑泉古酿,精心打造闽派高端红粬酒。

四、惠泽龙闽派黄酒文化博览园

2007年,屏南红粬制作与黄酒酿造技艺入选第二批省级非物质文化遗产代表作名录。为弘扬惠泽龙闽派黄酒文化,传承非物质文化遗产,惠泽龙公司于当年投资5000多万元,兴建了惠泽龙闽派黄酒博览园,这也是中国第一家红粬黄酒博览园。

惠泽龙闽派黄酒博览园是福建省级工业旅游示范点,也是中国第一家红粬黄酒博览园,占地面积56亩。博览园内景观有农耕体验馆、惠泽龙老酒坊、酒诗阁、原酒库、生产灌装车间、品牌文化长廊、闽派黄酒文化馆、酿造基地图片展、产品展示馆、惠泽龙特产中心。博览园四周青山环绕,风景奇特秀丽。博览园建立专门游客服务接待中心、大型停车场,并于各展馆开辟旅游通道,设立中英文双语指示牌、景点解说牌,配备专业解说员,内设体验馆、荣誉室、休息区、购物区等基础配套设施,能够满足游客休闲、观光、旅游、购物等多元化需求,是亲子游、团队游、体验游、自驾游的好去处。

惠泽龙酒业通过黄酒博览园,宣传黄酒文化及酿造工艺,突出"文化酿酒",强化品牌意识,让闽派黄酒更加深入人心。

第三章 木拱廊桥

木拱廊桥,因形似彩虹,又称虹桥和虹梁式木构廊屋桥,因桥上建有桥屋,俗称"厝桥"。这种如桥似屋的独特建筑,形似宋代张择端名画《清明上河图》中的汴水虹桥。屏南素有"木拱廊桥之乡"美誉,境内现存木拱廊桥18座。2006年,万安桥、千乘桥、百祥桥作为"闽东北廊桥"被列为全国重点文物保护单位。2009年,"中国木拱桥传统营造技艺"被联合国教科文组织列入"急需保护的非物质文化遗产名录"。2012年,闽浙木拱廊桥成为"中国世界文化遗产预备名单"。2015年,被评为"中国木拱廊桥文化之乡"。

屏南县崇山峻岭，村落田园中的座座廊桥无不鲜活地承载着厚重的文化与历史，是这方土地一个文化象征与符号，也是历史的承载者与见证者。屏南地处我国东南丘陵，境内山高林密、谷深涧险、溪流纵横。为了解决交通问题，古代先民中的能工巧匠，充分发挥聪明才智，根据河床的宽度和桥址的自然状况，因地制宜建造了各类桥梁。其中折线型木拱廊桥，因形似彩虹，又称虹桥和虹梁式木构廊屋桥，因桥上建有桥屋，俗称"厝桥"。这种如桥似屋的独特建筑，形似宋代张择端名画《清明上河图》中的汴水虹桥，但与虹桥相比，桥拱技术已从虹桥的捆绑结构发展为榫卯结构，造桥工艺有了明显的提高，而且还增加了精美的桥屋。明朝的陈世懋曾在《闽都疏》中感叹"闽中桥梁甲天下"。清朝的周亮工在《闽小记》中这样描写过木拱廊桥："闽中桥梁，最为巨丽，桥上建屋，翼翼楚楚，无处不堪图画。"这种木拱廊桥既变溪涧为通途，又是人们乘凉歇息、躲避风雨、观光游览和祭祀神祇的胜境。

据清乾隆五年（1740）《屏南县志》记载，全县境内共有大小古桥梁130多座，目前尚存90多座。这些桥梁可分为木构桥、石构桥和堤梁桥三大类。木构桥梁包括木凳桥、木拱廊桥、平梁桥、斜撑桥；石构桥包括石板桥、石拱桥、石拱廊桥；堤梁桥又称矴步。这些桥梁的建造时间分别为宋、元、明、清各个时期，最早的建于北宋。在这众多古代桥梁中，科技含量最高、文物价值最大的是木拱廊桥。

第一节 历史演变

中国木构桥梁，具有悠久的历史和卓越的成就。当简单的木构桥梁由于受到木材本身材性的限制，不能继续适应形式多样的地形地貌以及日益发展的交通需求时，便逐步演进形成为木梁柱桥、木梁墩桥、木伸臂梁桥和木撑架桥等形式，从而解决了河谷跨度增加、桥面荷载加大等问题。中国古代建桥工匠在长期的实践中总结经验、不断创新，终于成功创造出木拱廊桥，于是，一座座美丽而精巧的木拱廊桥"形似彩虹身为木，飞跨两岸变通途"。

一、木拱廊桥的历史沿革

今天依然留存甚至仍具使用价值的闽浙木廊拱桥还有110多座,其中大部分分布在闽浙交界的宁德、南平、温州、丽水等四个设区市,即雁荡、括苍、洞宫和鹫峰四大山脉中。只有少量分布在福建的福州和泉州市的山区县,即戴云山脉中。木拱廊桥为什么只有在上述地域存在呢?这与该地区的自然、地理、历史和人文有关。

存在木拱廊桥的地域都是山高林密、溪壑纵横、气候温暖、水流充沛的山区,如浙江境内的黄茅尖海拔1921米,百祖山海拔1857米,福建境内的辰山海拔1822米,都在这一区域内。由于这一地域地处亚热带海洋型季风气候,气候温和,雨量充沛,从而在山谷中形成了纵横交错的溪流。福建境内的建溪和古田溪汇闽江经福州入东海;霍童溪经宁德入东海;西溪、东溪汇交溪经福安入东海;位于浙江境内的龙泉溪、小溪汇瓯江经温州入东海;仙居溪汇飞云江经瑞安入东海。

存在木拱廊桥的地域是我国南方杉木的主要产地。这一地域的气候、雨水、土壤最适合南方杉木的生长。南方杉木是一种高产的优质建材,树高纹理直,密度适中,易于加工运输,不易虫蛀和朽变,是建造木拱廊桥的最好材料。

上述区域的木拱廊桥更集中于福建省宁德市的屏南县、周宁县、寿宁县,浙江省温州市的泰顺县、丽水市的庆元县。考据当地的碑记、族谱、志书等文献以及历史遗迹,木拱廊

万安桥桥碑

桥营造技艺可以追溯到宋代。

闽浙两省现存木拱廊桥中，历史文献记载最早的是泰顺县三条桥，可能建于唐代。而庆元县大济村的双门桥始建于北宋天圣二年。屏南县万安桥，又名龙江公济桥，该桥始建于北宋元祐五年（1090），正中桥墩上有一嵌入桥墩的石碑，碑文云："弟子江稹舍钱一十三贯又谷二十四石，结石墩一造，为考妣二亲承此良因，又为合家男女及自身各乞保平安。元祐五年庚午九月谨题。"

二、木拱廊桥的"渐变说"

由于中国自然地理的客观条件不同，各地民众在长期的生产、生活实践中，不断总结经验，不断再创造，形成各种不同类型、满足不同地域需要的桥梁形式。先进的木拱廊桥营造技艺不一定发源于文化发达的中原地区，而有可能就发源于闽浙交界的山区。

部分专家和研究者认为闽浙廊桥是闽浙建桥工匠为了建造更大跨度的木构桥梁，不断吸取教训、总结经验的结果，是在福建、浙江发展起来的一项桥梁建造技艺。通过对闽浙山区现存的各种木构桥梁的分析，可以推测出闽浙木拱廊桥有着独立的发展体系，其发展脉络是较为清晰的。

南京大学建筑研究所毕胜、赵辰在《浙闽木拱廊桥的人居文化特殊意义》一文中认为：从木构桥梁为满足不同跨度而产生的不同结构模式进行一番类型学的推测，达到木拱廊桥这种较为复杂的类型之过程是：木平梁桥→撑木桥→斜撑木拱桥→八字撑木拱桥→混合撑木拱桥→木拱廊桥。福建屏南的苏旭东在《"双八字撑"结构是木拱桥发展体系中的重要形式》一文中认为：在赵辰教授推测的木拱桥发展体系中，从混合撑木拱桥到木拱廊桥之间的跳跃太大，在混合撑木拱桥和木拱廊桥之间应该还有一种木构桥梁的形式。文章提出"双八字撑"结构的木桥是混合撑木拱桥和木拱廊桥之间的过渡形式。

结合各种研究成果可以推测闽浙木构桥梁从简单的木平梁桥到复杂的木拱桥之间的发展过程。

木平梁桥 作为最简单原始的桥梁，木材在河道的两端搭接即成。其跨度和承载力直接受到原木的长度和断面直径限制，也是所有桥梁类型的原型。如

福建屏南漈下花桥。

木梁柱桥　在桥面中间垂直支撑木柱于水中，使得跨越河道的木料可以由数段构成，这种也必然使有限长度和断面的木料可达到更大的跨度。如福建屏南漈下广通桥。

木斜撑桥　在木梁柱桥的基础上，将木柱不垂直撑于河道中而是斜向撑于岸边。这种桥式不至于将撑木置于水中，所形成的净跨度就比木平梁桥大有增加。如福建屏南漈下漈川桥。

木八字撑桥　在木斜撑桥的基础之上，由斜撑加平梁及牛头先构成八字拱，然后再在上面构筑桥面的构造。这样形成的桥面与八字撑的两套系统，受力将更为合理。这也是木拱桥的雏形。如福建古田韦端桥。

木混合撑桥　在八字撑的基础之上，再加一套人字撑重合而成的木桥。这种混合撑木桥则更有利于结构的性能发挥作用，应该说与木拱桥有较近的关系。如浙江新昌梅树坂桥。

木双八字撑桥　在八字撑的基础之上，再加一套八字撑重合而成的木桥，为双三节苗重叠形式，这种的双八字撑木桥更有利于结构的性能发挥作用，可以承载更重负荷和跨越更大的空间。在木拱桥发展体系中，木双八字撑桥第一次完整地构建了木拱桥的两个系统，并形成两个系统之间相互交叉搭置、挤压咬合而成统一受力的结构体系。如福建南平市延平区的月圆桥。

木拱廊桥　在双八字撑的基础上，将一组八字撑木拱定义为"三节苗系统"，在另一组八字撑木拱的斜苗上增加一组牛头形成"五节苗系统"。这种"三节苗系统"和"五节苗系统"之间相互交叉搭置、挤压咬合而成统一受力的结构体系，便是浙闽木拱廊桥的成熟形式。如福建屏南百祥桥。

木多拱廊桥　当河面的宽度超过单拱木拱廊桥所能跨越的跨度时，就必须建造木多拱廊桥。由于木拱廊桥产生的极大侧推力作用于桥墩，因此，木多拱廊桥桥墩的稳定性是整个桥梁的前提条件，而且，各个木拱之间的前后距离以及水平高度都使得木多拱廊桥的建造需要更加的精确。如福建屏南千乘桥、万安桥。

考察闽东北、浙西南众多木构桥梁，从木平梁桥→木梁柱桥→木斜撑桥→

木八字撑桥→八字撑和人字撑混合支撑的木桥→两组"三节苗系统"交叉搭置形成拱架系统支撑的木桥→一组"三节苗系统"和一组"五节苗系统"交叉搭置形成拱架系统支撑的木桥,我们可以发现木拱廊桥的发展过程就是木拱廊桥两组系统交叉搭置形成拱架系统支撑体系的形成过程。闽浙木拱廊桥的形成过程,是因当地溪流水面宽度的不同,建桥工匠要在间距加大、承载相应负荷的前提下增加拱跨的跨度,促使他们总结过往经验、激发聪明才智创造出新的拱架结构的过程。因此推测闽浙木拱廊桥是渐变形成的。

三、汴水虹桥"突变说"

《清明上河图》完成于1049年以后,或如考古学家推定为1111年。在《清明上河图》中,张择端以写实的手法,合乎透视的原理,不忽略桥的细节地画出了桥的结构,为现代学者研究木拱桥及其营造技艺提供了宝贵的依据。

汴水虹桥桥式的形成从上述文献记载中可以看出:汴水之桥原来是"跨水植柱为桥",但因为"每至六七月间,山水暴涨,水与柱斗,率常坏桥,州以为患","船与桥争,常坏舟",所以必须建造"无柱"的"飞桥"。"飞桥"这种桥形或者是由"牢城废卒"于1033—1034年在青州(今山东青州益都)创造的;或者是由陈希亮于1049年前不久宿州(今安徽宿县)创造的。"飞桥"是由"跨水植柱为桥"直接转变过来的。"飞桥"和"跨水植柱为桥"都是"跨汴为桥",其所在的河面宽度都是相当的。

清明上河图局部

汴水虹桥是由陈希亮或是"牢城废卒"创始的,汴水虹桥是在河面都是相当宽的汴水上由"植柱为桥"突变过来的,因此推测汴水虹桥的营造技艺是突变形成的。

第二节 表现形式

屏南的溪流河床较为狭小,因而大多数木拱廊桥为单孔单跨,只有万安桥为五墩六孔,双龙桥为二墩三孔,千乘桥、刀鞘桥(已毁)为一墩两孔。屏南的木拱廊桥始建于宋代,其余分别建于元代、明代和清代,现存的木拱廊桥都经过历代多次重建或重修,才得以保存至今。据旧县志和有关村史、桥碑记载,始建于宋代的有万安桥、千乘桥、龙井桥、百祥桥、广利桥等;始建于元代的有广福桥等;始建于明代和清代的有龙津桥、金造桥、清晏桥、惠风桥、溪里桥、樟口桥、迎风桥等。

一、万安桥

万安桥位于屏南县长桥镇长桥村,原名龙江公济桥,俗称长桥。经纬度:

万安桥

26°49′N，118°51′E，海拔436米。桥长98.2米，宽4.7米，桥面至水面平均高度8.5米，五墩六孔，船形墩，不等跨，最大拱拱跨15.3米，最小拱拱跨10.6米。桥堍、桥墩均用块石砌筑，桥屋为四柱九檩穿斗式构架，上覆双坡顶，桥面以杉木板铺设。

  万安桥是现存全国最长的古代木拱廊桥，该桥始建于北宋元祐五年（1090），至明末因"戊子盗毁，仅存一板"，清乾隆七年（1742）重建，乾隆三十三年（1768）又遭盗焚，架木代渡。清道光梅鼎臣著《屏南县志》载："长桥：两溪相接亘如长虹，按古志一名龙江公济桥，宋时建。叠石为墩五，构亭于其上。乾隆七年重建，有亭。"清道光二十五年（1845）复建为34开间136柱桥屋。民国初烧毁。1932年再度重建，桥身向西北岸延伸为38开间156柱，桥西北端建有重檐桥亭。在这次重建中有一工匠从拱架上跌落河中而安然无恙，故更名为万安桥。1952年桥西端被大水冲毁两个拱架12开间，1954年屏南县人民政府出资重建，建桥主绳为屏南长桥村黄生富、黄象颜；石匠为屏南曲尺尾村邱允清、前溪村林庆祥。万安桥桥西端有石阶36级，东端有石阶10级。遥望该桥形似长虹卧波，非常壮观，为长桥村龙江内八景之一。

二、千乘桥

  千乘桥位于屏南县棠口镇棠口村，跨棠口溪，东西走向。经纬度：26°58′N，119°01′E，海拔768米。桥长62.7米，宽4.9米，桥面距水面平均高度9.7米，一墩二孔，单孔跨度27米，桥堍和桥墩以块石砌筑，墩船形，墩尖雕鸡首像。桥屋建24开间99柱，四柱九檩穿斗式构架，悬山顶，屋脊中间立陶制"栋头狮"脊兽一只，面朝上游来水，以祈镇刹保桥之功用。桥面以木板铺设，桥中设神龛，祀五显灵官大帝。

  千乘桥始建于南宋理宗年间（1225—1264），明末毁于火患，清康熙五十四年（1715）重建，雍正十年（1731）落成。嘉庆十四年（1809）被大水冲毁，嘉庆二十五年（1820）重建。清道光梅鼎臣著《屏南县志》载："千乘桥：在棠口，有亭。长二十一丈，阔一丈八尺。嘉庆二十五年十一月生员周大权总理暨各首事募金重建。"建桥主绳为宁邑张成德、张成来，副绳宁邑张茂

千乘桥

江、东盘黄荣成,副绳宁邑何开发、何奶兴,石匠宁邑张成送等。千乘桥造型古朴秀丽,雄伟壮观。前人有"曲岸斜阳双羽泛,平桥流水数家分""十里烟霞迷处士,一潭素影斗婵娟"的题咏,就是该桥的最好写照。桥东端有石阶37级,与祥峰寺濒临;桥西端有石阶20级,立有四通碑记,其中三通记载着捐款人姓名和金额,一通为周大权撰写的《千乘桥记》。千乘桥被收入茅以升主编的《中国古桥技术史》一书。

三、百祥桥

百祥桥位于屏南县棠口镇山棠村与寿山乡白洋村交界古道上,又名白洋桥、柏松桥,桥跨白洋溪。经纬度:26°56′N,119°05′E,海拔640米。桥长

38米，宽4.5米，单孔跨度达35米，桥面距水面平均高度22米。桥屋建15开间68柱，四柱九檩穿斗式构架，上覆悬山顶。

百祥桥由高朝阳创建于南宋度宗年间（1240—1274），清嘉庆年间毁于水患。清道光《屏南县志》载："百祥桥：旧志载白洋桥，嘉庆二十五年董事拔贡生张钦奇、张永和、林余锦募捐移基新建，故易名百祥桥。"道光初年，邻近十八个村庄公推漈头村张永嵩为首募建，不料张永嵩病故，其妻黄氏与子钦奇毅然司理总董事务，广募巨资，重建百祥桥。光绪年间该桥毁于火患。光绪二十年（1894），漈头庠生张传陛为首募捐重建。桥凌驾于两岸的悬崖峭壁之上，其险峻名冠东南，被称为东南著名险桥。桥中设神龛，祀真武帝。桥塽以块石砌筑，桥面以杉木为梁，上铺厚木板。桥东端有碑记六通，其中三通记载捐款人姓名与金额，一通为拔贡张钦奇撰写的《百祥桥记》。

百祥桥

四、广福桥

广福桥位于屏南县岭下乡岭下村与开源村之间，又名溪源桥、开源长桥，东南与西北走向，横跨岭下溪，经纬度：27°05′N，118°58′E，海拔895米。桥长32米，宽5米，单孔跨度26米。桥屋建11开间48柱，四柱九檩穿斗式构架，双坡顶。桥中设神龛，祀观音、五显灵官大帝。据史志记载，该桥始建于元代元统元年(1333)，清嘉庆十二年(1807)重修，1949年后又经过三次维修。桥面以

广福桥

木板横铺,再以卵石铺砌,桥堍为卵石砌筑。广福桥两岸树木葱茏,桥下碧波荡漾,风景秀丽。桥东端有碑记一通,记载着嘉庆年间修桥的捐款人姓名与金额。桥两端各有左右两条20多级的石阶与古道相连。

五、广利桥

广利桥位于屏南县岭下乡岭下村南,又名花桥。经纬度:27°05′N,118°58′E,海拔893米。桥长30.5米,宽4.5米,单孔跨度20.6米。桥屋建11开间48柱,四柱九檩穿斗式构架,双坡顶。该桥始建于宋,明正统年间(1436—1449)重建,清乾隆三十九年(1774)重修,1993年再次重修。桥堍以整毛石砌筑,桥面以木板横铺,上以卵石铺砌。桥中设神龛,祀真武帝。桥西北端有石阶10级。桥两岸有红豆杉、南洋铁杉、柳杉、水杉等古树名木和一座千年古寺景福寺,环境十分清幽。广利桥与广福桥均横跨于岭下溪,坐落于岭下村南与

广利桥

村北，两桥相距仅800多米，是闽东北和浙西南地区为数不多的姐妹桥之一。

六、龙井桥

龙井桥位于屏南县寿山乡白玉村至代溪镇康里村的古道中，经纬度：26°54′N，119°11′E，海拔410米。桥长27.5米，宽4.9米，单孔跨径19.5米，桥面至水面平均高度约20米。2000年，因龙井桥下游园坪电站建水库，水面升高，目前桥面至水面平均高度仅为6.2米。桥屋建13开间52柱，四柱九檩穿斗式构架，悬山顶。桥面以木板铺设，上盖以特制小块厚青砖。桥中设神龛，祀观音。

龙井桥始建于宋，清乾隆年间毁于火患。清嘉庆二十五年(1820)十一月由董事彭尔培、韩圣据、郑锡官等34人募捐重建，耗银1319两，足见工程浩大。清道光《屏南县志》载："龙井桥：在坑里北，有亭，桥下潭内有一巨红鲤鱼，长五六尺，若现浮水面绕潭而游数日内必有大雨。嘉庆二十五年重修。"清光绪十四年(1888)重修，现桥建在金造溪下游的峡口处，地势险峻，溪流湍急，是古代屏南东南方向的交通要道，桥两岸悬崖峭壁，东端桥堍仅由两根插入石壁的石柱支撑，桥下波涛汹涌，如龙喷雾，人称"龙井"，因此得名。龙井桥被载入茅以升主编的《中国古桥技术史》一书，被誉为中国木拱廊桥的典范之作与江南"十五险桥之一"。龙井桥左端立有四通石碑，正面三通碑记中有二通记载清嘉庆年间重建该桥时的董事、捐款人姓名及金额。其中一通为彭年撰写的《龙井桥志》，另一通为清光绪年间康里贡生郑应东撰写的《重修龙井桥记》。

七、金造桥

原位于棠口镇漈头村金造自然村水尾，2001年公布为县级文物保护单位。

金造桥

清嘉庆十三年(1808)十月由贡生张永衢等人募建，民国三十七年（1948）孟夏重建。桥长41.7米，宽4.8米，单孔跨度32.5米，桥面至水面高度12米。桥堍以块石砌筑，桥面以杉木为梁，上铺厚木板。桥屋15开间64柱，四柱九檩穿斗式构架，上覆悬山翘角顶。桥中设神龛，祀观音。桥两岸古树参天，生态环境良好。清进士张正元诗云："廿丈桥横两岸边，眼看鱼戏浪三千。前村犬吠花间客，隔水牛耕屋上田。双涧波光摇远树，四山峰影倒长川。彩虹斜波浮云去，风约潮平镜里天。"

桥屋内有碑记一通，记载捐款人姓名与金额，桥外有碑记一通，碑文云：

桥以金造名，殆谓创业维艰，舆石鞭海，上锁银河，中从同欤。奈附桥村中人不念前人构造苦心，常于桥头乱堆粪草，甚至安顿杂物，致予燧帝施威，长虹雁齿顷刻归于灰烬，行人至此俱恐过涉灭顶，余等闻之不胜忧惧矣。由是不惮烦劳倡首募建，幸各同心协力，倾囊乐助，得以鸠匠经营，于嘉庆十三年十月经始洎末四月落成，其中艰苦若何，费用凡几过而问焉、莫不共惟康惟保也，居斯土者岂向不知爱护，顾斯桥与溪山并寿哉，爰凭公议设立规条，不但有济于一时，直堪利赖于千古，望各视为金言毋徒厌饶舌为引。

一禁两边桥头不许堆积粪草沟土秽物。
一禁夜间往来火把小心不许火炭坠落桥内。
一禁桥内上下不许安顿火薪稻秆杂物。
一禁桥内不许乞丐起火烹食成群歇宿。
以上规条犯者鸣鼓共攻。至桥内杂物望过客任意携丢桥下毋徇。

皇清嘉庆十五年四月

金造桥于2005年迁建现址。时因电站水库建设需要，县人民政府同意由业主出资将原金造桥搬迁到离潦头一公里处屏宁二级公路旁的滢潆溪上。这里地势陡峭，桥面至潦底距离很深，属屏南险桥之一。

八、龙津桥

又名玉锁桥、溪尾桥，位于屏城乡后龙村水尾。桥为东西走向，始建于清初，道光二十七年(1847)由董事张芳等募捐重建，是中国世界文化遗产预备名单"闽浙木拱廊桥"之一。龙津桥桥长33.5米，宽4.5米，单孔跨度23米，桥面至水面高度12米。桥堍以块石砌筑，桥面以木板横铺，上以卵石铺砌。桥屋13开间56柱，四柱九檩穿斗式构架，悬山顶。桥东有碑记和夫人庙，神

龙津桥

龛坐南，祀五显灵官大帝。建桥主绳为吴高禄，副绳为吴日长。拔贡张宗铭撰后垅八景诗之"桥锁龙津"曰：吾乡四面皆山，而玉屏与文笔两山接连，龙须履是地者，几不知水从何处出也，道光丁未建一桥于岸口，名曰龙津，而九曲水即由是盘旋而出，几有欲往返之，形桥下潭水悠悠、游鱼出没即作濠上观可尔。

九、清晏桥

清晏桥又名暗桥，原位于熙岭乡前塘村至棠口镇漈头村的古道中，因地处深山峡谷而名，因建水库搬迁至前塘村现址。清晏桥为县级文物保护单位。桥为东西走向，清光绪三十一年(1905)九月建。桥长26.4米，宽4.5米，单孔跨度21.8米，桥面至水面高度13.5米。桥堍以块石砌筑，桥面以杉木为梁，上铺厚木板。桥屋11开间48柱，四柱九檩穿斗式构架，悬山顶。桥中设神龛，祀观音。建桥总绳为南湾吴观赠、宁邑何邦艳、漈头张世倬。

十、惠风桥

惠风桥又名黄宅桥、汴地桥，位于代溪镇汴地村至康里村的古道中，属县级文物保护单位。桥为东南—西北走向，清康熙年间由僧熙春、郑茂老倡建，

民国三十年（1941）重建，1998年6月重修。桥长32.2米，宽4.5米，单孔跨度23.5米，桥面至水面高度12米。桥堍以块石砌筑，桥面以杉木为梁，上铺厚木板。桥屋11开间48柱，四柱九檩穿斗式构架，双坡顶。桥中设神龛，祀观音。重建时木匠为陈昌排、张学昶。

惠风桥

十一、溪里桥

溪里桥位于熙岭乡溪里村水尾，始建年代不详，清初重建，属县级文物保护单位。1970年1月重建。桥长37.8米，宽4.3米，单孔跨度20米，桥面至水面高度7.8米。桥屋11开间48柱，四柱九檩穿斗式构架，双坡顶。桥中设神龛，祀观音。建桥主绳、副绳为忠洋村韦万会、韦忠拓。

十二、迎风桥

迎风桥位于屏城乡陆地村水尾，始建年代不详，属县级文物保护单位。桥长28米，宽3米，单孔跨度13米，桥面至水面高度8米。桥堍以块石砌筑，桥面以杉木为梁，上铺厚木板。桥屋8开间20柱，二柱九檩穿斗式构架，双坡顶。因年久失修，该桥已破败不堪，亟待修复。

十三、樟口桥

樟口桥又名樟源下桥，位于代溪镇樟源村水尾，始建年代不详，清咸丰五年(1855)重修，后毁于水患，1955年桐月重建，属县级文物保护单位。桥长26米，宽3.8米，单孔跨度18.5米，桥面至水面高度5.5米。桥堍以整毛石砌筑，桥面以杉木为梁，上铺厚木板，板上铺块石。桥屋9开间40柱，四柱九檩穿斗式构架，双坡顶。桥中设神龛，祀真武帝。重建主绳为韦万会。

十四、双龙桥

双龙桥位于白水洋上游的峡谷中，是一座异地重建于2005年的木拱廊桥，桥长66.29米，宽4.5米，两墩三孔，第一、第二孔跨19.9米，第三孔跨18.9米，桥高10.6米。桥屋25开间104柱，穿斗式构架，上复双坡顶。它是屏南境内第二长木拱廊桥。该桥由圣阳旅游公司出资建造，建桥主绳黄春财，副绳黄闽屏、黄闽辉。双龙桥既是两岸交通的桥梁，又是游客中途休息、乘凉和躲避风雨的场所，还是观赏白水洋、五老峰的观景台。

第三节　营造技艺

中国木拱廊桥传统营造技艺是传承人以实践积累经验为基础，采用原木材料，使用传统木建筑工具及手工技法，运用"编木"等核心技术，以榫卯连接并构筑成极其稳固的拱架桥梁技艺体系。这一技艺体系的实践活动是在"主墨"木匠的主持下，由众多工匠密切配合完成。

木拱廊桥营造技艺的核心体系表现在历代技艺承传者在不同的环境下，在不断的实践过程中，结合传承习得和自身经验，不断总结并再创造、完善的营造理念，而逐渐形成较为科学实用的建造流程。其流程包括选桥址、砌桥台、造拱架和建桥屋等几个步骤。其核心是木拱架系统的搭建。

一、选桥址

木拱廊桥桥址的选择可以分为两种：一种是远离村庄，处于古交通要道上的木拱廊桥；一种是处于村庄内或村庄附近的木拱廊桥。远离村庄，处于古道上的木廊拱桥的桥址的选择相对比较简单，主要有几个原则：一是道路顺畅；二是桥址两岸要有坚固的岩石，或起码一边有坚固岩石供砌筑桥台用；三是选择河床较窄的地方，减少桥拱跨度和工程量。而处于村庄内或村庄附近的木拱廊桥的桥址选择相对复杂，除兼顾上述的三个原则之外，乡村"风水"是其重要的、需要考虑的因素之一。

二、砌桥台

屏南木拱廊桥桥台多采用条石、块石或大卵石干砌。中部的小平台用于置放三节苗垫苗座，是木拱廊桥的主要着力点，要用好的石料精心砌筑。桥台向河道一侧的金刚墙垂直或略向河道一侧内倾，以便侧顶挤压端竖排架系统，从而抵消桥拱的侧推力，使木拱廊桥整体呈自然平衡状态。砌桥台要考虑最高洪水位，小平台的高度是木拱廊桥的起拱高度（拱脚高度），距河流常年水位要保持一定距离，以防止流水的冲击和浸湿。

由于木拱廊桥产生极大的侧推力作用于桥台，桥台的稳定牢固是整座桥梁的前提条件，所以造桥台的石匠要与主墨木匠紧密配合，并听从桥董的指导。桥台的中心位置，起拱高度及桥面板高度，均由石匠、主墨木匠、建桥董事共同确定。单拱木拱廊桥的桥台一般有三种形式：一是利用自然悬崖岩壁加以修整凿成，如屏南龙井桥；二在溪边岩石上用条石或块石砌筑，如屏南溪里桥；三是有在岸边砌筑桥台或在岸边平地砌筑船形墩为桥台，如屏南千乘桥等。

多拱的木拱廊桥要在河流中建造桥台，首先要选择坚固的基础，如基础不坚固的地方则使用松木交叉铺底，再在松木上砌筑桥墩；其次考虑到桥台两边都要受到拱架的侧推力，桥台必须更坚固，所以桥台更加宽大厚实，如万安桥等。

三、造拱架

造拱架是整个木拱廊桥传统营造技艺的核心。屏南木拱廊桥一般都在农历十月开始建造，主要考虑枯水期便于施工，同时正值农闲，有较多的劳力可为帮工。

建造木拱廊桥多采用当地出产的杉木。木拱廊桥所用木料中，三节苗的斜苗、平苗和桥板苗是最长的构件，三节苗上牛头和五节苗上牛头是最大的构件，这两部分构件要选用粗大、笔直、无破损且树龄较长的树木。木构件根据

木拱架的跨度事先定好，砍伐下山，剥皮凉干。牛头上要开凿许多的榫眼，所以大多使用刚砍伐的木料，有的还特意选用松木、杂木以保证牛头不会开裂，牛头风干后可以咬紧榫头不至脱落。

建造木拱廊桥拱架的主要步骤有上三节苗、立将军柱、上五节苗、上剪刀苗、桥板苗与"蚱蜢腿"等几个部分。

1. 立将军柱

所谓将军柱，就是在桥台卡口的三节苗垫苗木两端的立柱，它是木拱廊桥中最重要的柱子，因而得名。一般为透柱，少部分为半柱。透柱受力较好，可以使木拱架与廊屋相连接，使得木拱廊桥更加稳固，还可以起到固定廊屋的作用。整座桥分木拱架与廊屋两部分分别由不同木匠承建的，一般就做成半柱。将军柱做半柱型式的廊屋柱与将军柱有的相对应，有的不对应，如屏南广福桥就不对应。

立将军柱

在两根将军柱之间置横梁，横梁下立若干木柱(一般4—9根)，形成一个木框架平衡受力，构成端竖排架，端竖排架上横梁以后置放桥板苗。端竖排架后与桥台有间隙，用短木打紧。将军柱前和三节苗斜苗形成一个夹角，为下一步铺设五节苗系统做铺垫。为预防将军柱底部受潮变腐，也有在柱底部放垫柱石。

2. 上三节苗

上三节苗分三步：一是安装垫苗木；二是上三节苗斜苗及牛头；三是打入

三节苗平苗。具体做法是：先做三节苗底座，可用方木或条石做成垫苗木或垫苗石，垫苗木或垫苗石要承受桥体大部分的压力和推力，从现存的垫苗木或石的情况看，有的垫苗石受不住压力而断裂，有的三节苗木因长年受力而陷入垫苗木内，可见这一技艺环节的重要性！将制作好的三节苗斜苗起吊放置在水架柱上，在三节苗斜苗与水架柱之间垫入木楔子，三节苗斜苗下端做成"鸭嘴夹"，将"鸭嘴夹"夹在垫苗木(石)上，并在斜苗的上端安装垂直于桥跨方向的三节苗牛头；牛头受力最大，为防止牛头涨裂，有的还在牛头扎上铁箍；三节苗斜苗上端作透榫或半榫插入牛头，将三节苗斜苗插入牛头的透榫榫头部分切平，并做燕尾榫卯口；然后上三节苗平苗，三节苗平苗两端与牛头连接处做燕尾榫(也称"牛吃水")，起吊三节苗平苗，再从上向下将三节苗平苗燕尾榫榫头打入牛头预留的燕尾榫卯口中，此时燕尾榫榫头只能一半进入燕尾榫卯口，从而完成桥体主要受力结构的第一系统——三节苗系统。

为使木拱廊桥更牢固稳定，也有的主墨师傅还对三节苗进行侧脚处理：相对于三节苗斜苗上端与牛头接点，三节苗斜苗下端三节苗垫苗木接点向外移，有的达到0.5米。

上三节苗

上三节苗牛头

上三节苗平苗

在树木生长的过程中，自然形成从树头到树梢口径越来越小，密度也越来越小。尽管支撑木拱的"苗"都是经过精心挑选的树和特殊截取的材，头尾口径和密度还是有差异的。因此，斜苗都按头朝下尾朝上放置，与应力的分布相适应。相邻两组平苗一定是头尾交错放置的，三节苗排列是这样，五节苗也是这样。这样才能形成一个缝隙最小、强度均匀的承重平台。木拱廊桥的三节苗用料一般为9根，也有用5根、7根、11根的，如屏南迎风桥用7根。

3. 上五节苗

三节苗系统完成后，以三节苗拱架为支架，上五节苗系统。上五节苗分四步：一是安装五节苗地牛头；二是上五节苗下斜苗及下牛头；三是把五节苗上斜苗穿插于三节苗系统并安装上牛头；四是打入五节苗平苗。具体做法是：在将军柱和三节苗斜苗形成的夹角处放置五节苗地牛头，五节苗的下斜苗与三节苗斜苗有的对齐排列，有的交错排列，对齐排列可以使五节苗下牛头的上下卯口交错，这样不易涨裂；下牛头紧贴在三节苗斜苗上，

上五节苗

上五节苗上牛头

五节苗上斜苗

将五节苗下斜苗下端作半榫插入地牛头,上端作半榫插入下牛头;五节苗上斜苗紧贴三节苗牛头底部穿过,下端作燕尾榫连接下牛头,上端作稍长透榫终止于三节苗平苗上部,并在上斜苗的上端安装五节苗上牛头,且在此时只开斜苗透卯口;五节苗上牛头的安装是整个木拱架撑起、受力的关键,主墨师傅此时极为慎重,五节苗上牛头套入五节苗上斜苗透榫后,由2—3组工匠同时使用荡锤向斜苗方向撞击五节苗上牛头;与此同时,还要有三组工匠同时作业:一组工匠将木楔子跟进打入透榫与卯口的间隙;一组工匠要把只有一半进入三节苗牛头燕尾榫卯口的三节苗平苗的燕尾榫榫头跟进打入;一组工匠在两个五节苗上牛头之间跟进撑以木料,直至五节苗上牛头与五节苗上斜苗吻合,三节苗平苗与三节苗牛头吻合。打入过程中,会感觉拱架升起,打入后,拱架与水架柱脱离,三节苗斜苗与水架柱之间的木楔子丢入水中,如此则说明拱架撑起可以受力了;然后,将五节苗上斜苗插入上牛头的透榫榫头部分切平做燕尾榫卯口,再根据实际尺寸制作五节苗平苗及燕尾榫榫头,并依照三节苗平苗的置放原则与三节苗平苗对齐排列打入安装,使五节苗上牛头的上下卯口交错不易涨裂,从而完成桥拱架主要受力结构第一和第二两个系统。

  这部分是三节苗系统和五节苗系统实现相互咬合,形成整体,共同承受荷载的关键所在。由于两套系统的紧密编搭,就使各自的不稳定结构变成整体的稳定结构,提高了桥体的承载能力。五节苗系统的用料相对于三节苗系统小些,五节上、下斜苗的苗木各

上剪刀苗

桥长短也不一，但苗木与三节苗牛头、五节苗上牛头间要实现"穿、顶、别、压"，如若有间隙，桥匠也想办法或垫以小木料或劈去挡住的木头以实现咬合。许多木拱廊桥还在三节苗斜苗与五节苗上斜苗的交叉处打入木楔子以加强两套系统的咬合。

4. 上剪刀苗

剪刀苗的作用是使木拱廊桥减少横向摆动。剪刀苗有用一组、二组、三组三种形式，因桥而异，也有因建桥师傅而异。一般用二组的居多，少部分不用剪刀苗，用三组的仅见寿宁福寿桥。具体做法是：剪刀苗下端用透榫或半榫插入将军柱，但不同组数形式的剪刀苗上端接头部位有所不同，用一组剪刀苗的是用燕尾榫接三节苗牛头；用两组剪刀苗的是上一组用燕尾榫接三节苗牛头，下一组用燕尾榫接五节苗下牛头；用三组剪刀苗的是上一组用燕尾榫接三节苗牛头上横木，中间一组用燕尾榫接三节苗牛头，下一组用燕尾榫接五节苗下牛头。为固定剪刀苗，剪刀苗交叉处有的用铁箍套住，有的在交叉点中心钻孔插铁条。

完成拱架系统

5. 桥板苗与"蚱蜢腿"

桥板苗的具体做法是：桥板苗尾部做燕尾榫打入五节苗上牛头上部，头部作卡口置放在将军柱间的端竖排架横梁上，并顶在桥台向河道一侧的金刚墙上。多拱的木拱廊桥和拱跨较小的木拱廊桥一般把桥板苗做成水平；拱跨较大的木拱廊桥则常常把桥板苗做成中间高两边低的斜坡，这种桥板苗中间高两边低的斜坡做法也是一个小角度的撑架，可以分担桥梁的部分荷载，还可以降低桥台的高度，减少工程量。这种桥板苗中间高两边低的结构，我们也可以将其界定为木拱廊桥的"第三系统"。

桥板苗的跨度较大，可能强度不足，要在桥板苗下方制作支撑架，一般是在五节苗下牛头上安装一个"丌"形的撑柱，俗称"蚱蜢腿"。具体做法是：在下牛头上立2—4根短木，短木上顶一根横梁，桥板苗就压在此根横梁上，横梁有两根圆木插将军柱，根据需要有的还用圆木顶在大牛头。"丌"形的木撑有与地面垂直形及与斜苗垂直形两种。蚱蜢腿可以使桥板苗平稳受力于桥拱架，还能压迫下牛头紧靠三节苗斜苗，使木拱架更加稳固。

在桥板苗上横铺桥板成桥面，桥面板厚3至5厘米不等。现在看到的桥面有的是木板桥面，有的是在木板桥面上再铺设方砖、卵石，主要作用是增加桥体重量与防火。

四、架桥屋

桥屋多为4柱9檩穿斗式结构，少部分为2柱7檩穿斗式结构。与穿斗式民居结构类同，大木作的木匠都能建造。

架桥屋从当心间先做，然后两边逐榀向当心靠紧。桥屋高度与宽度没有统一的规定。民间有一句行话称"七轿八马九耍棍"，就是说如果抬轿子过桥，桥屋要有七尺高；如果骑马过桥，桥屋要有八

架桥屋

尺高；如果耍棍过桥，桥屋要有九尺高；大概可以理解为一种俗成的约定吧。当地木匠的行规，在尺之后的寸要符合一、六、八的吉数，如八尺高的桥的高度尺寸有：八尺一寸、八尺六寸、八尺八寸等。屏南、周宁的建桥木匠一般取高为八尺六寸，桥中人行道宽一丈零一寸。

因建桥时间、地点、财力、桥匠手艺等诸多因素，形成丰富多彩、形式各异的桥屋内部木作及外观形象，如全封闭式的、半封闭式的、栅栏式的，檐板中又有开窗的、不开窗的，开窗的窗口形式也十分丰富。桥屋脊上的木作，单檐简朴居多，重檐复杂的不多，与建造时募捐多少也有一定的关系。

木拱廊桥的桥屋顶上覆盖青瓦。因为是公共建筑，不会经常整理，为了使瓦顶上不滞留杂物，便于排水，桥屋顶的坡度略大于民宅，一般为"起水四"（即屋顶的垂直高度是斜坡长度的十分之四）。桥屋顶斜坡中间略为凹陷，尾部翘起，较为美观。盖完屋顶，做好神龛，钉好挡风板，至此整座桥就基本完工。

五、专用工具

中国民间常用木作工具基本相同，主要包括刨、锯、刀、斧、锤、凿、铲、钻、尺以及墨斗等。大木作工具因各地使用手法不同略有差别，其名称叫法也有所不同。木拱桥因建于溪流之上，其建造过程较屋宅来得困难而复杂，同时由于桥拱为编木结构且飞架于河面，古代主墨木匠在建桥实

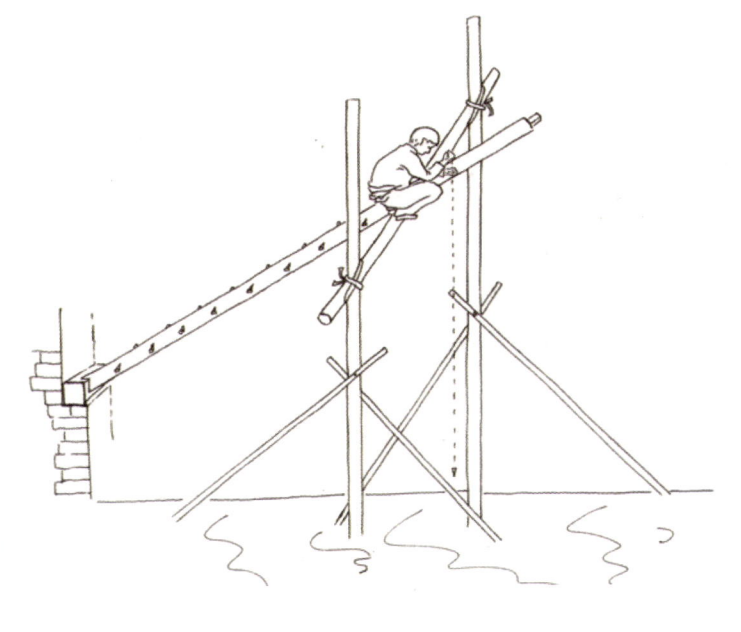

水架柱示意图

践过程中不断创造性地发明了既实用又科学的木拱桥专用工具和辅助设备，如水架柱、天门车、水平槽、荡锤等，极大地改善了施工效果。

（一）水架柱：系简易脚手架，由长条原木搭建。桥两边各一架，每架由两根立柱和两根横梁组成"井"字形架，立柱长于横梁，高度由桥高决定，宽度由桥宽决定，水架柱形似秋千，也称秋千架。在建造拱架之前，建桥工匠要先立水架柱。具体做法是：将四根木柱用麻绳、棕绳、竹篾绳等固定成"井"字形架，用相应数量閗篙即带绳索的撑竿缠绕住，通过人力将水架柱撑起成斜支架后，用柱固定就建成水架柱。如今水架柱的固定多用蚂蟥钉辅助加固。

水架柱的作用之一是确定三节苗、五节苗斜苗的斜度，三节苗和五节苗斜苗的斜度在建造木拱架中起到提纲挈领的作用，决定了木拱架所有木构件的长短。按照闽浙当地木拱桥主墨师傅的说法：三节苗和五节苗斜苗应当"起水五"，过则影响跨度，少则强度不足。所谓"起水五"是指斜苗的垂直高度是斜苗长度的十分之五，那么三节苗和五节苗斜苗与水平的夹角应当是26°至27°。因为涉及"起水"多少？所以这个结构叫做水架柱。水架柱的尺寸只掌握在主墨师傅的手里，一般秘不示人。

水架柱还起到支撑三节苗、五节苗等上架构件并供木工上下来往的作用。

确定水架柱下横梁的位置的过程叫"定水"：建桥工匠先按估计的位置建好水架柱，然后安装最中间的一根三节苗斜苗，在这根三节苗斜苗上要钉上竹钉，由主墨师傅或有经验的工匠沿竹钉攀爬到水架柱的下横梁上，确定下横梁的位置，即"起水"位置。

（二）水平槽：在建桥台和立水架柱的过程中，都要使两端、左右处于同一水平。古代木匠多数用竹梗水平法，具体做法是：把毛竹劈成两片，溜掉竹节，用"三脚撑"（三根木条捆成的三角支架）把毛竹撑住并联成一直线，接头处用黄泥堵住。尔后，竹片内装水，调节每根竹片高低取得水平。也有用木水平尺法如屏南的黄氏建桥世家。具体做法是：选长4米左右、宽0.1米左右直方木料一根。刨光后，在木料正中间开一个长0.5米左右，宽0.05米左右的槽，测量时由两人从两岸牵麻绳，一个人端正木水平尺，平行于麻绳，主绳师傅指挥两岸牵绳者调节麻绳高低取得水平。

现代建造木拱桥，已经有水平仪等先进仪器测水平，但主墨师傅一般使用透明塑料软管来测量水架柱的水平。

（三）天门车：一种简易吊装工具，由木架、绞轴、长绳等组成。在木拱桥桥拱上三节苗和五节苗的过程中，需要吊装各类苗木杠件，在没有现代吊装设备的古代，工匠们就是使用这一种名叫"天门车"的木制绞车进行吊装。

（四）荡锤：类似于古代攻城用的破门锤和筑路用的夯锤。由新伐的松木段制成，以生棕或绳索穿过作为抓手制成。在木拱桥桥拱安装五节苗上牛头的过程中，要以巨力撞击木质牛头以便让五节苗榫头穿入牛头。为防止牛头破损，不能使用金属重锤当撞击工具，而只能用同为木质的荡锤来撞击，因此就发明出了荡锤。

第四节　营造习俗

木拱廊桥的营造及其技艺实践体系的形成与发展，总是与其所在区域民众的生产生活息息相关。这就形成了与木拱廊桥丰富多彩的民间习俗。

屏南木拱廊桥营造习俗有占卜吉课、南山伐梁、祭河祈佑、月福礼仪、竖柱福礼、上梁喝彩、完桥庆贺等，因村落文化的差异，各地的习俗可谓五花八门。

一、占卜吉课

占卜，就是卜卦。古人认为，桥址方位选得对不对，不但关系到施工的安全，甚至关系到建桥村庄的兴衰，所以，要请堪舆家测得坐向和出水方位，再测出卦象，选择吉利的桥基朝向。造课，就是请择日先生选择伐取梁篙、开工架马、竖柱上梁、完桥福礼等黄道吉日。择日吉课要送予造桥木匠鉴定是否可用。清同治四年（1865）浙江龙泉竹森后村延请福建周宁县秀坑张茂秀、张茂巢二位主墨师傅建造双广桥，送予鉴定的日期有：

一择六月廿四辛亥日宜午时木匠起工架马大吉

一择七月十二日戊辰宜辰时定磉大吉

一择七月二十日丙子日宜卯时拆旧桥大吉

一择十月初十乙未日宜卯时搭桥架或铺下层桥板

一择十月十五庚子日宜辰时平桥板大吉

一择十月二十一丙午日宜卯时聘（拼）架未时入山迎梁

一择十月廿二丁未日宜辰时竖柱未时上梁大吉

择日吉课还书有"大士阁坐巽正桥基坐未本年两得其利查十月节二龙俱配利月用同课构造乃属上吉"等语。

二、南山伐梁

居于木拱廊桥廊屋中心间的正梁，俗称"喜梁""金梁""大梁""栋梁"，在选择喜梁时有不同讲究与习俗禁忌。木拱廊桥所使用木材多选自所建桥梁附近山场，在屏南山区由于杉木数量多且材质好，同时由于杉木在通风干燥的条件下千年不腐，所以民居、庙宇、桥亭等乡土建筑多选用杉木作为主要建筑材料。屏南民间认为：一是物色喜梁必须到南山的山场；二是喜梁必须是杉木，要选择三株或两株同根、枝繁叶茂、笔直参天的"双胞柴"树，决不可选独木杉；三是树龄适中，一般生长期要在30年以上，树木生长茂盛，树干挺拔而匀称者。

当选中喜梁杉树后，其伐木与取材还有许多讲究与禁忌。伐木过程大致如下：选好喜梁杉树后，先择吉日，备香、烛、酒、斋菜等贡品，并选择乡村中父母双全、三代同堂的"好命仔"作为伐木工。砍伐时要先在山场摆上香案，祭拜山神。先由木匠师傅"开斧"，并念唱伐木经。师傅每唱一句砍一斧头，唱砍四斧后才由"好命仔"接着伐，且砍伐时要注意不能破坏同根树木或周边的树木，"梁木"伐倒时要朝向山的上方，砍倒的"梁木"要用树枝垫底，不能触地。随即量好尺寸，去其树枝，用截下的树尾悬挂于"梁木"中央，并给"梁木"披上红布，以示有头有尾、兴旺发达，尔后由两人抬回，一路上还要一人在前鸣放鞭炮，告知一路上行人要给"梁木"让道。抬"梁木"者要走露天道，不能经过任何房子的屋檐下，路上若遇"骑路亭"之类，抬梁者要想办法避开，更不能在亭内歇息，其意是"梁木"为整座桥梁至高无上的木材，不能居于其他木材之下。"梁木"抬回到桥址旁边空地后，要置于露天之下，两头平放在三脚木架（俗称柴马）上，不可触地，不准晾晒衣物，不许人从"梁木"上跨过或坐于梁木之上。然后削去树皮将它晾干直到正式制作成"梁"为止。削去的树皮要全部弃于河中让河水流走，不得焚烧。

建造木拱廊桥时有一量尺俗称"丈杆"，其属鲁班尺类，是带有信仰色彩的一种特殊量尺。选取"丈杆"木与制作丈杆也有许多讲究与仪式，其伐木过程与喜梁木相近。加工制作时，动斧锯刨的那一天，也要择取黄道吉日，木匠师傅先点三支香于露天之下，燃放鞭炮，并念唱鲁班口诀。整个丈杆制作过程，一般2—3天，孕妇要回避。制毕，其下脚料除树尾木块留做桥上神龛用外，刨花、树屑等要全部弃倒河中让水流走，以祈河神之佑。

三、祭河祈佑

木拱廊桥开工建造前一定要举行隆重的祭河仪式。祭河旨在祈求龙王、社主、山神、土地等众神庇佑建桥功成。祭河程式首先是净坛起头时科，用大红纸张在盛谷米的谷斗上制成神位放置供桌上端，再摆上果盒、鲜蔬约12种以上菜肴和5盅红酒及5个盛放些许茶叶的茶杯，点燃红烛一对，燃放鞭炮一串，接着由主墨师傅点香3支，稽首躬念"请符官通信口状"。念完邀请叙文后，紧接着主墨师傅将香插入谷斗，稽首三

祭河祈佑

躬,随即口念火帝咒。接着祭拜诸神,用全猪、全羊和公鸡,选在桥墩位置,将牲畜宰杀,让牲血顺水流走,随后用猪头、羊头和全鸡添上供桌,并由主墨师傅三跪九叩,口念祝文:

恭维五海龙王、虚空过往奏遇神,祈祭溪会上诸大高明,暨本溪诸井龙王威灵显赫,福庇万姓,灵著一方,御灾捍患,主宰本溪顺畅,无洪涝,无暴雨,护佑架桥功成,两岸无灾。今逢择址动工之祈,谨献微筵,祓祭之溪,从兹四时吉庆,万汇呈祥,敬陈醴酒,肃整冠裳,以妥以侑,是享,将伏祈降鉴来格来尝,神灵丕显,默佑无疆。

礼毕,仪式即成,并燃放鞭炮动土开工。

四、月福礼仪

木拱廊桥建造时间要根据建桥的难易程度来看,一般要施工四个多月至半年。因此,为了祈求神灵保佑施工顺利,人员安全,往往在施工现场桥头旁专门设置神龛,张贴神榜,并摆上香案、供品。每日晨间出工时,师傅都会燃上三炷香。而每个月一定会在农历初一、十五举行两次祭祀仪式,俗称月福,如果当月有福主、土地等当地神祇生诞之日还要追加祭祀。重建屏南百祥桥时,屏南著名桥匠黄春财就在建造工地设立神龛,其神榜供奉有观音、普庵、五显、真武、田窦郭、齐天大圣、鲁班先师、拓主、禁主、龙王、土地等神灵。

五、竖柱福礼

木拱廊桥廊屋建造等同于建造房屋一般,在木匠完成廊架构件制作后,要选择黄道吉日,将廊架构件在桥面上拼成一榀榀梁架,并在吉时由众人用竹杆撑起梁架,用枋檩连成桥屋,称作竖柱或扶柱。要起梁架时,主墨师傅要唱起桩诗:

"天星吉耀下其方,三个大帝到中央,玉皇銮驾亲身降,紫微銮驾镇坛场。太阳太阴来主照,凶神恶煞上天堂,荣华富贵从此出,堆金积玉满金箱。日出东方照万方,千年风水万代昌。"

起榀诗:"四榀团圆万事成,今日起造福来迎,唯愿缘首多发福,儿孙世代显名扬。"

六、上梁喝彩

上梁是木拱廊桥营造过程中最为重要的习俗之一，因此，缘首与匠师都很重视。木拱廊桥与普通乡间民居不同之处，要举行两次上梁仪式。第一次是木拱廊桥桥拱上三节苗平苗时，另一次是桥屋当心间上喜梁时。两次上梁，均要设坛祭祀，不同的是第一次祭坛设于溪上，第二次则一定是设在桥屋居中梁下。所设祭坛供品有香烛、纸钱、茶酒、果点、斋菜、三牲、公鸡2只（其中1只为活鸡），以及木工工具如曲尺、墨斗、斧头等。祭梁由主墨木匠主持，点烛焚香、烧纸钱敬河神，主墨木匠朗声唱诗：

上梁喝彩

吉日良辰天地开，阴阳相配大利来；谨请天皇銮驾到。太阳星君到，天智正马到，传送正禄到，太阴星君到，太乙星君到，鲁班仙师到，贵人星君到，大吉星君到。诸位仙君两边坐，来看弟子来祭梁。一来门弟登金榜，（众喝：好啊！）二来风调雨顺，（好啊！）三来三元及第，（好啊！）四来四季吉祥，（好啊！）五来五福长寿，（好啊！）六来六畜兴旺，（好啊！）七来积谷万仓，（好啊！）八来八方来宝，（好啊！）九来大发财丁，（好啊！）十来金桥代代传。（好啊！）

又唱《福喜》：

五龙提起是金瓶，此瓶不是凡间瓶，乃是王母仙娘赐我祭梁瓶。一祭梁头一盏酒，财丁两旺家家有；（好啊！）二祭梁尾一盏酒，五谷丰登户户余；（好啊！）三祭梁中一盏茶，荣华富贵代代有。（好啊！）

五龙提起是金鸡，此鸡不是凡间鸡，乃是王母娘娘赐我祭梁鸡。一祭梁头合境

上喜梁

平安，（好啊！）二祭梁尾金玉满堂。（好啊！）三祭梁中百宝梁，万年宝盖代代传；（好啊！）四祭董事、缘首、缘民子孙万代兴。（好啊！）吉时已定，吉时已到，鸣炮上苗梁。

"上喜梁"仪式略有不同，开始前，也要在桥中摆上供桌，点烛、焚香、烧纸钱、敬茶酒，燃放鞭炮。而后由主墨和副墨师傅抬着"梁木"，分别来到两边特意搭好的木梯子前，一步一步慢慢往上攀登。由于"梁木"粗大较重，他人也用"丫"字型木杈帮助将"梁木"杈上屋脊顶端。这时师傅一边攀梯，一边念唱：

桥上造厝接云霄，脚踏云梯攀桥厝。肩扛喜梁脚踩稳，一步更比一步高。

俩师傅在抬"喜梁"时要平平稳稳往上抬，不能高低倾斜。"喜梁"到了屋脊顶后，不钉不铆，平放在早已预备好的凹槽内，然后拿来木制法锤，轻轻

在"喜梁"两头敲打,最多各三下,让"喜梁"入槽。"喜梁"放平稳后,主墨师傅站在大梁旁接着念唱:

喜梁好比一条龙,摇头摆尾卧当中。问伊为何身不动,身上还缺"贯梁红"。

所谓的"贯梁红"是在喜梁正中披挂红布,以示吉庆。唱念到此,建桥缘首、董事要将早已备好的红绸布(或大红纸)递给师傅作为梁批贴挂到梁中央。紧接着由主墨师傅站在梁边高声用一些吉祥的话唱梁。如:

有请鲁班师傅坐中央,来看弟子来祭梁:一敬天地,金字喜梁挂桥中;(好啊!)二敬喜梁,万年宝盖代代传;(好啊!)三敬金桥头,进财进宝进人才;(好啊!)四敬金桥尾,百子千孙万代兴;(好啊!)五敬金桥中,万代龙定中央;(好啊!)六敬神明,好天好日好吉时;(好啊!)七敬五福神,赠福赠寿赠平安;(好啊!)八敬桥龙,珍珠玛瑙平平上;(好啊!)九敬丈篙,今造金桥众人行;(好啊!)十敬河神,护好金桥留芳名。(好啊!)

又念:桥中蜡烛红又红,董事缘首行好事,方便路人盖金桥,世世代代留芳名。一进财;(好啊!)二进喜;(好啊!)三进福禄寿喜;(好啊!)四进四角金印;(好啊!)五进五子登科;(好啊!)六进六部臣相;(好啊!)七进七子八孙;(好啊!)八进八仙过海;(好啊!)九进九子状元;(好啊!)十进富贵代代传;(好啊!)

接唱《福喜》:

五龙提起是金瓶,此瓶不是凡间瓶,乃是王母仙娘赐我祭梁瓶。祭起梁头千斤重,(好啊!)祭起梁尾万年松,(好啊!)祭起梁中多富贵,(好啊!)荣华富贵代代传。(好啊!)

五龙提起是金鸡,此鸡不是凡间鸡,乃是王母娘娘赐我祭梁鸡。(好啊!)福喜哦,祭起梁头万家福!(好啊!)福喜哦,举起梁尾万代兴!(好啊!)福喜哦,举起梁中多兴旺!(好啊!)福喜哦,万年宝盖世代传!(好啊!)福喜哦,喜梁好比一条龙!(好啊!)福喜哦,万里来龙坐中央!(好啊!)福喜哦,敬拜喜梁金银满堂!(好啊!)福喜哦,护好喜梁子孙万代富贵长!(好啊!)五龙行水分两岸,(好啊!)不便行人走东西。(好啊!)今起厝桥众人行,(好啊!)还敬神明护龙桥。(好啊!)敬请董事、缘首、村民来拜梁。吉日已定,吉时已到，鸣炮上喜梁！

完成上"喜梁"仪式后，接着是主墨师傅要将"丈篙"横放在"喜梁"下面，然后念唱："喜梁"好比桥中王，"丈篙"好比老丞相，丞相君王长相守，桥上盖厝益行人。

念唱完毕，师傅要即刻下到桥面，下前要面朝天，躬拜上苍，并念唱：鲁班师傅下"金梁"，各位神圣回本宫，从此来龙凤水应，世世代代永其昌。

在上梁结束后，随即进行"抛梁"。工匠站在梁木上，边念吉祥语，边把挂在栋梁上的七宝袋抛到铺在地上的布单上。抛梁时，将糖果、花生等自桥上抛下，众人在桥下用伞等去接，以求平安得福。首事将七宝袋在家里放七天后，将袋内的银、铜、铁、油麻、花生、枣、米等分给村内的各户人家，七宝袋内的物品均有不同的吉祥寓意，是民众渴望得到的。

七、完桥福礼

桥造好可行走，称踏桥开走。开走有两种情况：视桥行走人多寡而定，一是行走人少，待桥面板全面铺好开走；二是行走人多，上好桥板，仅钉上五六块桥板就开走。踏桥开走前，桥董事、缘首

百祥桥重建落成典礼

选择乡村中三代同堂并夫妻双全，有一定名望且家庭较富裕的二位男姓长者（俗称"好命人"），好命人当众题缘若干后开走，开走之人可随意性讲些吉利话。

桥梁竣工，董事、缘首举办的酒宴，称为"完桥福礼酒"。酒宴既为庆贺桥梁的大功告成，也为答谢建桥工匠的辛勤劳作。席前，东道主结清余账，并赠送一定数量的红包称"福礼仪"。施工方交代一些桥梁维护事宜。整个形式相当于现代工程的验收仪式。如今完桥福礼则被大型完工庆典所取代，剪彩、舞龙、舞狮、锣鼓、烟花表演，乃至邀请戏班助兴，可谓热闹非凡。

第五节　文化空间

木拱廊桥是这一乡土建筑的典范，因其桥屋空间与营造过程的特殊性，因此既有普通乡土建筑共性的文化特征与信仰民俗，同时又有其特殊的文化空间与功能特性。木拱廊桥在发挥交通、驿站等实用功能的同时，社区民众还将木拱廊桥视其为所在社区不可或缺的有机组成部分。由木拱廊桥形成的文化空间，对增进民众情感交流和文化认同具有重要作用。相关社区至今还保留着世代相传的董事组织，决议修建桥梁、购置桥山桥林等重大事项。

一、碑匾墨书

在中国传统农业社会形态下，乡村要完成建桥，往往需要牵涉许多人力物力。因此，在完成建设后，都要将建造时间、原因、过程以及组织者、建设者与捐献者等信息以碑记、匾额乃至直接书于梁

万安桥墨书

枋之上的形式以资纪念与褒扬。这种以碑匾书梁代志之传统在木拱廊桥的营造中更显普遍。这些碑记、匾额等，是木拱廊桥及其营造技艺传承研究的重要文献，它们不仅保留了许多富有价值的历史信息，更是区域文化传统延续的载体和地方文化传承的重要源泉。

（一）桥廊墨书

木拱廊桥有以梁代碑，书梁代志的传统，即在建造木拱廊桥的过程中，大都把建桥缘首、工匠、捐款者姓名以及木拱廊桥建造时间等书写于梁上。屏南现在木拱廊桥中有10座桥梁上书写有建桥工匠、缘首等名字，是进行木拱廊桥文化遗产研究最重要、最翔实的史料。

（二）碑刻桥铭

屏南县桥碑保存最为完整与丰富，该县现存古代木拱廊桥13座，有8座木拱廊桥共保存有24通桥碑。木拱廊桥碑记常为简练的叙事散文，内容一般包括建桥的缘起，开工和竣工的时间，中间所遇到的重大困难及解决办法，主持建桥的缘首、官员、乡绅、桥匠等有功人员，以及桥梁建成后的壮丽景象和造福社会的实际功效。

屏南县千乘桥南端有5通碑记，其中4通记载着捐款人姓名与金额，一通为周大权于清嘉庆二十五年撰写的《千乘桥记》，碑文云：

　周制徒杠舆梁成，岁不废修，今阙不讲者，赖磐石之

千乘桥碑

坚，一构动经数百载也。棠溪有桥，颜曰千乘，双峰其对峙也，双涧其汇流也。虽居僻壤，而北抵县城，南通省郡，实往来之通衢。自宋以来，重建已三次矣，迨嘉庆十四年，两河伯争长，又荡然无存。时恐行人病涉，有余皇以济之桥头也，而已成渡口焉。所虑者羲驭西沉，谁作渔郎之泛；鸭头春涨，那为舟子之招。缅彼征人，其不免临而返者，来易更仆数也。爰与诸同人募金再造，于嘉庆二十五仲冬下浣，协力重兴。临渊累石，下同鼎峙千秋；架木凌霄，上拟云横百尺。自此乘驷长卿、骑驴高客以及农工商贾，咸不必于棠溪岸上复须一苇之杭，是攘往熙来，依然有千乘桥济厥巨川也。因于落成后静观之，叹赏之，即穷原竟委而历历志之云。时道光二年瓜月谷旦庠生周大权谨志。

屏南县著名江南险桥之一的百祥桥，桥东端有6通碑记，其中3通记载捐款人姓名与金额，一通为该县清拔贡张钦奇撰写于清道光年间《百祥桥记》，碑文云：

岁十一月徙（徒）杠成，十二月舆梁成，关津道路王歧之典要系焉。屏之三十三都白洋桥，不下数百年而境凡三变。谁实为例，曰高朝阳美哉，其始基之耳，久之而圮石倾危矣。绿杨新月，今昔殊观，此境之一变也。继而张君禄相、林君祈灿辈修厥旧址以成，劳告久之而雁齿飘零矣。朱雀斜瞰，转成往事，此境之二变也；嗣是重新鼎建，特起鼍梁，则若张君旭传世璨诸而人，又久之而彩虹寥落矣；虽曰一苇之杭，未免自崖而返，此境之三变也。遥遥驿路，隔岸兴悲，渺渺烟波，临渊致叹，夫尝不心焉，悼之。夫桥以白洋名，何问诸水滨清且冽，颜为白水洋，故桥以水名也。奇等募缘义举，因其境之屡变，欲为久庆其澜计，遂移厥址卜厥基，拟以音之不甚相远者，易其名曰百祥桥，取纳福致祥之意也。爰是遍告十方，共冀成功，一旦七星之体制，方裁半月之堤根永固，送仙子于百花澜回瀼岸，听吹箫于廿四瑟鼓湘灵，庶往来者无复褰裳之叹，辐辏者共曳美轮之吉矣，是为序。

具有江南险桥之称的屏南龙井桥，位于屏南寿山至代溪的古道之上，桥左端立有四通石碑，正面三通碑记中有二通记载清嘉庆年间重建该桥时的董事、捐款人姓名及金额。其中一通为康里村清光绪贡生郑应东撰写的《重修龙井桥记》，碑文云：

志者何欲不忘也，非欲不忘经营之善，实欲不忘结构之艰，能不忘结构之艰，必不忘珍惜之意。夫如是。则斯桥也可历久而不敝歪……

道出了修桥之艰与爱桥护桥之重要。

二、楹联诗文

木拱廊桥是古代文人墨客、官宦艺人进行文艺创作的重要题材和载体。书于桥屋枋柱之上的楹联诗文，勒于石碑上的铭文，悬于廊间的匾额，与古桥一同流芳百世。木拱廊桥上的楹联诗文不仅留存着丰富的桥梁史料，也增添了木拱廊桥的文学艺术之美。

（一）楹联

书写于木拱廊桥柱、枋、梁上的楹联俗称"桥联"，它是中国楹联的特殊表现形态。木拱廊桥楹联即有其他楹联的共性，又有其独特性。许多木拱廊桥的联句都是利用当地独特的地理人文特征加上语言艺术，将桥景、桥史、人文、典故及教化等诸要素结合起来，构成佳对。含义隽永的联句，功力精妙的书法，两者相结合而成的桥联，是木拱廊桥文化空间中的一道美丽景致。

木拱廊桥诸多楹联中，第一类是描写溪山秀色，桥景风光，数量最多。如："地接东南通两邑，桥横上下卧双虹"（万安桥），"两岸锁云烟，波上彩虹长挂；双溪流璧玉，潭中新月半钩"（金造桥）。写景的楹联，多采用"借景"表现手法，意趣幽远。如"宝塔占左恍如一株榕树，翠盖擎浚俨若五色祥云"，"石狮负石桥石兴镇定举溪南门锁钥，玉兔浮玉宇玉和玉印成半月东道垂轮"，"四面翠屏山色秀，一条碧玉水光寒"，是远借、近借；"上下影摇波底月，往来人踏镜中天"（万安桥），是仰借、俯借。有些联句描写山势险峻，桥梁雄伟。如："断岸驾鼋鼍，忽展空中添绣；沿崖盘螮蝀，顿开波上琼瑶。"（清晏桥）"日月发奇光，休借银河鸟鹊；溪山绕秀色，浑成碧汉长虹。"（金造桥）有些联句情景交融，读后令行人疲意尽消。如："东通石牌岭，往来溪山满眼；西向桂树亭，出入林壑怡情。"（金造桥）在写景抒怀的联中多借典喻今，令人遐思。如："祖逖渡江休击楫，郑桥济洧不乘舆。"（金造桥）引用两个典故，即上联是东晋人祖逖的故事，下联典出《孟子·离娄下》。

第二类是借物抒怀言志的楹联，这一类楹联多用历史典故，寓意深远。

第三类是记事和表达感触的楹联，多以白描的艺术手法叙述，言微旨远，语浅情深。"读书在往时，时时往往，时时往往；到任即下车，车车下下，车车下下"；"村是济川豫祝河清海晏，民无病涉直追汉柱秦桥。"（清晏桥）第四类为颂赞和彰显神灵威严的楹联，由于木拱廊桥多设神龛，供奉地方神灵，所以此类楹联多颂赞神灵的高贵和灵验。往往从联句就能看出神灵的神格、司职。如："佛光普照千家庆，慈德遥开万户村"（万安桥），"羡达摩一苇渡江神功莫测，藉大士慈航济世佛法无边。"（金造桥）

（二）诗文

从县志、乡志、宗谱、稗史等处寻得部分与木拱廊桥相关的诗文却是珍贵的文化遗存，诗文楹联造就了木拱廊桥的内秀。诗文是当地学子吟诵家乡木拱廊桥美景，借以抒怀。如清贡生江起蛟诗吟万安桥："千寻缟带跨沧州，阳羡桥应莫比幽。月照虹弯飞古渡，水摇鳌背漾神州。汉家墨迹留中砥，秦洞桃花接上流。锦渡浮来香片片，令人遥相武陵游。"清道光年间屏南进士张正元题金造桥诗云："廿丈桥横两岸边，眼看鱼戏浪三千，前村犬吠花间客，隔水牛耕屋上田。双涧波光摇远树，四山峰影倒长川，彩虹斜波浮云去，风约潮平镜里天。"屏南金造桥民国期间的建桥董事清邑庠生张应清为首重建金造桥，并为桥撰写楹联四幅，同时由感而发赋七律《金造桥》一首："昔日溪洪客不前，汪洋长叹在谁怜。去年议砍群山

《屏南县志》书影

木，今夏欢联两岸烟。胜似彩虹低渡水，翻教新月与钩弦。我偕弟侄同题柱，永镇川流亿万年。"表达了作者功成之时的喜悦心情。

文化积淀深厚的古村落，往往有村落"八景""十景"之说。由于木拱廊桥是村落重要的人文景观，往往被列入其中，因此，各村落"八景诗"中则必见木拱廊桥诗文。如屏南千乘桥所在村落棠口村就有棠溪八景诗，其中《虹桥雨霁》云："闲来凭眺坐桥东，雨霁潭心漾出虹。题柱正多骄野客，三番坠履有何人。"而屏南万安桥古为龙江内八景之一，其诗云："桥接溪渠畔，遥瞻似彩虹。横村连左右，隔水渡西东。雁齿休专美，鳌梁岂羡工。济人传旧政，今日不须蒙。"清拔贡张宗铭撰后龙溪八景诗之《桥锁龙津》曰："吾乡四面皆山，而玉屏与文笔两山接连，龙须履是地者，几不知水从何处出也，道光丁未建一桥于岸口，名曰龙津，而九曲水即由是盘旋而出，几有欲往而返之，形桥下潭水悠悠、游鱼出没即作濠上观可尔。"诗云："绿树阴浓锁断虹，川流九曲不通风。满梁乐趣人知否，尽在游鱼出没中。虹锁龙津绕彩云，神庥万载护斯文。纳凉时向桥头坐，募建而今可勒勋。山环水转疑无路，隐隐虹桥跨水滨，两岸绿阴村树合，行人到此尚迷津。"

（三）故事传说

以木拱廊桥为承载空间的传说故事增添了木拱廊桥的魅力，也赋予了木拱廊桥以生命力与信仰色彩。民间口头传说故事细可分为"神仙说""名胜说""文人说"等。其中神仙显灵指点助建木拱廊桥或桥神佑民为最多，如《千乘桥的传说》《观音菩萨与龙井桥》《三仙比造桥》等。《观音菩萨与龙井桥》是流传于屏南龙井桥周边村落的一个关于观音化现为乞丐指点建桥的故事。龙井桥建于屏南代溪康里村与寿山白玉村之间的金造桥龙井深潭之上，桥台以两岸天然悬崖凿眼而成，桥面距离水面达二十多米，被称为江南险桥。该桥在施工时，匠师因地制宜，发明了让工匠坐在竹篮里，用绳索吊在岸边树上作业施工善巧办法。然而，等桥屋瓦椽钉完需要锯平边缘时，却遇到了难题。当师傅叫徒弟上屋顶去锯瓦椽，徒弟爬上屋顶却无法工作，因此慌忙下了屋顶，连续换了几人都无奈地退了下来，这可难住了老师傅。原来，桥面离水面二十几米，桥屋顶椽边更高，蹲在边沿，往下一看，潭深势险，令人毛骨悚

然，还怎敢动弹作业？一连几天，老师傅茶饭不思，苦想办法。一天，桥头突然来了一位老乞丐婆，说是饿了三天没饭吃，师徒们就给她装了饭菜，那乞丐婆慢嚼细咽，一直吃到太阳西沉，师徒们一点也不嫌弃，还送她过桥去。第二天一早，师徒们又来到工地，这时突然在溪面现出一条彩虹桥，一个少女撑着花伞徐徐走过，到了桥中央，少女将花伞朝下走过了彩虹桥，随即彩虹桥化成一道祥云飘飞而去。师傅们看着入神，突然醒悟，知道这是菩萨点化。老师傅立即拿来许多油纸伞倒挂于桥屋边缘，遮挡住视线，工匠们果然个个心定脚稳，顺利地锯下了瓦椽，钉好了封檐板，盖上了瓦片，顺利建成了龙井桥。为了答谢观音菩萨的指点，在桥中设佛龛，供奉观音菩萨。

三、民间信仰

位于村落与古道溪涧之上的木拱廊桥，是村落重要的信仰公共空间之一，村落中的木拱廊桥承担着营造乡村"风水"之功能。同时，廊屋内神龛供奉神灵，桥屋又担负着神庙的作用。在特定的日子，民众还会在木拱廊桥之上开展民俗祭祀活动，例如端午"走桥"和放河灯送王船习俗，木拱廊桥同时又是一座精神与信仰之桥。

中国传统古村落的环境空间特点绝大多数是依山傍水、靠近水源。水为生命之源，在风水学上，讲究村落来龙与去水，一般是讲究来水宜宽阔多源，去水狭隘隐蔽，水口对村落来讲是咽喉之地，所以在村落

神龛

出口处要有灵物把门，因此，常常安排水口建庙造桥，供奉神明，让神明来镇压煞气，保佑村落太平，同时营造"风水林"来聚气。例如，棠口村水尾就建有祥峰寺、夫人宫、三圣夫人宫、齐天大圣殿、林公大王殿、土主殿以及八角亭。在传统社会，当地的人们普遍认为流水会带走一个地方的吉祥之气，而桥能锁水，使风水变好，并能为村落聚财，因此，木拱廊桥往往成为村落水口建筑。

四、端午走桥

端午走桥是利用木拱廊桥实景空间达到虚拟精神空间的独特民俗活动，其活动时间在端午，因此，也称端午走桥。走桥仪式主要有祭祀、走桥、抛粽三个步骤。时间通常是在端午节上午开始祭祀，临近午时排成长队在引领者带领下开始走桥、祈祷、唱经。走桥时熟练者往往在阵阵木鱼声中高声唱诵桥经、手舞花绢翩翩起舞，不会的人跟着队伍与节拍祈祷或开声念"南无阿弥陀佛"即可。当然也可默念自己来走桥的心愿，这些心愿可以是现实生活中的愿望，也可是对死后灵魂顺利过桥的祈求。祈祷是向神明祷告以祈福，包括现实生活中人的各种愿望——健康、平安、升官、发财、祈子、功名等。午时整便开始投粽祭祀屈原，投粽的地点是在木拱廊桥桥廊边。信众一边投粽一边烧化纸钱、元宝、经文等，同时朗声唱诵："一个粽子一个装，一个粽子落溪中。一头粽，一头钱。给你扔粽保家运，祝我子孙男

端午走桥

端午走桥

女富贵福寿长。"投粽结束后往往还有再继续走桥数次。

走桥仪式应该源自古老的"走百病"习俗。《汉语大词典》中将走桥解释为"明代北方民俗,妇女在元宵或正月十六相率出游,以祛除百病"。从走桥行为看,可以说这是一种"通过仪式",藉由通过一道桥梁,代表由过去通向未来,经由水的祓除作用,消灾解厄,走向健康的一年。

五、桥约桥山

为了确保木拱廊桥受损后能及时得到修复与重建,有些地方建桥董事组织在完成木拱廊桥建设后,还专门筹集资金设立桥山、桥田、桥产,以备日后不时之需。

(一)题桥

民间建造桥梁的临时组织成员,常被称为"桥董"。桥董可能来自一村一姓,也可能来自数村数族。桥董的主事人称为"缘首",都是德高望重,有一定财力的建桥热心人。缘首承担着建桥筹款、备料、聘请工匠、解决建桥过程中遇到的具体问题等。缘首在各地有不同称谓，如"缘头""首事""董事"等。有些木拱廊桥在缘首下还有副缘、协缘、协理、会计等分工。如：屏南金造桥清嘉庆十五年桥碑落款"首事张永衢，张大照、张永和、张大鸿、张宗衔，协缘章凌雪、陈镛（共18人）……仝立"。

修桥的募捐活动称为"题桥"，或称"题缘""募缘"。应募者可捐款，也可捐物、捐工。木拱廊桥竣工时，将捐款、捐物、捐工者姓名及捐献数额题在桥廊大梁上或另刻在石碑上，"俾乐捐姓名均垂不朽云"（百祥桥碑文）。大部分木拱廊桥上能看到这样的名单，多者捐银数百两，少者几十文；多者捐谷数十石，少者几十斤。民间共识，修桥补路是祈福积德报恩之善举，自有天地神灵之监督，因此，桥董们不起贪心，自然廉洁，一般不会私分剩余银两。不仅于此，为供后人翻修之用，剩银常被藏于梁柱某处，也不为族人乡民觊觎。现存最早的"题缘"记录是长桥镇万安桥，宋元祐五年（1090）的石碑刻。最感人的是一家人捐一座桥，例如屏南山口桥，石碑记载：

清乾隆五十一年三月鼎建。屏邑卅一都五保彩虹村信女吴门黄益姑偕男国器孳室陈香姑暨孙梦得，喜舍全拱斯桥全座，唯愿子孙昌盛。……

（二）桥约

建桥的董事、缘首在题桥的同时，也在物色聘请桥匠。由于建桥事关村落大事，乃百年大业，因此，总是选择有经验的老匠师来担任造桥的主墨。那么他们要履行什么手续呢？近年来被不断发现的"桥约"就是他们之间的协议手续。桥约是指建桥董事、缘首等与造桥工匠签订的建桥合同，在闽浙两地也称"桥批""桥约"，民国以后直称协议、合同。

桥约一般用毛边纸或宣纸竖式书写，内容主要包括以下七个方面：一是缘首姓名及建桥缘由；二是新建木拱廊桥的设计要求，包括所建桥的长度、高度、宽度，桥面廊屋的具体设计结构，包括立几榀柱子，桥内建板凳、神龛等。若为拆旧桥重建，则提出要拆换何处桥苗、桥面板、枋檩木若干。桥台的高度、宽度、厚度及砌法、用石规格等；三是具体施工要求约定，包括建桥所需不同工种匠师，如建桥台的石匠，盖桥屋的泥水匠的约请和技术级别要求，建桥材料的供给运输，搭架木料、篾绳、铁钉由何方筹备，有的连工匠墨斗用的墨斗线是自备或建桥方供给也写上；四是木拱廊桥工程造价和工资支付方式；五是营造习俗及活动的组织约定，包括每月初一、十五以及敬神福仪开支，上梁的花红（给桥匠的红包）开支数额等；六是违约处罚约定。最后为落款，内容包括签约时间、签约人姓名（盖章或画押）、见证人、代笔者。在时间后还要慎重书上骑缝字（多为吉祥词），最后常在左上角书上"□□大吉"

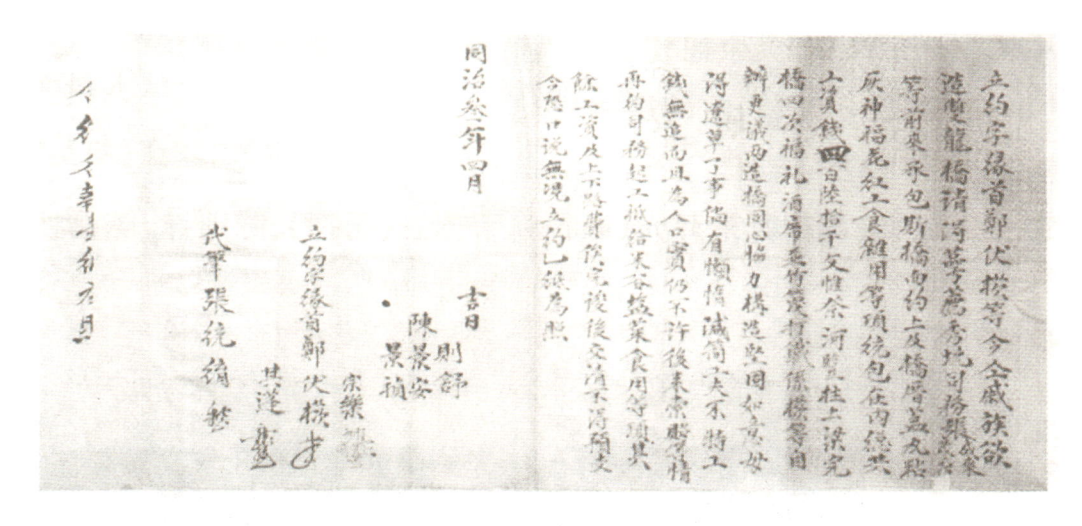

双龙桥桥约

等字。补约可以写于桥约后面，并添上"又约"或"又再笔"，同时还要再由书写人签字画押，以示慎重。

清同治三年建造福建屏南县双龙桥桥约：

　　立约字缘首郑伏横等今全咸族欲造双龙桥。请得荸（下荸）秀坑司务（师傅）张成来、茂秀等前来承包斯桥。面约上及桥唇、盖瓦、粘灰、神福、花红、工食、杂用等项统包在内，总共工资钱四百陆拾千文。惟祭河、竖柱、上梁、完桥四次福礼酒席并竹篾、打铁系横等自办。更议两造桥同心协力，构造坚固如意，毋得潦草了事。倘有懒惰、减简工夫，不特（但）工钱无追而且为人口实，仍不许后来索贴等情。再约司务（师傅）起工只给米谷、盐菜食用等项，其余工资及上下路费俟完

竣后交清，不得预支。今恐口说无凭，立约乙（一）纸为照。

　　同治三年四月　吉日

　　立约字缘首郑伏横（画押）、郑宗乐（画押）、郑其蓬（画押）、陈景安、陈则舒、陈景祯。

　　代笔张统　（画押）

　　合约各执壹纸为照（骑缝字）

（三）桥山桥产

　　屏南百祥桥桥山为清道光年间所置产业。道光初年，百祥桥邻近十八个村庄公推漈头村张永嵩为首募建，不料张永嵩病故，其妻黄氏与子张钦奇毅然司理总董事务，广募巨资，重建百祥桥。咸丰二年(1852)，屏南县旺坑、漈头两村的张永衢、张传恭、苏顺生等16人集资买下百祥桥西面一片山坡，植杉树480多株，以作永久修桥专用林，并在桥头立碑永志，碑文如下：

　　立公议苏顺生等今因各处杉木稍大便砍伐卖钱应用，恐久后柏松桥被狂风吹坏，或世远年湮朽坏无大杉木架造，行人病涉且遇大水流，行有赶急之事，则贻误不少。是以纠集数姓之人相商，公捐钱文，买得张曰子土名柏松桥头茅山一所，栽种杉木，留植长大以备柏松桥使用，附近邻村及公议数姓之子孙人等俱不敢偷砍盗买盗卖等情。如有此情，即呈官究治，决不狥（徇）情。更恐公

桥山

议数姓之子孙遇柏松桥朽坏不肯做缘首；即不在公议之子孙，有能做缘首秉公架造者，大杉木亦听其砍伐应用。至大杉木根有萌蘖者俱要爱养长大以备柏松桥应用，不许私行戕贼。公立石碑为照，其山在暗亭坪下，上至大路，下至垮(湾)尾石岩，左至出水垮（湾），右至冈火路直下垮（湾）。日子尾价银二两正。

缘首：兴化府儒学张永衢、庠生张传恭、苏顺生；协缘张永禅、张传扬、张仕香、高大左、高伯发、林光辉、张传雅、张奕凯、梁光宗、陈汝观、韩占道、张日子、张钦泽仝立。

咸丰二年十月

此外，还公议制订管理规章：16位组织者每人各捐献干谷50斤，计800斤，并将其借贷给缺粮者，从中收薄利，以作每年"立冬"日集中劈草时的午餐。此规一直执行到20世纪50年代初。清光绪年间百祥桥毁于火患。光绪二十年(1894)，漈头庠生张传陞为首募捐重建，总理为张传陞和里汾溪村贡生徐居盛、棠口村监生周林耀、降龙村附贡韩启登；建桥主绳为宁邑秀坑村张茂钰、张茂秀、张茂春；石匠为棠口村周奕谷、周奕长；瓦匠为睢溪徐居宝。桥飞架于两岸的悬崖峭壁之上，其险峻名冠江南，被誉为江南著名险桥。目前，山上还有大杉木300多株，材积约1000多立方米。

桥山碑

第六节 技艺传承

木拱廊桥传统营造技艺主要是以口传心授，家族、师徒传承为其重要特征，经调查发现屏南有重要技艺传承世家，也有自学成才的建桥匠师。目前屏南主要造桥世家有屏南县长桥黄氏世家、忠洋韦氏世家。

一、长桥黄氏世系

屏南县黄氏造桥世家自清光绪年间由黄金书师承长桥新乡村著名桥匠卓茂龙以来已历5代150多年。黄氏造桥世家技艺实践区域在福建屏南、古田、建瓯、建阳、南平等县市。一个半世纪以来共新建、迁建木拱廊桥20多座，现存8座。黄氏世家第三代传人黄春财被公布为国家级非物质文化遗产项目代表性传承人。

屏南万安桥始建于北宋元祐年间。清乾隆五年沈钟撰《屏南县志》卷四"桥梁路亭"载："长桥《玉田志略》称：'两溪相接，亘如长虹，俗云仙人所建'。按古志一名'龙江公济桥'，宋时建，垒石为墩五，构亭于其上……"虽然无法判断万安桥始建时是否就是如今的木拱廊桥，但可以肯定的

万安桥

是桥为木结构廊屋桥。那么，在这九百多年的数度重建中该有多少代桥匠在延续着建桥技艺？然而，由于史料缺乏，无法得知从前匠师信息，就连清乾隆七年（1742）重建此桥时桥匠是谁都不得而知，焉能无憾！遍访长桥村民间老者，均言该桥有史以来为长桥本乡桥匠所建。如果属实，那么在长桥就该有一支传承了900多年的桥匠族系，由于史料无考，只能存疑。

清道光二十五年（1845）万安桥因火毁而再度重建，卓茂龙为主墨。卓茂龙，长桥新乡村著名桥匠，生卒年无考，大约生活于清嘉庆至光绪年间（1810至1890）。卓茂龙当时在长桥周边十里八乡有着很高的名望，他不但是建桥名师，而且还是著名的大木师傅，建筑房屋、庙宇、亭阁样样在行。同时，他还是制作农具与乡土机械的高手，如水碓、土砻、风笼、土犁、土车等也无不精通。再者，他还兼有堪舆、择日造课和做法事等本事，人们遇上红白喜事都喜欢找他做"先生"，因此，大家都尊称他为"茂龙仙"。

新建的白玉虹桥

卓茂龙建筑技艺超群，却一生未娶，对待徒弟很苛刻，轻易不将毕生绝学传授于徒弟。因此，来了一拨徒弟，学业未成又走了。清光绪七年（1881），时年15岁的黄金书跟随卓茂龙学木匠手艺。因其好学，为人诚实厚道，并对师傅非常孝顺，因此，得到卓茂龙的赏识而得到真传，成为屏南长桥黄氏建桥世家第一代传人。黄金书建造了建瓯市仙恩桥、接龙桥、松岗尾桥等多座木拱廊桥。

黄金书育有两子，长子黄世龙（1901—1975），又名黄生富，15岁随父学艺。次子黄世凤（1910—1979），又名黄象颜，14岁随父学艺。黄象颜学艺较精，并发明制图设计法，改进了施工与设计进度。他一生造桥10多座，造屋54栋。他的高超技艺毫不逊色于其父黄金书。

黄象颜育有四子，其中长子黄春财随父学艺，是第三代传人。黄春财自1954年起随父造桥，掌握了木拱廊桥传统营造核心技艺，能独立主墨建造木拱廊桥。二十世纪五六十年代，黄春财随伯父、父亲在屏南、古田、建瓯等地建造了唐宦桥、上垱村桥等几座木拱廊桥。1970年后，木制桥梁逐步被水泥桥、石梁桥所代替，木拱廊桥营造技艺无用武之地，黄氏建桥世家也逐渐淡出了人们的视线。20世纪末21世纪初，木拱廊桥的价值逐渐被人们认识与重视。屏南县加强了当地木拱廊桥的保护与技艺传承，黄春财看到了技艺的春天，毅然将在外打工的孩子黄闽屏、黄闽辉叫回家乡，成立了"屏南长桥黄氏家族木拱廊桥技艺传习所"，重新开启木拱廊桥营造技艺的传承与实践。2005年以来，黄春财带领两个儿子以及其他工匠完成了屏南双龙桥、金造桥、十锦桥、百祥桥、进贤桥、代溪桥、寿宁登云桥、蕉城飞鸾桥等多座木拱廊桥的重建与迁建。在具体实践中，黄春财言传身教，将技艺完整传授给了两个儿子。如今黄闽屏、黄闽辉均已学成出师，并能独立主墨建造木拱廊桥，是为该家族第四代传人。

表1　屏南长桥黄氏家族世系表

代别	姓名	生卒年	师承关系	建筑桥梁
第一代	卓茂龙	不详	不详	清道光间复建万安桥，一生建桥10多座。清后期屏南著名桥匠。
	黄金书	1865—1933	师承卓茂龙	仙恩桥（建瓯市、1904年、主墨） 接龙桥（建瓯市、1917年、主墨） 松岗尾桥（建瓯市、1917年、主墨）
第二代	黄生富	1901—1975	黄金书长子，师承黄金书	接龙桥（建瓯市、1917年、副墨） 松岗尾桥（建瓯市、1917年、副墨） 夏村桥（建瓯市、1917年、主墨） 增丈桥（南平市、1917年、主墨） 万安桥（屏南县、1932年、主墨）

（续表）

代别	姓名	生卒年	师承关系	建筑桥梁
	黄象颜	1910—1979	黄金书次子，师承黄金书	夏村桥（建瓯市、1917年、主墨） 赤梅村桥（南平市、1917年、主墨） 增丈桥（南平市、1917年、主墨） 万安桥（屏南县、1932年、主墨） 万安桥（屏南县、1954年、主墨） 唐宦桥（古田县、1969年、主墨）
第三代	黄春财	1936—	黄象颜子，师承黄象颜	万安桥（屏南县、1954年、主墨） 上堘村桥（屏南县、1956年、主墨） 唐宦桥（古田县、1969年、主墨） 金造桥（屏南县、2005年、主墨） 双龙桥（屏南县、2005年、主墨） 卓洋桥（古田县、2008年、主墨） 十锦桥（屏南县、2008年、主墨） 登云桥（寿宁县、2010年、主墨） 百祥桥（屏南县、2011年、主墨） 飞鸾桥（蕉城区、2012年、主墨） 进贤桥（屏南县、2013年、主墨） 代溪桥（屏南县、2014年、主墨） 白玉虹桥（屏南县、2018年、主墨）
第四代	黄闽屏	1966—	黄春财次子，师承黄春财	金造桥（屏南县、2005年、副墨） 双龙桥（屏南县、2005年、主墨） 卓洋桥（古田县、2008年、主墨） 十锦桥（屏南县、2008年、主墨） 登云桥（寿宁县、2010年、主墨） 百祥桥（屏南县、2011年、主墨） 飞鸾桥（蕉城区、2012年、主墨） 进贤桥（屏南县、2013年、主墨） 代溪桥（屏南县、2014年、主墨）
第四代	黄闽辉	1985—	黄春财小儿子，师承黄春财	双龙桥（屏南县、2005年、副墨） 卓洋桥（古田县、2008年、主墨） 十锦桥（屏南县、2008年、主墨） 登云桥（寿宁县、2010年、主墨） 百祥桥（屏南县、2011年、主墨） 飞鸾桥（蕉城区、2012年、主墨） 进贤桥（屏南县、2013年、主墨） 代溪桥（屏南县、2014年、主墨） 白玉虹桥（屏南县、2018年、主墨）
	郑代涛		师承黄春财	上堘村桥（屏南县、1956年、副墨）

二、忠洋韦氏世系

屏南县代溪镇忠洋村的韦氏建桥世家自第一代传人韦学星始，至今已历60多年共传承了3代。该家族以大木作技艺闻名省内外，但木拱廊桥技艺实践区只局限于屏南县，其建造的代表性木拱廊桥有屏南县金造桥、龟潭桥、溪里桥、樟口桥等。

屏南县代溪镇忠洋村人杰地灵，能工巧匠层出不穷，特别是做大木作的工匠，据当地老人回忆，在最鼎盛时，忠洋村"有七八十把斧头活跃上下府各地"，随着建筑材料的更新，木工技艺逐渐淡出人们的生活，但忠洋村现在仍有木匠师傅20多人。

忠洋村韦氏造桥技术，与古田县鹤塘镇路上村的黄氏家族有很深的渊源。忠洋村的木拱廊桥传统营造技艺第一代工匠韦学星，自小聪明好学，有过目不

迁建前的金造桥

忘的本领。1911年，他家请浙江大木师傅盖房子，他帮助打杂，大木师傅见他心灵手巧，做事情干净利落，经常让他干一些力所能及的木匠活，就这样，房子盖完后，他也学成大木手艺。此后，他就开始为别人盖房子，技艺日臻成熟且屡有创新，成为远近闻名的大木师傅。民国三十五年（1946），他应邀参建古田县鹤塘镇路上中学，有幸与路上村名匠黄玉云共事，其时黄玉云膝下无子，见韦学星聪明肯干，有意将木拱廊桥营造技艺传授予他。

黄玉云师从鹤塘人称"天师"的名匠。"天师"木匠技艺举世无双。据传，他曾于20世纪20年代在上海建造多层木结构佛塔，技艺巧夺天工，吸引了全国各地各界人士参观，"天师"由此扬名

韦顺岭在白水洋上搭建廊桥并贺诗

上海滩。慕名而来拜师学艺的人络绎不绝，而他拒不收徒，想拜师的人由于多次吃闭门羹，都断了这个念头，只有一位叫黄玉云的年轻人常伴左右，极尽孝道，为了侍奉"天师"，三十好几还没娶亲。"天师"深为感动，收为义子，将木匠技艺倾怀相授，其中就包括木拱廊桥的营造技艺。

1948年，韦学星带领他的弟子建造他生平第一座木拱廊桥——金造桥，时黄玉云年事已高，韦学星以70石大米为礼金延请他莅临现场指导。因而，在金造桥梁书上留下了主墨四人的名字，分别是：黄玉云、韦学星、韦万会、韦春霜。金造桥地势险峻，施工难度大，建成后桥体曲线优美，宛如横跨险壑的一道彩虹，成为屏南漈头村一道靓丽的风景。漈头村民感其技艺精湛，特制银斧一把给予嘉奖，忠洋韦氏建桥技艺也因此声名远播。

忠洋村从韦学星以来，短短几十年，能工巧匠层出不穷，尽管随着建筑材

料的更新，木匠多数已转行，但如今的忠洋村还有20多个大木师傅，木拱廊桥营造技艺传承人却只有韦顺岭等人。他们都已年过七旬，他们主要的活计是建造宫观寺庙、亭台楼阁，足迹遍及宁德、南平和三明等地。2017年，韦顺岭被公布为省级非物质文化遗产代表性传承人。

表2　屏南县韦氏建桥世家传承谱系

代别	姓名	生卒年	师承关系	建筑桥梁
第一代	韦学星	1885—1955	师承黄玉云	金造桥（屏南1948年 主墨）
第二代	韦万会	1913—1971	师承韦学星	金造桥（屏南1948年 主墨） 樟口桥（屏南1955年 主墨） 溪里桥（屏南1970年 主墨）
第二代	韦春霜	1919—2008	师承韦学星	金造桥（屏南1948年 主墨） 龟潭桥（屏南1968年 主墨）
第二代	韦泽衍	1923—	韦学星之子，师徒关系	金造桥（屏南1948年 副墨）
第三代	韦忠承	1920—1992	师承韦万会、韦春霜	金造桥（屏南1948年 副墨）
第三代	韦孝款	1923—1980		金造桥（屏南1948年 副墨）
第三代	韦顺托	1928—		金造桥（屏南1948年 木匠） 龟潭桥（屏南1968年 木匠）
第三代	韦忠柘	1933—		溪里桥（屏南1970年 副墨）
第三代	韦忠枝	1945—	师承韦春霜	龟潭桥（屏南1968年 副墨） 溪里桥（屏南1970年 副墨）
第三代	韦顺岭	1949—	韦万会之子，师徒关系	龟潭桥（屏南1968年 副墨） 溪里桥（屏南1970年 木匠）

三、代表性传承人

（一）黄金书（1865—1933）

黄氏家族第一代传人，屏南县长桥镇坑墘村人。黄金书于清光绪七年

（1881）跟随卓茂龙学木匠手艺。他经常跟随师傅去古田、建瓯、建阳一带建造木拱廊桥，但并没有学到造桥的核心技艺，因此，迟迟未能出师。但黄金书毫不气馁，而是一如既往地跟随师傅左右认真学习。一次卓茂龙带领徒弟在建瓯建桥，突然得了重病，一些徒弟眼看没了收入，纷纷找借口回家。黄金书看到师兄弟纷纷离去，心里很着急，于是就召集尚未离开的师兄弟将师傅抬回屏南长桥老家，并请医抓药治疗。黄金书白天抓药、煎药，跑前跑后毫无怨言，晚上就在床前服侍师傅，直到师傅痊愈。金书对待师傅就像对待父亲一样富有孝心，让卓茂龙深受感动，于是，卓茂龙就将造桥方法流程传授给他，使他能胜任副墨之职。卓茂龙在临终前又将木拱廊桥的尺寸标法、记忆法关键部位处理等秘诀传授给他，使其掌握了木拱廊桥建造的核心技艺。

黄金书一生建造木拱廊桥主要有建瓯市迪口镇的接龙桥、仙恩桥、松尾岗桥等迪溪三桥。接龙桥建于1917年，桥长46米，宽4.1米，拱跨31.5米，东南与西北走向。桥屋四柱九檩穿斗式构架，15开间62柱，上覆硬山顶，桥屋脊中间塑有一座7层塔刹。接龙桥结构上有两个特点，一是桥台退一间造法，二是剪刀苗只用一副。接龙桥桥屋内梁书丰富，书有建桥时间、缘首、题缘者、工匠、佛经名、对联等。其中梁书"屏邑二十都坑墘坊卷造桥梁桥屋木师黄金书惟愿工精艺巧、名显誉扬"。同位于建瓯市迪口镇的另一座建于清光绪三十年（1904）的仙恩桥也系黄金书主墨所建。黄金书生有两个儿子，长子黄世龙，次子黄世凤，他俩均在少年时随父学艺，继承了父亲的建桥技艺，亦成为一代名师。

（二）黄春财（1936— ）

屏南长桥黄氏造桥世家第三代传人，中国木拱桥传统营造技艺国家级代表性传承人。1951年，时年15岁的黄春财在读完高小后，即随父亲黄世凤和伯父黄世龙学木工技艺。1954年，年仅18岁的黄春财就和父亲一起担起主墨重任，重建万安桥西端因洪水冲毁的两个拱跨。在施工过程中，他觉得施工木板图抬来抬去费力且不方便，就提出将图画在纸上的建议，得到伯父和父亲的大力支持和肯定。经过努力，他的第一张设计图完成了，经现场试验后，效果更优于原来木板图。因为纸质设计图可以对整座木拱廊桥作精细设计，经过分析与计算，木构件可以预先加工成型，大大缩短了施工时间，也相应降低了造桥成本。1956年，黄春财招工进入屏南城关建筑社，成为一名建筑工人。在建筑社里，他虚心好学，总是利用各种时间向老师傅学习建筑技术，并刻苦研读建筑学书籍，他学会了建筑设计与绘图，成为屏南建筑社一名技术骨干。

20世纪60年代，随着桥梁建筑技术的进步与建筑材料的改进，木拱廊桥渐渐淡出了人们的视线。黄春财于1959年主墨建造屏南上墘村桥后，直至2004年的40年间就再也没有建过木拱廊桥了。2005年后，随着木拱廊桥这一古桥瑰宝不断被桥梁与建筑界所重视与推崇，其传统营造技艺也被重新认识，并得以保护与传承。黄春财在屏南当地宣传、文化等部门的极力推荐下申报了各级非物质文化遗产项目代表性传承人，并于2010年被命名为福建省第二批省级非物质文化遗产项目代表性传承人。2005年以来，黄春财积极投入技艺的传承与保护工作，于2007年成立了"屏南长桥黄氏家族木拱廊桥技艺传习所"与"木拱

参加中国非物质文化遗产传统技艺大展

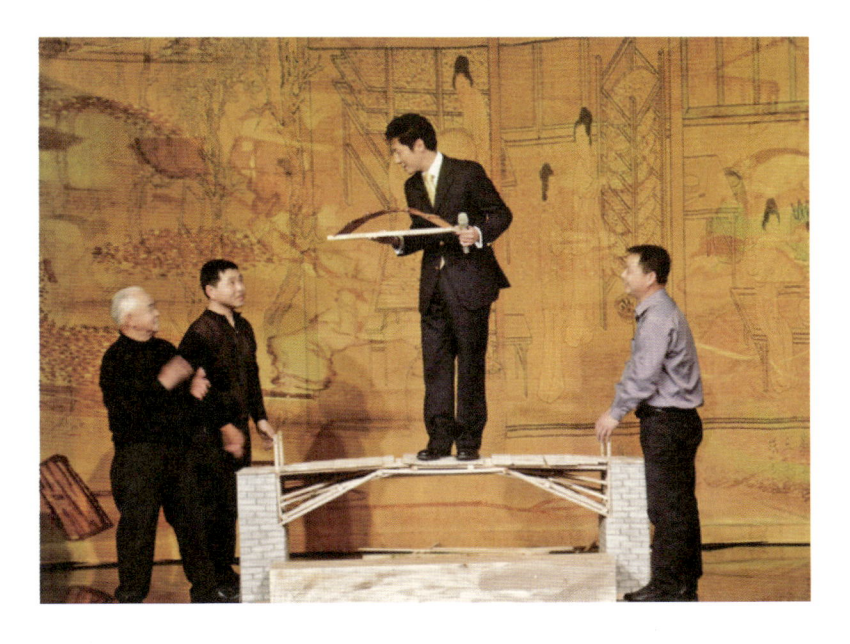

参加央视《中国手艺》录制

参加在台湾举办的"根与魂——中华非物质文化遗产大展"

廊桥建筑工程队"。几年来，培养其子黄闽屏、黄闽辉成为该家族第四代传承人，完成屏南、寿宁、古田等地多座木拱廊桥的重建与搬迁工程。2005年，他主墨搬迁了屏南金造桥；2006年，在世界地质公园、国家级风景名胜区屏南白水洋上，他重建了长66米、两墩三孔的双龙桥；2008年，他又主墨建造了古田卓洋桥、屏南十锦桥；2010年，应寿宁县人民政府邀请，他完成了该县国家文物保护单位——登云桥的易地搬迁；2011年春，他重建完成被火毁的江南著名险桥屏南百祥桥。

2009年2月5日至23日，由文化部等18个部委主办的"中国非物质文化遗产传统技艺大展"在北京农业展览馆展出，观者如潮。黄春财父子3人现场搭建木拱廊桥，展示木拱廊桥传统营造技艺，引来众多参观者。各国驻华使节，各部委领导等前来观摩，对木拱廊桥营造技艺以及现场展示的模型具有惊人的承载能力赞叹不已。大展举办了半个月，参观过木拱廊桥展示厅的观众达20多万人次。

2009年11月，黄春财、黄闽屏、黄闽辉应邀赴台湾参加中华文化联谊会、财团法人沈春池文教基金会主办，中国艺术研究院•中国非物质文化遗产保护中心承办，台北国父纪念馆台湾文建会文化资产总管理处筹备处协办的"根与魂——中华非物质文化遗产大展"。此次赴台参展共计二十多日，是两岸恢复往来后规模最大、内容最为丰富的非物质文化遗产展演盛会。通过这次赴台交流，让黄春财进一步开阔了视野，坚定了传承好技艺的信心与决心。同时，也让两岸民众更加了解木拱廊桥传统营造技艺这一中华民族的优秀传统文化。

近年来，黄春财三十多次接受国内外各种媒体的专题采访。特别是2009年元宵节参展期间，父子三人应邀参加了中央电视台《中国手艺》专题节目的录制工作。央视新闻频道的专题报道和《中国手艺》专题节目的播出，提高了他们的知名度，也扩大了木拱廊桥营造技艺的认知度与该文化遗产的影响力。黄春财还积极参与木拱廊桥营造技艺的调研工作，撰写论文参加学术研讨会的交流。在第三届"中国廊桥国际学术研讨会"期间现场搭建木拱廊桥模型，得到国内外专家学者的一致好评与肯定。黄春财还应聘成为屏南消防大队地方文化辅导员，并经常接受学校、社区邀请讲授与演示木拱廊桥传统营造技艺。同时，他还利用空余时间，与妻子、儿子一同在传习所内制作完成各种木拱廊桥

模型达百余件。其中"千乘桥""百祥桥""金造桥"等桥模被中国艺术研究院·中国非物质文化遗产保护中心、中央美术学院、福建省非物质文化遗产博览苑、宁德市艺术馆等十多个高校与科研机构的珍藏与展示。2013年，黄春财获得文化部颁发的"薪传奖"。2014年，黄春财被中国艺术研究院聘为硕士研究生校外导师。

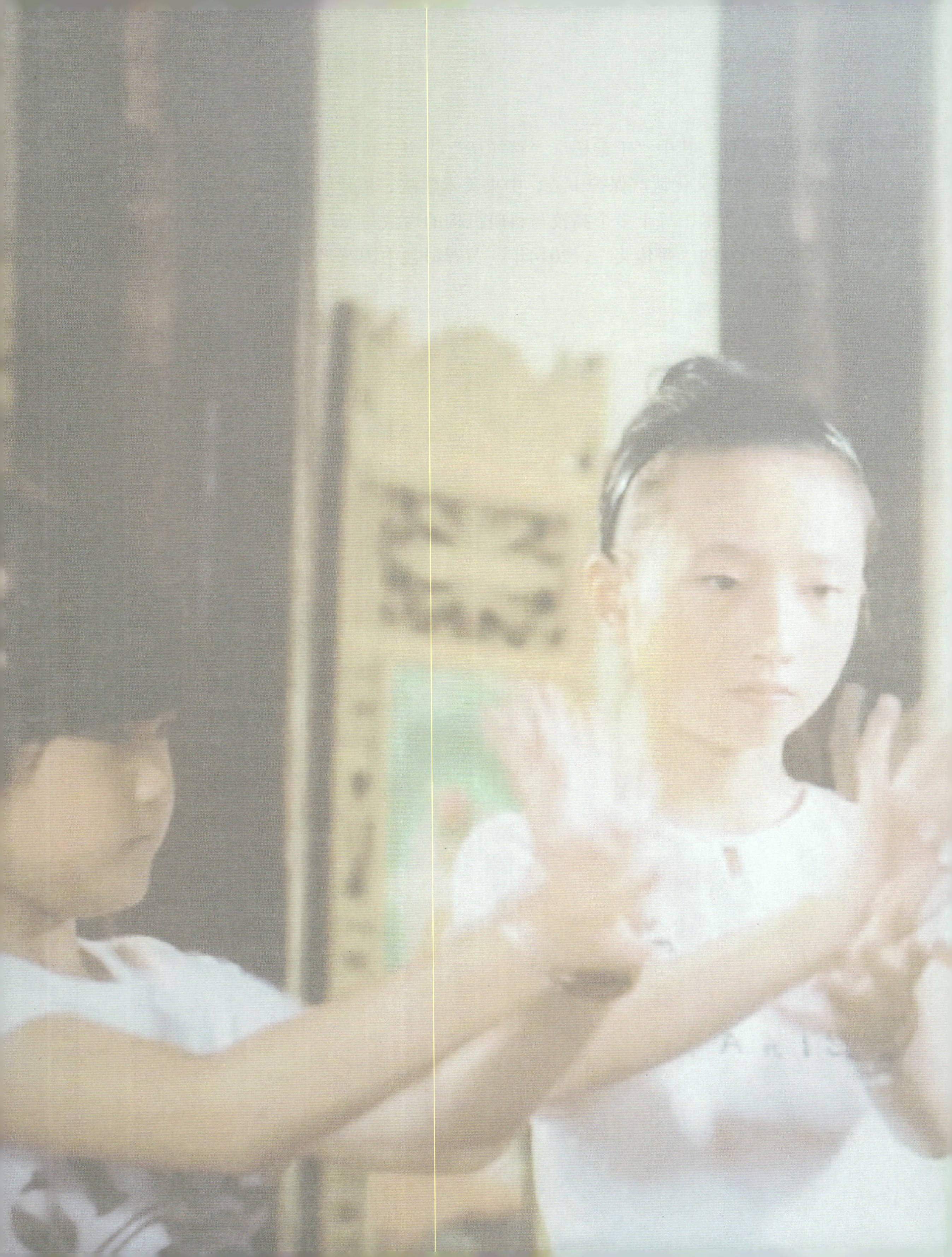

第四章 传统戏剧

屏南拥有四平戏、平讲戏、乱弹戏、四平傀儡戏、杖头木偶戏等古老地方剧种，其中四平戏（四平傀儡戏）、平讲戏被列入国家级非物质文化遗产代表作名录。乱弹戏、杖头木偶戏被列入福建省非物质文化遗产代表作名录。2008年、2012年，屏南县两次被国家文化部命名为"中国民间文化艺术之乡（民间戏曲）"。

明嘉靖、万历年间，由弋阳腔演变的四平腔传入屏南，发展成为地方剧种四平戏。由于四平腔的影响，不仅本地提线木偶戏吸收四平腔成为四平傀儡戏，而其声腔与当地民间小戏相结合又演变为平讲戏。

清代，是福建戏曲繁荣、兴盛的时期。古老剧种的传播，新兴剧种的崛起，外省皮黄声腔与民歌小调系统小戏的传入，形成以吹腔为主要唱腔的"乱弹"于清中叶从浙江南部传入闽东北各地，时称"北路班"。清中后期的屏南，形成四平戏、平讲戏、乱弹戏、木偶戏等剧种在屏南这块土地上诸腔杂陈的态势。

民国时期，屏南乱弹戏得到较大发展，四平戏、平讲戏则渐渐走向衰弱。同时，随着徽戏、闽剧的传入与发展更加深了这一进程。民国期间，屏南有四平戏、平讲戏、乱弹戏、徽戏、闽剧，以及四平傀儡戏、杖头木偶戏等七个戏曲剧种。

2006年，经多年抢救保护的四平戏被国务院公布为首批国家级非物质文化遗产代表作名录；2008年，屏南平讲戏被列入第二批国家级非物质文化遗产代表作名录；屏南乱弹戏、杖头木偶戏也成为省级非物质文化遗产代表作名录项目。2008年、2012年，屏南两次被国家文化部命名为"中国民间艺术之乡（民间戏曲）"。

第一节　四平戏

四平腔形成于明朝中后期，是由明代南戏四大声腔中最具影响的弋阳腔"稍变"形成的。在江南大部及北方部分地区广泛流传，是中国戏曲史上重要的声腔之一。《中国戏曲志》"四平腔"条载："古代戏曲剧种，弋阳腔的支派之一。明嘉靖年间由传入徽州（今安徽歙县）一带的江西弋阳腔演变而成。盛行于清初，曲调活泼，速度较快，有帮腔。"四平戏是以四平腔为单一声腔的珍稀地方剧种，被称为"中国四平腔活化石"。

一、四平戏源流

四平戏是明清以来流行我国南方的戏曲剧种，其渊源于"稍变弋阳"的四平腔，而四平腔则属弋阳诸腔中最具影响的声腔之一。四平戏保持了弋阳腔的艺术特征，其声腔音乐特点为"其节以鼓，其调喧"(明•汤显祖《宜黄县戏神清源师庙记》)，"不入管弦，亦无腔调，如今弋阳腔也"（明•杨慎《长庵诗话》）。因弋阳腔的伴奏仅有锣鼓，故冯梦龙《三遂平妖传•序》中亦说其"如弋阳劣戏，一味锣鼓了事"。由于弋阳腔为适应在南京等都市的演出，经文人加工，向雅化方向发展，由之产生"稍变"，被士大夫认为"令人可通"，从而在南京等地流传开来。清代李渔对弋阳、四平腔的特征有详尽叙述，其《闲情偶寄》中写道："弋阳、四平等腔，字多音少，一泄而尽。又有一人启口，数人接腔者，名为一人，实出众口，故演《北西厢》甚易。……予生平最恶弋阳、四平等剧，见则趋而避之。但闻其搬演《西厢》，则乐观恐后。何也？以其腔调虽恶，而曲文未改，仍是完全不破之《西厢》，非改头换面、折手跛足之《西厢》也。"

屏南四平戏的名称，亦来自四平腔，在老艺人保存的清代咸丰、光绪年间的抄本中均可从封面上清楚看到"四平戏"字样。至于其他如"庶民戏""赐民戏""说平戏""素平戏"等名称，均为不同村庄对四平戏的方言讹音叫法不同而已。

龙潭四平戏是明后期从陈姓宗族四平清唱班发展形成的，其戏班源流与发展情况无史志记载，难得其详。但从已故龙潭四平戏著名艺人陈官瓦师傅所遗信函中，却看到如下几段记载："……明朝嘉靖三十年（1552）正月元宵，有唱《偷桃》《云头送子》《国公独钓》《苏秦封相》《船头玩月》。锣鼓板只用刀梢打，用碗打小锣，大鼓用笠碓（斗），清雍正九年会演好多戏，会去隔村。没有戏衣，借女衣服裤，男头带（戴）清朝荫帽。前去各村（演戏），赠有文钱、戏兴（行）头……"

"明朝熹宗天启三年（1623），陈志显、陈志现兄弟开始学唱四平戏，接着教授子侄9人。当时，只是每年春节和元宵为家乡亲人清唱戏文，图个热闹吉利而已。剧目有《云头送子》《东方朔偷桃》《苏秦拜相》《三仙福禄寿》……到清康熙八年（1669），志显、志现兄弟先后过世。其子侄世祺、世祚又招收一些新人，陆续学成《马陵道》《跨海征东》《苏秦》等几本……到清嘉庆时,道具和演出比较配套,才亮出'开祥云'之班名,并开始前往宁德、古田、霞浦县演出。"

上述陈官瓦信中所谈到的内容是据他偶然翻阅记载四平戏历史的旧本时发现的。可是随着旧剧本的焚毁,现在已无法看到记载这一珍贵历史的"旧本"了,但其信中谈到的内容却是可信的。

龙潭村各种民俗祭祀活动以陈靖姑信仰为最具影响,活动也最多,每年正月十五和二月初八陈大奶与虎马将军诞辰,由宗族发起演出戏剧,几乎成为惯例。龙潭人特别崇敬陈靖姑,是与陈靖姑为同姓祖婆神有关。按龙潭村的传统习惯,每逢陈靖姑、虎马将军诞辰日,龙潭村陈氏宗祠都要演戏。这一特定的酬神剧场构成了特殊的演出情境,在这情境中的宗族戏班担负了社区荣誉的责任。表演者很投入地表演,强调龙潭村特有的文化标志。期望获得一种来自乡土社会的积极评价与自我满足。

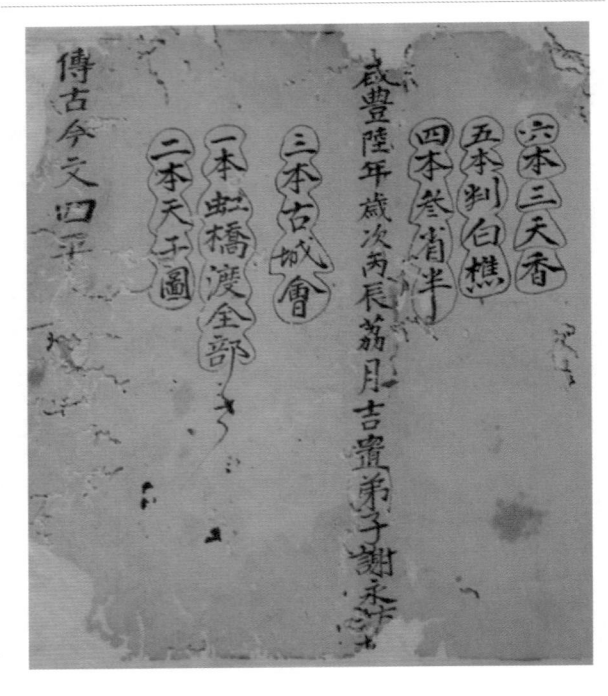

四平戏古台本封面影印

二、艺术形态

早期四平戏脚色有"生、旦、净、末、丑、贴、外"七脚。后期为"八角"行当体制。龙潭四平戏在清后期发展成"九角",这是因为生旦戏分量增大,在"贴"中生发贴生、贴旦二角色。此在清代抄本中多以"小生""小旦"称之,以区别于原来"生""旦"行之"正生""正旦"。

四平戏剧目有一百多本,多承传明代四平腔遗存的元明南戏剧目。四平戏中与宋元明南戏相同的剧目有:《蔡伯喈》《王十朋》《白兔记》《全十义》

《苏秦》《老莱娱亲》《吕蒙正》《中三元》《琥珀岭》等。明代传奇或各地高腔流行剧目有：《三省半》《判白蕉》《双包判》《天子图》《白罗衫》《包公判》等。属于昆曲的有：《扇坟取脑》《别姬》《贵妃醉酒》《武松杀嫂》等。属于折子戏的有：《藏孤出关》《拜月》《十送》《东方朔偷桃》《兄弟连科》等。

《井边会》剧照

　　四平戏音乐唱腔的主要特色，深深地打着弋阳腔"其节以鼓，其调喧""一唱众和"的传统艺术烙印。其乐队仅有锣鼓打击乐器伴奏，不用管弦乐器演奏托腔，演唱采用"一唱众和"的程式。该剧种唱腔向无曲谱，"帮腔"要视唱词中的句式、句段的长短、字多字少及人物情感需求而定，有帮一个字、二个字、三个字或四个字，甚至五到六

《天子图调五方》剧照

《沉香破洞》剧照

《擒董六》剧照

个字亦有之。"帮腔"的唱词第一个字要由鼓板师傅先领帮，然后才随之"众人和腔"。这种"先领帮后和腔"的帮腔程式，艺人称之为"先驮声""套头唱"或"领头腔"。它主要是起着"定音""定调"作用，使"众和者"免于在无管弦乐器的演奏托腔的情况下，出现腔调混乱的现象。

四平戏行当行腔特点：大花行腔发音带喉音，三花行腔发音带平音，旦角行腔发音带鼻音。各行当脚色演唱行腔发音都有严格规范，依据不同人物的情绪变化，感情起伏跌宕来增强四平戏音乐唱腔的准确、饱满、圆润、高亢，音韵美、动听等特点。

四平戏唱白皆用"土官话"，并杂用乡语，它标志着四平戏这一古老剧种的舞台语言艺术别具一格，有别于其他任何剧种。四平戏的"唱、白"，表现程式大抵可分为："唱曲、韵白、家常白、引子、对、诗、接口行板（亦称数板）及叫头"等若干种。在这些表现程式中，对某些字音仍要遵守保留"官音"与"戏曲声调"，要上口上韵的特殊读法，选择吸收方音土语穿插其间，丰富四平戏舞台语言艺术。

四平戏唱腔属曲牌体，由于艺人口口相传，大量曲牌名遗佚，从近年来的挖掘抢救中，陆续发现了部分曲牌名，其中有【驻云飞】【水里鱼】【傍庄台】【驻马听】【江头金桂】【伍供养】【点绛唇】【小桃红】等数十支。四平戏早期后台演奏员只有5人，可操作乐器只有锣、鼓、绰板、吹、钹五类。

四平戏的表演艺术既古朴粗犷，又优美自然，雅俗共赏，富有生活气息与民间色彩。生角出场必自报家门，举止文雅端庄，旦角注重静淑稳重，净角要求粗犷夸张，丑角则引逗滑稽，尤其是净与丑的科介与念白，随剧情发展而插科打诨，甚至游离脚本台词而临场发挥，以增添滑稽与戏弄的古杂剧科诨色彩。龙潭四平戏的主要技艺特色有副末开场、穿花对阵、插科打诨、撒帐、人当道具、真刀真枪、打洞破门等原有论述的部分之外，还有以下几个古老之特色：

打枷：四平戏传统剧目《沉香破洞》第十二出"打枷"中，二郎神用三角形木枷欲将其妹华岳三圣娘枷住囚入黑云洞，三娘反抗，兄妹俩搏斗"打枷"，是一段典型的南戏表演，所用刑具木枷为三块木条做成的三角形刑具套在三娘脖子上，而两手又用另一刑具绑住。四平戏所用的三角枷为古刑具，号"三木"。《辞源》称"三木，古代加在犯人领，手、足上的刑具"。可见四平戏用"三木"之表演是古老的表演艺术形式。这种表演形式，在明清后期的戏剧中被改用为四方枷或鱼形枷，犯人双手与头一同被锁在刑具内。

舞台调度：龙潭四平戏在处理场面动与静上也表现出南戏特色。如《沉香

破洞》八出"八仙聚会"中,"八仙聚会"照常要用八个角色来扮演八仙才是,可在这出戏里,我们只看到由四个角色分别扮演"李铁拐、张果老、吕洞宾、何仙姑"四仙,其他四仙均由李铁拐以点名的形式来体现,

《沉香破洞》剧中的"八仙聚会"场景

将人物于舞台上给省略了。这种方式是由于古老戏曲角色少,前台只有九角,若出全八仙则无法安排后面的角色,故用四人代八仙之众了。在该出表演中众仙坐于一排表现为"静",而二郎神则站着,演出时他被八仙激得左右闪动,暴跳如雷,表现出"动"。这样一静一动的戏剧舞场调度给人以一种强烈的对比,有利于促使戏剧情节的深化,同时也透露出南戏的气息。

三、班社沿革

自明代天启年间始,四平戏于熙岭乡龙潭村从演唱形式渐向装扮表演之过渡,到清雍正年间终于从宗族自娱戏剧形式,发展为在屏南及毗邻地区最有影响的班社戏剧,并且走向社会,成为四平腔在这一地区最具代表性的剧种形态。清雍正九年(1731),龙潭村人不满足于宗族内的四平戏演唱形式,开始购置戏衣、行头,并到外村演出,收受一些赠送钱物。受社会需求的影响,由族人陈兆祥、陈兆吉、陈文钿等人开始组织专业性的四平戏班,并到建宁府和福宁府演出,民间俗称其为"长班"。"开祥云"班即产生于这一时期。

乾隆至道光年间,四平戏盛行,龙潭村又有陈振万、陈振竭、陈文陆、陈奕德等人组成四平戏班。陈振万是一个著名的"戏袋"(即班主),使四平戏

在闽东北各地产生很大的影响。这一时期的四平戏班呈此起彼伏之势，班名也多有变更，所谓"老祥云""新祥云"等班名即产生于这一时期。清咸丰年间（1851—1861），陈清永创办"赛祥云"班。在上代著名艺师中，陈清永是最负盛名的四平戏艺人之一。在他的班底中还有陈元猗、陈清雷、陈奕楷等一代优秀艺人，使该班声名鹊起于闽东北。

龙潭四平戏"新和顺"班班主陈大墩，外号"棰子"。"新合顺"是近代龙潭宗族四平戏班社历史以来最具名气的戏班，民众都称其为"棰子班"。至今龙潭人提起，还引以为荣。该班足迹远至闽、浙、赣交界地带，可演剧目达百余本。1958年，龙潭四平戏剧团进行了大胆改革，由团长陈官瓦和副团长陈官企重新组团。陈官瓦对四平戏进行了大胆的创新和尝试，首次招收女演员，从而结束了男子独占四平戏舞台的历史。首批招收了陈秀雨、陈秀珠、陈秀平、陈抱弟、陈雪妃、韦松蛋、陈仲桂、黄用清、陈香琼等9位女演员。由于女演员的加入，此时戏班的规模较大，有35人，并能演30多个四平戏传统剧目，这时龙潭剧团的四平戏还是较有影响的。2002年以来，龙潭四平戏剧团生存状况受到了屏南县委、县政府的关注，在县委宣传部的关心重视下，四平戏保护与抢救工作全面展开，以陈秀雨为导演，四平戏剧团重新组建，并培养了一批新人。

1982年，龙潭四平戏剧团赴省会福州演出合影

第二节　平讲戏

平讲戏，为福建特有的地方剧种，主要流行于闽东和福州地区。所谓平讲，即指方言，清道光间人张际亮《南浦秋波录》载："会城（福州）俗称乡音为平讲。"

一、历史源流

屏南平讲戏历史悠久，其发祥地为漈头村。清初，四平戏传入该村，至清康熙初年，耿精忠在闽举行反清复明活动，在其未叛之前，其军队与戏子散布于各地。与此同时，耿兵也驻扎在屏南漈头龙岗寨，其寨主即漈头村人张良瑞，由此耿军中的四平戏、杖头木偶戏、花鼓戏也传入屏南漈头等地。至康熙八年"耿变"失败，其艺人逃亡民间，为了生存而改用福州地区方言演唱，平讲戏即肇始于这一时期。

漈头平讲戏著名艺人张志慎于清康熙九年（1671），举家迁漈头下村定居，成为漈头下村之开基祖。由于张志慎的影响，平讲戏成为漈头张姓宗族的戏剧，一直在村族中传承，并且出现了一些著名艺人。如乾隆年间漈头村乡绅张旭偃（1733—1802）即在家中创办平讲班，培养了一批平讲戏优秀艺人。屏南九洋谢厝村，于清乾隆十年（1746）也办起平讲班。屏南龙源村也于清嘉庆十一年（1806）即有平讲班。

清中后期，屏南平讲戏一度走向繁盛。全县130多个村创办平讲班，平讲戏艺人达数千之众，成为当地最具影响的地方剧种。民国初年，在屏南代溪北垱、忠洋一带组成"凑班"平讲戏"一衡班"。全班40多人，戏角有双套配备，演员的袄裤鞋帽以及雨伞也是由班主发给的一色用品，阵容整齐，艺术精湛，被誉为"平讲一"。该班的戏角大多数学过武术。因为旧社会的戏班艺人地位低卑，经常翻山越岭，走南闯北演出，睡在祠堂庙宇，吃饭于千家万户，需以武术防身保安全。后来便把民间武术融合到舞台艺术中去，使用真刀真枪表演戏。清末到民国期间，平讲受乱弹、闽剧的影响渐渐走向衰落。新中国成立后，特别是1978年，平讲戏得到恢复，全县复办平讲班达30多个。但是由于

屏南漈头平讲戏农民业余剧团旧影

平讲戏自身原因及社会文化多样性冲击等，平讲戏再度失去市场，1985年冬，福建范围内最后一个平讲戏班"屏南四坪平讲班"也在困境中解散，自此，平讲戏这一民间艺术瑰宝走向了衰亡。

二、艺术特色

（一）传统剧目

平讲戏剧目有"七双""八赠""二十一杂"之三十六本头之称，多是人们耳熟能详的传统戏。"七双"剧目：《双封侯》《双绫帕》《双金花》《双串钱》《双玉杯》《双救驾》《双钉判》；"八赠"剧目：《赠宝塔》《赠金钗》《赠宝镜》《赠宝炉》《赠宝刀》《赠珠球》《赠白扇》《赠三宝》；"二十一杂"剧目：《两登科》《两重恩》《三官堂》《三义缘》《七封书》《钰宝带》《玉麒麟》《牙牌会》《鸳鸯帕》《失金印》《种葵花》《锦裙会》《南柯山》(又称《朱买臣》)、《义男恩》《探关山》《八宝带》《清风亭》《三奇缘》《七国志》《花针记》《三仇恨》。之外，还有《采桑》《破曹》《求寿》《教子》《杨八妹渡河》《马匹卜驳妻》等数十本剧目。

（二）音乐唱腔

平讲戏的音乐源于弋阳腔系的四平高腔音乐，并广泛吸收采茶、乱弹等戏

《马匹卜驳妻》剧照一

《桐油煮粉干》剧照

中的唱腔，音乐经方言演唱之融合，逐渐形成有地方色彩的平讲音乐。平讲戏的唱腔分为洋歌（平讲）、江湖、小调和杂曲等四个部分，洋歌是平讲戏的主体唱腔，又称"阳歌"，分为"柴牌"和"诉牌"两类。

柴牌类曲牌分为【慢板柴牌】【平板柴牌】【急(紧)板柴牌】【长尾柴牌】和【柴牌调】五种。诉牌类曲牌分为【诉迭】和【慢板诉牌】两种，均由柴牌派生而来。

江湖是吸收外来声腔（四平、乱弹、童谣、山歌、号子及说唱音乐）发展而成，是平讲戏唱腔的主要组成部分之一。【南柯调】有角调式和羽调式两种，散板和一眼板相结合，帮腔用唢呐伴奏，常与【南柯迭】联串头用，也可单曲演唱，适用于悲哀，惊慌的场面。【南柯迭】散板可自由反复，联串于两支【南柯调】之间。【平板诉牌】羽调式，一眼板，多为单曲反复演唱，适用于大段叙述，可增腔减字，为催紧节奏常用简短的打击乐代替过门。紧板、散板、徵调式，原为旦角用于情绪低沉，动作缓慢的表演唱段，后常以紧拉慢唱的形式来表现高亢，粗犷的情绪，不拘行当，用于紧张，激昂，强烈的场面。平讲戏每戏必唱一曲【四平仔】，以示继承"江湖班"的唱腔，不忘师承之义。

小调，即经过方言化的外来民歌和本地民间小调。其曲调优美流畅，婉转动听。这部分唱腔风格与"洋歌""江湖"有所不同。多用于歌舞场面或戏中的说唱表演。常用的曲牌有【看灯调】【琵琶调】【游春】【打花鼓】【过关】【采茶调】【十不亲】【看花】等。

平讲戏杂曲有来自乱弹的【渔婆歌】和【纽丝】，它们是节奏自由的散板，用紧拉慢唱的形式来表达激昂、强烈、紧张、悲凉等情绪；有曲调诙谐配以丑脚滑稽表演的【斜调】，有叙述性强，抑扬顿挫，铿锵有力的【八仙调】【平调】；有上下结构，曲调流畅的【横调】及四句头结构的【奈何调】；有来自逗腔的【共园调】；有来自洋歌的【赏花】【山坡羊】【赶船歌】等；还有来自乱弹的【滂水调】。这些曲调被平讲戏吸收后，经历代艺人因方言改腔或因戏剧内容的需要，不断进行改造、衍化从而独具特色。

平讲戏《赠金钗》剧照

平讲戏的吹牌，锣鼓经和少量文乐均来自四平戏。各种用场与其他四平、乱弹剧种大同小异。平讲戏的乐队共六人，硬片三人，软片三人。分操"刀鞘板"、大锣、铙钹、京胡、毛胡（兼指呐）、笛子（兼唢呐）等乐器。

（三）行当角色

平讲戏早期的行当角色沿用四平戏行的"七子""八角""九角"为基础。由于受花鼓、采花戏的影响，平讲戏特别注重生、旦、丑三个角色的表演。到了清中叶，平讲戏进入发展阶段，角色行当增加至12个。平讲戏每班只有20多人，角色不足，所以《戏桥总台份》中的"手下"角色，如文堂、武堂、家佣、地保、店家、船家、和尚、道士、尼姑等"杂角"是由行当角色兼扮。

（四）表演艺术

平讲戏的表演艺术旦角一般右手不离胸，离胸宜近不宜远，举手不过胸；出手食指要微弯，指物要转腕。脚踏"丁字步"，行走"莲花步"，急走"挪台步"。演赶路时的准备动作是左手摸发髻，右手摸脚跟，进出门槛时是右脚提胯，左脚跟进。坐位时身稍侧，浅交脚。出场时脸朝后台，直至台桌边才转身面向台前亮相，接着捡领、捡袖，然后用"贴步"行到台前，念词后转身到台桌前坐下报白。

大花出台时用"大冒"，即"三下步"，左手捏住右手袖子，遮面至桌边甩袖亮相，双手捋须，瞪转眼珠，用"八字步"行至台前，念词后转身大步

《马匹卜驳妻》剧照

到台桌前或登上案桌坐下道白。武生出台时多是在后台喊一声"啊！"后台打击乐起"大冒"介，"三下步"用袖遮面至台桌边亮相，"整冠、捋须、捡袖、脚踏"八字步到台前"点绛""开堂"，然后转身上将台报白。

武生在战场上对阵作战动作有碰阵过背杀、三只花、四条枪、滚刀、六朴股、七股乱、双捷、托头、八股点、洛索、加上杀、光腹杀等打法。"一衡班"演员能"翻跟斗""滚地爬""跳过头"，还有采用屏南武术结合的武打形式。三花出台动作有孩儿步、翘胡子、转眼珠、龟头相、倒头步（倒身用双手行走）等。老生在表演追赶时有"摆须"的，踏一步摆左边，再踏一步摆右边，从慢到快，表示艰难。青须生表演气愤时有"吹须"、双手抱肩、全身抖动、眼珠突出等。

平讲戏《陋规案》剧照二

三、一出《马匹卜驳妻》走南洋

《马匹卜驳妻》是新中国成立初期发掘出的平讲戏传统剧目。故事讲青年寒儒冯四上，省吃俭用攒下钱想娶一房妻子。有个浪子名叫孝孝的却极不孝，因好赌而欠下赌资，为骗冯四上的钱，竟然将年近70的老娘貌玉莲诓为17岁的姑娘嫁与冯四上。旅途中，适遇同住客店年已63岁的马匹卜，却买个16岁的柳惠光为妻。柳不从，欲自缢，为貌玉莲所救。貌玉莲叫柳惠光盗出卖身契，与冯四上夜奔。马匹卜发觉，追及二人，扭送县衙。但冯四上已将卖身契上的

"卖与马匹卜为妻"添笔画改为"卖与冯四上为妻"。又因马匹卜告状情急擂破堂鼓，县官虽为酒鬼，但也念在世俗情理上，断柳惠光归冯四上，貌玉莲归马匹卜，并判马匹卜当堂赔鼓。这出喜剧是平讲戏早期的"三小戏"，剧中人物以生、旦、丑应工，马匹卜为外扮丑做。人物语言诙谐幽默，富有生活气息，可以说这出小戏的创作富含着民间艺人的智慧。至今在闽东方言区还大量流传着戏中台词形成的民间谚语："老婆没了还要赔鼓""老对老、青瓜合面豆；年轻对年轻、芥蓝炒粉干""马匹卜落店——啰唆"等。

2006年10月，全国四平腔学术研讨会在屏南县隆重召开，经过抢救与恢复的屏南漈头村平讲戏业余剧团，在会议期间专场演出了平讲戏传统剧目《马匹卜驳妻》获得巨大成功，令与会专家学者刮目相看。2007年8月10日至20日，应马来西亚砂捞越屏南公会邀请，屏南平讲戏业余剧团赴马进行文化交流，分别在马来西亚砂捞越诗巫市、美里市等地进行文化交流专场演出，取得成功。这次平讲戏剧团出国演出共带去平讲戏《马匹卜驳妻》，闽剧《甘国宝假不第》《穆桂英勇闯白虎堂》等剧目，演出期间，马来西亚当地官员、中国驻砂捞越领事、当地华侨社团领袖等亲切接见演职人员，并观看演出。马来西亚当地媒体大版面报道演出盛况，并亲切称其为"中马友谊民间文化交流的文化亲善使者"。2008年，屏南平讲戏被列入第二批国家级非物质文化遗产代表作名录。

平讲戏装扮

平讲戏传承

第三节　乱弹戏

屏南乱弹戏又称为北路戏、横哨戏，是清代北方"乱弹"传入福建闽东北一线与当地地方戏曲相结合形成的剧种。屏南乱弹戏大约在清中叶形成，在清末发展到二十多个村落，是屏南重要的地方剧种之一。屏南乱弹戏于2008年被列入福建省非物质文化遗产代表作名录。

一、源流与影响

乱弹戏以西秦腔和吹腔为主，它传自浙江一带。在长期流行中，又吸收徽调、汉调、滩簧以及民间小调，综合成为多声腔的剧种，其主要唱腔仍以西秦腔和吹腔发展起来的"平板"为基调。咸丰至同治年间（1851—1874），屏南乱弹戏吸收四平戏的部分传统剧目，并出现与徽班相结合的戏班，改唱皮黄声

腔为主，所演多系京剧剧目，如《乌盆计》《三国》《水浒》《隋唐》等，屏南乱弹戏进入兴盛时期，连福安等地的平讲班，不少也改唱乱弹，故民间有"平讲假乱弹，琴箫乱对弹"的谚语。清光绪以后至抗日战争前，京剧盛行，乱弹戏受到很大影响。

寿山乱弹戏剧团表演的《大长春》剧照

屏南乱弹戏传入有两条渠道，一是在1830年左右，寿山村以苏兆岁为班主，聘请闽浙赣三省当时的名演员，在寿山村创立"三省福"乱弹班。二是清末以来最有影响的古田鹤堂溪边村陈金备"新祥福"班，该班解散后，部分演员汇集屏南，在柏源村以杨家美为班主，成立杨家美乱弹班（黄柏美班）。屏南乱弹班的兴旺时期在1900年至1940年间，当时全县有漈头、康里、芳院等23个村办过乱弹班，并在闽东北地区享有较高的声誉。

柏源村杨家美班于民国初年创办。全社共有50多人，班中有著名大花吴清云（叠石人）、三花文仔、武生金奴（建瓯南雅人）、二花陈则春（古田东际人）、正旦叶红俤

屏南长坋社区乱弹戏剧团表演的《包公打》剧照

（罗源飞竹人），该班人才云集，服装道具完整，常年在闽浙赣边三省各地演出，深受广大观众的喜爱。当时在社会上流传着"想看大班戏，要去黄柏美"的顺口溜，群众将杨家美乱弹班赞誉为北路第一班，俗称"北路一"。该班从办班起一直兴盛到1933年。不幸的是在1933年冬，当杨家美乱弹班到建宁府梅州村（今徐市）演出时，班主杨家美不幸遇害身亡，造成杨家美班就此解散，许多老艺人流落各地寻找新的谋生之路。

棠口村周其荫于1935年创办的"其荫乱弹班"，全班共有50多人，该班除聘请原"北路一"的部分老中青角色外，还聘请来著名女老生关一宝（福州旗下人）、旦角张俗弟（熙岭人）、张福宁、张发梗（后龙溪人）、谢帮传（谢厝人）等有名角色，组成强大的演员阵容。其演出剧目大部分是来自"北路一"的宫廷大戏，但也演一些乱弹传统剧目《宝莲灯》《杨七打雷》等老戏。周其荫班角色技艺超群，服装道具新，演出水平上不下"北路一"，观众赞誉其为"北路二"。沿至20世纪40年代末，因社会动荡，匪患四起，演出市场萎缩，戏班经济收入举步维艰，班社无以为继，于1945年将乱弹班解散，使得众多的乱弹班艺人再次各奔前程，大部分回家务农，部分演员到其他剧团去谋生。

二、艺术特色

早期乱弹戏有一百多个剧目，部分可概括为"五缘""六配""九阁""十三带"。乱弹戏剧目以历史戏、宫廷戏、武戏居多，如：《双合缘》《碧玉簪》《节孝图》《刘秀登基》《寿阳图》《沉香阁》《书画缘》《狸猫换太子》《四国齐》《纣王戏妲己》《三请孔明》《孔明招亲》《吕布戏貂蝉》《打潼关》《薛仁贵征东征西》《昆山县》《玉堂春》《杜十娘》《下陈州》《探阴山》《乌盆记》等。

乱弹戏的道白、唱腔均用普通话，音乐以梆子腔为主。乱弹戏在流动过程中，吸收了徽调、汉调的音乐，在清末又受京剧影响，吸收了皮黄声腔的曲调和剧种。

乱弹戏音乐属弹腔系统，由乱弹腔、闽东北民间音乐和徽昆、皮黄及南词等剧种音乐融合而成。乱弹戏唱腔以正宫平板为主，反宫平板为辅，期间也穿插老拨子、奏腔和杂调。

正宫平板：麻胡以（5 2）定弦。主要曲调有【头犯】【二犯】【三犯】。【头犯】宜于抒情叙事。【二犯】宜于长段唱腔。【三犯】宜于悲愤叙事。

反宫平板：又称反调，麻胡以（1 5）定弦。主要曲调有【反头犯】【反二犯】【反三犯】。【反头犯】男腔多用于老生、花脸，以唢呐伴奏；女腔用于老旦、花旦，以横哨伴奏。【反二犯】多用于自叹、哭诉，曲调抒情委婉。【反三犯】用于表现哭诉、悲愤情绪。

奏腔：奏腔以长膜笛伴奏，适用于小生、花旦之唱腔，旋律优美，节奏轻快。

杂调：乱弹中的杂调，多为流行于江、浙一带的民间小调，还有部分为高腔、采茶、花鼓等剧种之曲调。

屏南乱弹戏器乐主要有琴串、吹牌和锣鼓经，常用的琴串有【一枝春】【梳妆楼】等十多支，吹牌和锣鼓经与京剧大同小异。传统乐队共6人，分硬、软两介。硬介有板鼓、大锣、小锣；软介有头把（正吹）司曲笛、唢呐、麻胡，二把（副吹）司二胡、月琴、唢呐，三把司三弦、战鼓、大钹、小钹。后乐器增设中胡、低胡、琵琶、扬琴和部分西洋管弦乐器以及缸鼓、大堂鼓等，乐队也相应扩大。乱弹戏最常用的是横哨，因此，乱弹戏也叫"横哨戏"。

清乾隆年间（1736—1759），角色行当为"八角"。清中叶后，增加到"三行十二角"，角色行当分工渐趋细致。"八角"角色有二说。其一是以三花、大花、二花、老生、小生、正旦、花旦、贴旦谓之"八角"，以三花居首；其二是以扮演《八仙》角色来定行当。如：汉钟离（大花）、吕纯阳（老生）、李铁拐（三花）、何仙姑（花旦）、曹国舅（二花）、张果老（老外）、韩湘子（小生）、蓝采和（贴生）等。

花面行分：大花、二花、三花、四花（即杂丑，双称"三花杂"）。

白面行分：老外、老生、小生、四白面（即巾生）。

包头行分：青衣、花旦、贴旦、四包头（贴外之贴又称"拜堂旦"）。

后来，北路戏演出的剧目，以历史戏、宫廷戏、武戏居多，家庭文戏较

少，形成以老生、青衣、大花、三花为主体的四个行当体制，俗称"四柱码"，但有些大班行当齐全，小生、小旦比较强，形成六个行当体制，称"六柱码"。

屏南乱弹戏表演特色主要有大花"倒米"，二花"咬人"以及转纱帽、鼻须功、梨头、金鸟步、后跟步、颤功、僵死等。大花"倒米"：如《下陈州》一剧，包拯出场时，以手撩蟒袍下围遮面，背朝后退步而出，至九龙口转身，猛然抛袍，亮相，因示面目动作幅度大，俗称大花"倒米"。二花

屏南县乱弹戏培训基地挂牌仪式

乱弹戏新苗

"咬人"：如《三国齐》"吴起发兵"一场，龙套上场后，伴着大锣大鼓有节奏的喊威声，吴起握翎子后退，舞蹈而上，至台前突然拂袖亮相，给人一惊，俗称"咬人"。有的二花还有喷火的绝技，脸上肌肉抖动，犹闻响声。转纱帽：过去三花要用发辫在头顶上扎一硬团，戴上纱帽，随着剧情需要，纱帽能随心所欲地左右转动。鼻须功：练功时，用手抓住鼻下"人中"处，轻轻用力左右摇动，天长日久，即能急速颤动，左右自如。"梨头"：丑角表演时，头部要机械地向前伸

缩，俗称"梨头"。金鸟步：旦角手呈"兰花指"，轻盈摆动，脚尖落地，用碎步跳跃前进，身躯与头部紧密配合，一俯一仰轻巧自然，近似金雀跳跃状。后跟步：青衣出场时，整襟捋发之后，用脚跟着地，一进一退，或三进一退，显得婀娜多姿，稳重大方。颤功：此功用处较多，角色在表现惊慌时全身颤抖。

清代乱弹班服饰很简陋，大多用纱布制作，间用绸缎，很少绣花。乱弹戏初期的服装只有三担，到了晚清时期发展到六担，分别是：师傅箱"壳箱"一担，内装元帅爷神位、老郎爷像和各种面具；盔头箱一担，内装官纱帽；蟒靠箱一担；男软衣箱一担；女软衣箱一担；枪刀把箱一担。

第四节　四平傀儡戏

屏南四平傀儡戏于元明时期传入，至今已有600多年历史，其唱腔为四平腔，线规古老，称线戏，保存着宋代金线傀儡余绪。

一、四平傀儡戏班社源流

屏南历史上流传四平傀儡戏的有7个乡镇19个村，分布于寿山乡的寿山、降龙、硋窑，棠口乡的棠口、安溪、漈头、孔源，岭下乡的谢坑，路下乡的路下，代溪镇的忠洋、周地，熙岭乡的墘头、四坪；双溪镇的双溪等地。其中棠口、漈头、安溪、熙岭、忠洋五村为杖头傀儡兼布袋傀儡，其他各村均为悬丝傀儡。大多数傀儡戏在唱腔上，早期以四平戏为主，后期部分改唱平讲和乱弹。至今，岭下乡谢坑村、寿山乡降龙村、棠口乡孔源村等傀儡班仍然沿袭四平戏不变，保存着许多我国宋元悬丝傀儡的文化余绪以及明代四平腔的艺术特色。

（一）谢坑怀橘堂

岭下乡谢坑村，原名谢教坑，地处屏南、政和、建瓯三县交界处，历史上是屏南的北大门，是早期屏南通往上府建瓯、政和、浦城乃至浙西南的交通要冲。全村均为陆姓，自北宋初年肇基至今已历900多年。谢坑村的四平傀儡戏在清同治年间由政和县岭头村传入，政和岭头村师傅名吴万昌。已知谢坑村怀橘堂早期艺人有陆丕焜（生于清光绪初年）、陆丕烽兄弟。谢坑与政和、建瓯语言相通，习俗相近，四平傀儡在这一带广为流传。据调查，在谢坑村周边的政和、建瓯的岭头、禾洋、桃洋、水源、葛藤坑等村均有四平提线傀儡遗存，而且一脉相承，其艺术形态、民俗活动范围基本相同。怀橘堂班在屏南县演出活动的范围只限在屏南葛畲、横坑、东峰、梨洋、富竹、上楼等村，而更多地活动在政和、建瓯一带的农村。

谢坑怀橘堂清代偶身一组

（二）降龙村寿发坛

降龙村位于屏南县东部的寿山乡，又名横垅，古名衿山，全村均为韩姓。据降龙村《韩氏族谱》记载，韩氏系宋代由南京迁至周宁县李墩村，南宋时由李墩迁寿山前垅村开基。后分至梨后、降龙及外县，前垅开基至今已历30代，而降龙自明嘉靖年间由寿山前垅村韩财什肇基至今繁衍20代500多年。降龙村提线木偶戏有据可考最迟由韩氏八代祖韩孙田起至今传承了12代。

（三）周地木偶班

周地村位于代溪镇东南，与宁德蕉城区、古田县交界，历史上流行提线傀儡，早期是唱四平腔，后来改唱平讲。该村木偶戏为黄姓世代相传，黄姓是从邻县宁德蕉城黄家垱迁入，迁入年代不详，据老艺人黄薿富介绍，该村木偶戏已传11代。周地木偶戏主要演出许愿和还愿之小法事，全班仅两人，演出的剧目有吉祥小戏、本戏及杂出等。周地木偶戏以田公元帅和齐天大圣为信仰神，当地演出风俗以木偶戏为尊，不管什么戏班来村演出，都要先让木偶演场

明代偶头

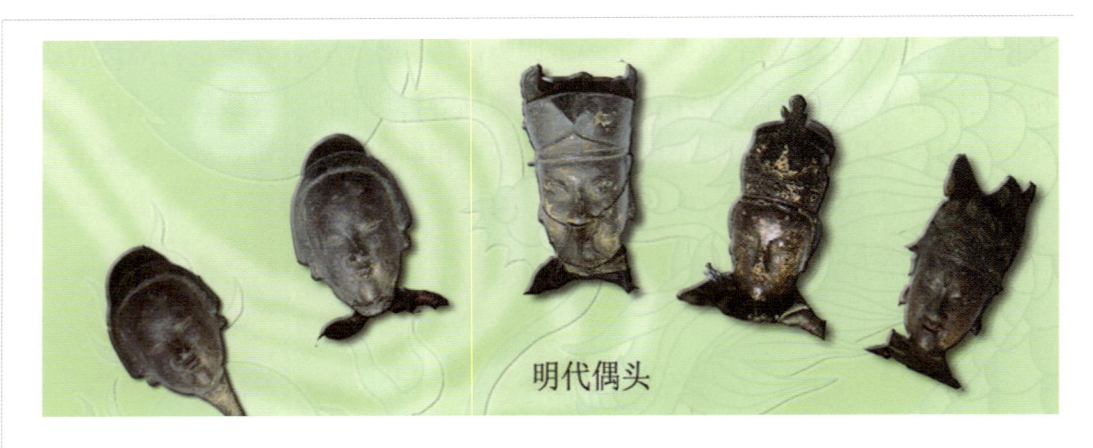

降龙明代偶头

好戏,戏班才能演出,而戏班演完后,还要让木偶戏演一场吉祥戏(即仪式小戏),才算收台。

二、艺术特征

(一)剧目音乐行当

屏南四平傀儡戏的剧目繁杂,但说史和宗教两大题材尤其突出,真正保存下来的宋元南戏传奇剧目以及四平戏传统剧目为数极少,更多的是说史话本剧。南戏及明传奇剧目,如《苏秦》《刘沉香》《白兔记》等剧,以折子戏较多,全本已经少见。屏南四平傀儡戏与民间宗教信仰息息相关,因此,反映宗教祈愿、神仙道化及神怪变化的剧目尤其丰富。

在谢坑木偶的《请神科》中写道"……高架彩台,演唱古今历史……"可见四平傀儡戏以说历史、演历史作为演出的重要形式,首先从题材反映历史分段来说,上至周朝的《封神榜》,下至明朝的《下南堂》,其中以反映隋唐的题材最多。其次从演出的形式上看均为说史连台戏,最长的一本要搬演一个多月,最短的也要十几天,从谢坑陆法扬师傅处看到的大量这样题材的剧本均为清末民国期间的章回绣像本以及平话、说书本。

在怀橘堂和寿发坛两班所发现的清代至民国期间的四平傀儡戏戏抄本、通用唱词、请神科仪本中,有关四平傀儡戏相关材料具有三个特点。一是使用角

色行当通词通曲。这是最显著的特色，就是每角色行当上下场，均使用规定统一的念、引、白以及唱词，只要艺人通晓背熟这些通词通曲，再加上根据剧情稍加润色和渲染，就完成了一半的工作量了。二是故事提纲本。有角色和剧情提纲本，只列出角色或简单剧情，由木偶师表演发挥。三是章回小说、话本和评话本。

四平傀儡戏演出本

四平傀儡戏唱腔、道白均用正字，所谓正字，实为"土官话"及"中州韵"。由于传入年代久远，谢坑村艺人的道白带有明显的当地方言，台上用语多用本地方言。

四平傀儡戏音乐来自明代"稍变弋阳"的四平腔。音乐曲调主要由唱腔音乐、法事音乐、排场音乐三部分组成，但其唱腔音乐中以四平戏曲牌为主，常用曲牌仅二十余首。在部分剧目中还有师公调及其他民歌杂调，四平傀儡戏早期的曲调，应有曲牌名称，但由于艺人的口传身授，文化较低，只采用死记硬背一些旋律明快、容易上口的曲调，因此，曲牌名均已遗佚。

四平傀儡戏的后台体制为一人操作鼓、板、锣、铙、钹等"硬片"，无"软片"伴奏。

（二）线规与戏偶构造

四平傀儡戏木偶的构造主要为提线板、系线、戏偶三部分。屏南四平提线木偶戏手板线位相对较少，线板上一般仅有6个线位。线板竹钩两旁为耳线，往前为双脚线，再前为双肘线，线板前末端突出部分为手线，或作肚线用。此外，一手板柄后末端亦有一备用线位，可用于特型偶如"大头郭"之眼、嘴线或千里眼、顺风耳之嘴线，线位最多为9或10条。

从屏南现存的三班明、清两代木偶偶头来看，寿山降龙"寿发坛"，代溪周地黄家坛班当属明代木偶形制，其偶头最主要特征是无论男女角色偶头都

与头饰之发髻、冠帽相连在一起。这种连冠（髻）式偶头，其冠帽发髻虽多有雕饰，与偶头也是同一块整木雕成，特别是男偶与清代的男性偶头之头上削成平顶，颅顶周边剑削一圈呈槽状用以佩戴冠帽的"平顶式"迥然有别。这种连帽式的偶头是早期木偶，尚处于原始形态。其男性胡须并非外挂，而用插入偶面方式。

　　明末清初以来，木偶戏班移植地方戏剧目，原有偶身已不能适应戏中人物的分配，因而需要一个戏偶来扮演多个人物角色，随之而来的是改换冠帽或加挂胡须等改装，以平顶削圈便于换戴巾帽的男性偶头形式便应用而生。

　　四平傀儡戏戏棚以竹子搭设，搭戏棚竹子称"台竹"，共有18根，寓"十八罗汉"之意，这些竹是专

戏师与木偶

傀儡戏棚

用的，不能挪作他用，以免被"污秽"。在竹子搭成的舞台两侧横竿上还挂着成串由竹篾编成的篾环，用于表演时悬挂台前木偶。

谢坑怀橘堂班戏棚宽178厘米，高155厘米，台深75厘米。舞台在祠堂或房屋厅堂用木板搭起约1米高。挂于傀儡棚上方的帏幔，称"台帐"，所挂位置为棚前及左右，多用红色布料制成。台帐上常绣"八仙过海"之类的人物或花鸟之类图案，以及"富贵长春""福禄寿喜"等吉祥字样。

棚上小舞台还有一小台屏，高约70厘米，宽约50厘米，台上的幕景及舞台道具可随剧情变化进行设计与摆放，如大堂、室内、山野、湖畔、战场等。同时在台屏左右还悬挂由竹子做成的红底金字对联，如"假笑啼哭真面目　新岚歌舞旧衣冠""非幻非真大结局　或今或古好排场""还将旧事从新演　那借俳优作古人"，道出傀儡戏的特色和教化功用。

表演形态

屏南四平傀儡戏具有明显的宗教色彩，艺人一般身兼道士，从其宗教形态来说，归属于道教闾山派或梨园教。首先，线戏艺人入法门、起法名。如：谢坑线戏班班主陆法广、陆法馨、陆法扬等。木偶坛中的科法仅是其从事宗教活动的一个侧面，对于一个"吃神饭"的傀儡师来说，他的傀儡戏虽是一种养家糊口的技艺，但在其精神活动中却属于宗教职业。其科法活动并不是可有可无，而是不可或缺，唯有如此，傀儡戏在宗教、民俗的双重社会作用下才得以保留于民间。

第五节　杖头木偶戏

屏南杖头木偶戏，俗称杖头戏。于明末清初时流入境内，至今已有330多年的历史。全县有漈头、棠口、安溪、熙岭、忠洋等村办过杖头木偶戏。

一、耿变与杖头木偶

屏南发现最早有杖头木偶戏的是龙漈上村。相传，明末清初时龙漈村有300多户人家，同时境内龙岗寨也有寨兵300多人。当时有许多戏班到村里演出，其中就有木偶戏。后来寨主张良瑞战败兵散，外地戏班定居上村演戏为主。另据《漈头张氏家谱》记载："张志慎公，明崇祯时人，于清康熙九年由上村迁居下村开基立业。1674年耿精忠发动政变，邻近山寇结党叛乱。外省、外地的'反清复明'之士就以演戏为名，潜入各寨伺机而动。"

根据传说和记载，龙漈上村的杖头木偶是在明末清初政治动荡时期流入境内。当时屏南尚未建县，属古田县管辖，因地僻林深，政府鞭长莫及，所以外省、外地的"反清"之士就以演戏为名，潜入各寨，伺机而动。后来由于反清失败，戏班艺人便以演戏为生，流落民间，成为屏南杖头木偶戏的始祖。另据清郑祖庚纂、朱景星修《侯官县乡土志·政绩录》记载："刘日升，字扶生，庐陵人。万历庚辰进士，选福州司理，摘发如神。……尝观篆古田，道逢负傀儡者，遽命传之，曰：'而，盗魁也。'讯之果然。人问其故，曰：'故貌得之耳。'"

这里有两点值得注意，一是屏南县旧属古田所辖，至清雍正十二年

（1734）建县，这里的古田也包括屏南；二是文中载之傀儡特征为负，有身体上部承担之义，这种"负傀儡"应属杖头傀儡，只有杖头才具"负"的意思。可见明代屏南就有杖头傀儡戏了。

二、主要班社

屏南全县历史上流传杖头木偶戏的有漈头、棠口、安溪、熙岭、忠洋等村，而且漈头、棠口、安溪、熙岭的杖头木偶戏之间有着密切关系。

（一）漈头杖头木偶班

出生于清同治初年的漈头村人张林青是屏南最早的杖头木偶戏艺人。据《漈头村志》记载："清末村人张林青自刻木偶头像，外穿戏衣，用手指操作木偶演出，演出的剧目，最红的为《白蛇传》，其他尚有《西游记》《平妖传》《判芭蕉》《夏禹治水》等剧目。后台司鼓琴钹四五人，可出班到邻村邻县演出。"张林青心灵手巧，能唱能演，所雕刻的泥头偶，形象逼真。早期演唱平讲戏，后因到外地演出受语言隔阂，改唱乱弹调，曾经到闽东北和福州地区演出过。张林青的杖头木偶戏，因其子张荣斗不愿学，而传给棠口村的周郑宝。周郑宝接过师父的木偶演了一段时间后不满意，嫌其泥头太小，于是用木头雕刻比原来略大的偶头。经张林青的悉心点教，周郑宝脱颖而出，成为屏南杖头木偶戏一代著名艺师，将杖头木偶艺术发扬光大。

（二）棠口杖头木偶班

出生于清光绪二年（1876）的周郑宝，因家境贫穷，童年时只上过两年私塾，从小爱好雕塑，青年时期，他不但会雕塑，还会编木偶剧，对音乐、锣鼓经、琴谱都很熟悉，时人称之为"活宝"。

周郑宝杖头木偶戏班有5至7人，最早是用平讲戏的音乐演

周郑宝杖头木偶

唱，大锣大鼓，无管弦伴奏，以后加入声腔帮唱。漈头村的张禄伯、张彬彬、张世朝，棠口村的周其传、周阿伯、周以西、周十一等人都先后在其班当过乐手。

该班到过闽东北和福州地区演出，享誉盛名，民国六年（1916），在福州城连续演出两个多月，后因影响了福州各戏院的票房收入而被迫退出福州城。1935年，周郑宝因年老体衰，将戏班托付给得意门生张红孙。

（三）安溪村杖头木偶班

张红孙为棠口镇安溪村人，师承周郑宝。张红孙用梧桐木雕刻木偶头像，在原有小木偶基础上进行创新，将头像增大一倍，更新戏衣和舞台幕景，增加狮、龙、猴、象等动物木偶，对表演程式与舞台布景都进行改革创新。

1947年，张红孙率团远涉重洋到新加坡和马来西亚演出，由于语言不通再加上受泉州提线木偶的冲击，只演了几十天就停演了，戏班就地解散。1949年，张红孙从马来西亚动身，带上杖头戏行头和南洋置的楠木戏台回国。回安溪后，重新组建杖头木偶班，广聘艺人。1950—1958年间，每年八月出班，第二年三月回村，到过闽东北边远山区演出，戏资随其赠送。1954年应南平地区文化局的邀请，参加南平地区文艺汇演，1958年，由于"破四旧"运动而停演。

熙岭杖头木偶剧团表演《白蛇传》剧照

（四）熙岭村杖头木偶班

民国后期，张红孙杖头木偶戏班在闽东北广大农村盛演之际，熙岭村的张礼读、张德砚等人多次观看张红孙木偶戏表演，自己钻研并向张红孙学习木偶雕刻和操作技艺。于1955年秋，在该村原乱弹戏班底的基础上，组建起熙岭杖头木偶剧团。全团12人，张远绍任团长、张礼读、张德砚为首创办，并能雕刻木偶和演出，著名艺人张世姜演小生兼任导演，其他演员为张俗弟（演小生）、吴先源（演小旦）。木偶剧团到过县内各乡村演出，于同年率团参加南平地区农村业余剧团汇演，荣获一等奖，会后以"南平地区杖头木偶剧团"的名义，在全区（今闽北地区）巡回演出，于1959年左右解散。

1982年，熙岭杖头木偶剧团复办，由张正芳任团长，张礼读任副团长，全团16人。木偶戏团规模小，前台演出人员也兼唱，后来，随着剧团人员增多，演唱由后台人员负责。演出剧目有《白蛇传》《火焰山》《小补缸》《宝镜团圆》《三仙》《状元游街》等。为满足观众的需要，将唱乱弹改唱闽剧，深入闽东北各县演出，并获得观众的好评。1986年，熙岭杖头木偶剧团停演。

2002年3月熙岭乡再次重办熙岭杖头木偶剧团，全团20人，由张正芳任团长，张金嘎任副团长，张德新任导演，并增置了舞台、偶身、乐器、灯光、幕景等设备，演出剧目有《游湖》《水漫金山》等折子戏。

三、艺术形态

屏南杖头木偶戏的艺术特征，从其木偶结构与制作、木偶戏台构造、剧目、唱腔音乐、表演等方面考察，保存了许多古老木偶戏的传统艺术，大量的宗教仪式剧和神话小说题材等。

屏南杖头木偶由"头像""偶身""手""脚""活动管""命杆""手杆"等七个部分组成。"头像"早期有木刻和泥塑两种，后期纯用梧桐木雕刻而成。木偶头的脖子下方装有一根小竹竿，称"头杆"。偶身用竹筒、篾笼制成，后期有用旧棉絮扎成。偶身中间装一根小竹管，称"动头管"，边绑一根小木棒或小竹竿，称"命杆"。手和脚以木刻成，脚、臂、腕由两节小竹管或两段木绞以线连成，两手腕下各装一根竹竿或铁线，称为"手杆"（操作杆）。偶身早期高为33厘米，后期增高达50厘米。头像由人工雕绘而成的各种戏剧角色，专靠脸谱化装来体现人物特色和个性。偶头和偶身的外形必须"曲直不差""长短合度"，十分讲究躯体、四肢，以及关节的尺寸比例规格，而且特技木偶的头部还镂空，"藏机关以中动"。头部外层先打底色，再涂漆料油彩，使木偶头部更富有表情和立体感。因此，当木偶艺人通过"命杆"和"手杆"，以及内部机关暗线操作时，偶人便能"手舞足蹈""左旋右抽"，达到"贯彼五行""超越百戏"的拟人化、形象化的艺术效果。

棠口文化站木偶班偶头

屏南早期木偶较小，偶高仅0.3米，属于小木偶类型，因此，木偶舞台离地高1.8米，阔1.5米，深0.8米，这种设计承袭了古戏曲的舞美特征。台前左右两侧用红色布遮罩，台背部设有遮捂操纵者的帷幕，以及"出将""入相"的木偶上下场门。台内左右两边设有竹管插座，供插站文武堂等偶角用，观众从正面欣赏。20世纪60年代以后，由于观众增多，木偶改制得更为高大，舞台也随之扩大到3米×3米，加设幕位和场景。艺人位于台内，给艺人持偶操作增加了戏剧台步表演的难度。舞台亦采用了扩音、

忠洋村杖头木偶头

光变、幕景等新设备,营造氛围,强调舞台布局的全方位效果,形成镜框式结构的多功能木偶戏舞台,突出了戏曲艺术的综合性。

屏南杖头木偶戏的常演剧目可分为三类,一类是宗教仪式剧,如《八仙庆贺》《云头送子》等小戏;第二类是从神话小说中改编出来的,如《夫人传》《西游记》《白蛇传》等;第三类是来自平讲戏剧目,如《醉花亭》《周三打虎》等,共计30多本。由于杖头木偶戏表演形式的特殊性,其剧目不可能与其他戏剧文字形式相一致,因此,木偶师必须根据其表演特色,重新编演剧目。

屏南杖头木偶戏的乐器与后台体制,基本上是按平讲和乱弹班的体制,音乐属于曲牌和板腔的结合,早期一个班的乐队为3—5人,后期增加到5—7人。传统乐器有堂鼓、大钹、大锣、小钹、小锣、京胡、二胡、唢呐、笛子,后期增加三弦和提琴。

屏南杖头木偶戏特色表演艺术主要有木转水浪、换身法、埋目法、特技法等。到了20世纪70年代,随着科学技术的发展,电气化的应用,构就了多功能木偶戏舞台,幕景以色灯变换,木偶换身用"暗灯"或"喷雾"等方法进行,进一步提高了木偶的演出效果。

第六节　戏剧习俗

屏南是著名的戏曲之乡,当地民众对古老的剧种情有独钟,因而形成许多独特的戏俗。如演戏有开台祭台、打八仙、跳《三出头》等;戏剧行业神信仰被称为"梨园神";而戏班的组织、行规、禁忌、行话等也极具地方特色。

一、演戏风俗

演出习俗有"开台祭台""八仙庆贺""跳加官""跳财神""跳偷桃""状元游街""云头送子"等习俗。

(一)开台祭台。屏南习俗,各村新建的戏楼、戏院、庙台等建筑完工后,都要举行"开台祭礼"。如果舞台长期停演或认为"不净",也要请剧团"净台""洗台"。祭台演出《开台大吉》共有七出,分别是鲁班先师、城隍、天兵、田公元帅、祭台、钟馗、玄坛元帅。屏南尊四平戏为老戏,认为该

四平戏《开台大吉》剧照

班祭台手法高深，因此，各地喜欢请龙潭四平戏剧团开台祭台。在四平戏《开台大吉》演出中必唱田公咒语《罗哩连》，系戏神田公元帅咒语。摘录部分如下：

　　白旗固国透九霄，九霄门下铁板桥，罗连哩连哩连罗连哩罗；
　　铁板桥头通师傅，田公师傅降来临，罗连哩连哩连罗连哩罗；
　　我是杭州田大哥，铁板桥头利连罗，罗连哩连哩连罗连哩罗；
　　铁板桥头立大厅，一炉香火万家传，罗连哩连哩连罗连哩罗；
　　当初那因吃酒醉，乞嫂画蟹难回魂，罗连哩连哩连罗连哩罗；

原是玉皇金銮殿，白鹤仙童是我身，罗连哩连哩连罗连哩罗；

我是玉皇三太子，年幼亦登探花郎，罗连哩连哩连罗连哩罗。

……

（二）"打八仙"。在屏南，每逢乡村庙会或彩台落成、民家贺喜贺寿，都要求戏班首演《打八仙》。《打八仙》又称《八仙庆贺》。屏南平讲戏演出时分两种即《金八仙》和《红八仙》，八仙头汉钟离化装金色脸谱的称《金八仙》，化装红色脸谱的称《红八仙》。八仙的道白分"海堂"和"寿堂"两种。"海堂白"是民间庆贺神诞用；"寿堂白"专为民间贺寿用。要根据所庆的对象选择道白，如果是寿庆必须道明到××府堂前庆贺寿诞。表演时八仙先后上场，其次序是汉钟离、李铁拐、吕洞宾、何仙姑、曹国舅、张果老、韩湘子、蓝采和。屏南《打八仙》除上八仙外，还要上王母娘娘、侍女、兵将等。

四平戏《八仙庆贺》剧照

（三）《跳加官》《跳财神》《跳魁星》《偷桃》《得子》。民间剧团到一地演出，在首场夜戏正式演出前，必须加演好戏《跳加官》《跳财神》《跳魁星》《偷桃》《得子》等以志吉庆。例如：屏南民间戏曲《跳加官》中扮演天官者，头戴金雕帽，身穿红蟒袍，腰系玉带，足蹬高底靴，手里拿着的却不是传说中的朝笏，而是精制的另一道具"玉如意"，还有一件精美的软缎中堂画卷，画卷上刺绣着"天官赐福""加官晋爵""指日高升"等字幅。表演者和着场面鼓乐的节奏,灵活运用各种夸张性身段、步法,循着独特的舞蹈程式,欣然起舞,边舞边"跳",边向台下逐一展示条幅上的吉祥词语,摆出各种富有塑型美的亮相架势,形成庄严而热烈的艺术效果,借以向观众表示祝贺与欢迎。《跳财神》《跳魁星》《偷桃》等表演形态有所相同,但庆贺内容不同,《跳财神》求财,《跳魁星》求功名,《偷桃》求寿。每一出表演均有村内相关民众接走财(金元宝)、禄、喜、子(道具娃娃),并燃放鞭炮,赠予红包。

二、戏神信俗

中国戏曲行业称为"梨园行",演员被称作"梨园子弟",一家几代人从事戏剧事业则被称为"梨园世家"。同样,戏剧行业所供奉的戏神便有"梨园神"之称。由于时代和地方的差异,梨园神并不十分统一。屏南戏剧梨园神属于福建北路戏神信仰形态,应该是受江西、浙江戏剧信仰之影响。

(一)梨园老郎爷——唐明皇

梨园的设立便是源于唐明皇李隆基,唐明皇也就被戏曲伶人尊奉为祖师爷。"梨园"是唐朝离宫别殿里一个广植梨树的果园,武则天曾在此与大臣们饮宴、游戏。唐明皇李隆基继位后,

老童爷

大力提倡歌舞、戏曲，选定了"梨园"作为活动场所，管理俳优、歌舞、杂技，并不断扩大，成为独立的官署。唐明皇亲自选拔三百名乐师，指导梨园的音乐、歌舞，所以这些乐师被称为梨园弟子。

唐明皇是个狂热的艺术爱好者，他酷爱音乐，曾亲自作曲让梨园演奏，最爱的是登台演戏。清代黄幡绰《梨园原》有《老郎神》条云："逢梨园演戏，明皇亦扮演登场，掩其本来面目。惟串演之下，不便称臣，而关于体统，故尊为老郎之称。今遗有唐帽，谓之老郎盔，即此义也。"所以又把唐明皇称为"老郎神"。

唐明皇喜演丑角，因此戏班演丑角的演员地位最高。丑角演员可以坐道具箱子，里面都是代表皇家身份的黄蟒、王帽、凤冠、九龙冠等切末，而其他行当均不能坐。丑角演员在后台可以随意起立，戏班祭祀唐明皇时，他也不用照规矩来，这都是唐明皇被奉为祖师爷的缘故。

在龙潭四平戏业余剧团中，有一道具"老童爷"已传承了四百多年。龙潭人都尊其为戏神唐明皇。黄幡绰《梨园原》之《老郎神》条又云："戏中所抱小娃，谓之'喜神'，取其善而利于技，非即老郎。"如今，演出前，于后台该道具"老童爷"都被敬于神榜前，而演出时又被作为孩童道具。龙潭村人总是将其作为四平戏镇团之宝一代代传承下去。

（二）天下梨园大总管——田公元帅

南方尤其是福建民间则祀奉田公元帅为戏神。田公元帅名雷海青，是唐玄宗时的梨园乐师，因拒绝为安禄山奏乐而牺牲。唐朝李绰《尚书故实》载：海青神灵助唐军收复长安，云遮"雨"头，旗号只露"田"字(此后衍称田公元帅)。玄宗封为梨园总管，"命天下梨园祀之"。

关于田公元帅的来历，目前还是众说纷纭，传说主要有三种：第一种说法带有神话色彩，认为田公元帅是玉皇大帝的三太子，因为酷爱人间戏剧，擅长音乐歌舞，玉帝准他下凡，功满再回天廷。很多供奉田公元帅的宫庙都记载其源自"杭州铁板桥头"。二说是唐天宝年间的乐工雷海青，玄宗时负责管理宫内梨园弟子，死后被追封为太常寺卿，后被梨园子弟奉为守护神，进而成为民间的音乐之神。三说田公元帅就是唐玄宗的宫廷乐师即风火院的田元帅兄弟三人，三兄弟有歌舞做戏、逐疫驱鬼的功夫，因而民间又称"三田公元帅"。

在龙潭村，田公元帅传说为玉皇三太子，投胎杭州铁板桥头，幼年有一次睡觉时，爱玩笑的嫂嫂在他额上画了只螃蟹。这时田公魂云游梦醒，认不得自己的肉身，故从此长睡不醒。这就是现在田公额上画了只螃蟹的由来。在屏南民间人们认为，田公好乐，红喜事有请必到，白事则不参加，所以他不只是戏祖师，学百术、耍拳脚的也都尊其为祖师爷。

在屏南城关古山境建有"翠城铁板宝殿"。该庙原建于清乾隆年间，是屏南唯一供奉戏神之庙。其庙碑记云："玉封田、窦、郭三大元帅君王原祖殿杭州铁板山，但观音菩萨怜吾苍生，于共和国壬申年十月十九日授权三大元帅君王威镇屏南，造福下民……六月二十四日卯时全身开光，辰时三大元帅君王暨郑一、郑二、郑三将军威灵显赫，登上宝座，众生恳求，有求必应，自此焚香叩拜热闹非常，恩波广被，百姓咸沾感泽无疆……"

该宝殿内塑田、窦、郭三大元帅，郑一、郑二、郑三将军以及金童玉女共八尊像。其中田公元帅右手紫微诀上举于头顶，左手持罗帕于左腰间；窦公元帅左手、郭公元帅右手紫微诀上举于头顶分坐两旁。郑二将军则右手拿杆烟筒，左手持一金元宝立于田公元帅前，左金童、右玉女，旁边两神龛分列郑一、郑三将军像。

（三）其他戏剧信俗

民间戏剧所拥有的戏神非常之多，我们可以从龙潭四平戏清同治抄本一段"请神文"中看出："奉请杭州府风火院铁板头田一师爷，

田公元帅像

田三郎、三师父，风花雪月四位夫人，……一丑、二净、三生、四旦、五外、六末、七锋（夫）、八帖（贴），领声童子，雅招童郎……"

再看清同治年间屏南谢坑"怀橘坛"四平傀儡戏抄本称："搬请杭州铁板桥头风火院内田、窦、郭、霍四大元帅，案下金花娘子、玉花妹妹、梅花小姐、雪花夫人同共金杯圣元请降玉案，明香供养，焚香先当处诚百拜。搬请桑（三）伯公公、桑（三）伯婆婆，一净、二媒（末）、三生、四旦、五丑、六外、七呼（夫）、八帖、九锣鼓、十台后，押担戏主……搬请木偶棚后三圣尊王，云头扫戏太白金仙，陈平先生，柯道师父，山东王极老，杭州王小二，川戏童子，尺板郎君。梨园管内一切圣贤……"

屏南戏曲奉祀的梨园附属神还有郑一郑二郑三师傅，传说其为福州府福清人。据考郑一、郑二、郑三以及郑二姆（善性夫人)应来自古老的傀儡戏。从傀儡戏"请神文"也可看出，古老的木偶戏其所有偶身都具有神性，这也说明了他们之间的密切关系。

其实在戏班里，不但对祖师爷，对神、对人、对动物，都要烧香膜拜，对把子等时候也要烧香磕头，演出什么戏要对什么切末顶礼膜拜，不然上台后就会出事的。舞台上使用的兵器，如鞭、杵、刀、棒、棍、枪、剑、叉，在上台之前都要给这些兵器行礼，名曰祭鞭、祭杵、祭刀等等。

民间戏剧除了敬奉、祭祀职业神祗外，还在迎神的时候遇到什么动物，也是很有讲究的。据说，遇到白羊、牛、狗以及人，都是吉兆；遇见兔子、飞禽，就认为要四处奔跑，不得安生。反过来说，在迎神的时候，给这些兔子、老鼠一个封号，叫兔子精、老鼠精，就解决了忌讳的问题。

三、班社习俗

龙潭四平戏早期不是班社制，属值年制，每年办一次。"戏袋"（指戏班班头）和子弟每年都是临时的，其办戏班的目的是为了每年正月宗族庆贺和酬神演出，而后在乡族有亲情的邻村友谊献演二十余天，至三月初三后，子弟回村春耕，一届四平戏班由此结束。由于四平戏属轮值办班形式，以及戏班子弟亦为挑选产生，所以，龙潭村陈姓宗族中学戏及上台演戏的人很多，学、演四平戏成为宗族社会生活中的一件极为重要的事。

四平戏班成立后，由"戏袋"具体负责戏班事务，其培训戏班子弟学戏，演戏及出班有四个阶段，分别为"订口""催口""出场口""回场口"。

订口：即落实戏班子弟，农历二月底前戏袋到全村寻找苗子，当戏班弟子找齐后即施行"订口"。订口时由戏袋办菜，新弟子应带土菜3至4碗，汇集旧祠堂会餐，并请戏师傅及班底和村中能人参加。会餐后要祭拜田公爷、燃放鞭炮。戏袋与弟子订立契约，打手模，契约订后不反悔，违约要罚谷子几石。订口即代表新的戏班组建完成。

催口：订口后戏师傅将所学"课片"（角色单边本）撕给各位弟子，子弟通常日间劳动，晚上到祠堂学戏。催口是在子弟学戏有进步时，一般要一月或半月，戏师傅让子弟去偷公鸡来祭戏神田公元帅。鸡必须是他偷来的，而且喜欢被骂，骂得越凶预示着戏班越兴旺。班中若有不吉利之事，如弟子生病等，也要"催口"。催口用偷来的公鸡当点心，其他食品则由戏袋出。若有人许愿"催口"，则一定要兑现并承担开支。

出门口：又叫"出班口"，当子弟完成学戏并能出班演出时，一般于每年秋收后到邻村演出之前，要在本村开锣献演一场戏。规格按"订口"办，并拜祭田公元帅祈求出门一切顺利。出班时被具由各演员自备，村中有许愿者要兑现，并不论出资多少都要被邀请参加"出门宴"。

回场口：又称"圆口"，当戏班一年后从外地演出回村后，于第二天在祠堂演一晚戏答谢乡亲。回场戏要先演好戏如《三仙》《偷桃》《五代同堂》《云头送子》《六国奏》等，而后演折子，最后演全本剧。回场口酒菜全部由戏袋办，要丰盛，并请一年来支持戏班的所有乡亲参加。在回场口上可以预定明年之演员，"定钱"视角色而定，若定钱收后违约是要被罚的。

本届四平戏班之任务宣告结束。而下年度戏班之头人又由族中各房选出"戏袋"，再选择子弟参加，如入选子弟不想学戏，可出钱请"旧子弟"（往年子弟）代替之，龙潭村陈姓四平戏班即是如此年复一年流传下来。

至清雍正、乾隆年间，龙潭陈姓四平班始出门至邻村演出，而后才出现以演戏为生计的专业演戏班社"开祥云"，其后复有"老祥云""新祥云""赛祥云""新和顺"等班社。戏班之演出，除元宵、二月初八宗族谢神演出不变外，其班社演出与各地戏班基本相同。一般村中每年二月初二开始学戏，六月二十四彩排，八月二十三出艺，九月九秋收晒好番薯米后，戏班便外出演出，第二年春耕时节回来，这种古朴遗风沿袭至20世纪70年代。

龙潭四平戏戏班组织结构为：班主（掌班头）1人，全面负责决策班中事务；后勤掌班1至2人，负责班中后勤与财务；写戏（爬戏路）1人，负责班中联络演出事宜；其他掌班若干。戏师傅1人，全面负责演出与教授弟子；班底5至9人，担纲主演及协助班中师傅授艺；前后台演员若干，其他还有走台、后场管理、灯火、挑箱、下手等等。一般情况下一个完整的四平戏班社最少需由35人组成。四平戏班中管理严格，各种班规齐全，如"挂签"吃东家饭，即用三寸竹签将班中弟子按角色不同顺序把名字写上挂于后台，由掌管后勤的掌班安排，好的东家先排给主要角色，掌班最后吃。如果是吃集体伙食，第一碗饭由打鼓佬先盛，尔后是三花、生、旦等顺序。班中说话、取物、座位、睡觉等方方面面都有诸多规矩讲究。

比较屏南平讲戏、乱弹戏，以及后期闽剧、京剧班社，其组班形式大体相同，习俗基本一样。

四、班社的经济与分红

戏剧班社由各掌班按股份出资，每股以若干钱或谷子若干石来计算。班中戏师傅与班底等主要演员先拿部分"订钱"，长班按季度算，短班待演出完成后按等来分红。1949年后剧团也有约定工钱的演员与导演。早期的戏师傅工钱是不多的，龙潭戏师傅都认为四平戏是祖宗戏，没有强求多少报酬。而初学弟子在学戏期间伙食自理，出班时吃东家，而戏班收入归戏袋，子弟是没有工钱的，只有做八仙等好戏时偶有红包才有些许收入。戏班内各演员分工与报酬不同。戏班按所担任角色的不同来分红，俗称"分籽"，一共分六等，如下：

头籽：板师傅、正生、正旦、大花（净）、正吹

二籽：小生、小旦、三花、后台

三籽：老生、老旦、二花

四籽：贴旦、杂脚、走台

五籽、六籽：下手、挑箱及班中打杂

后期则实行工分制，为五等或六等。至于演员等级的划分与上述"分籽"差别不大。戏班中除演员参与分红外，服装等也参与分红，具体按事先约定。班中戏师傅的工钱也由事先约定，而戏袋们的收入要看一年来的演戏收入了，好的年景有点余款，经营不善亏本也是常有的事，故大家是不大愿意当戏袋的。村民们为了鼓励能人出来当戏袋组班，而许下若干银两或多少石谷子支持办班，等戏班演出回村后是一定要兑现的。至于一些人出不了钱又非常喜欢戏，会甘愿随团挑戏担不要报酬也是常有的事。在屏南历史上就有被称为"戏痴"的戏袋，他们爱戏如痴，不惜变卖家产田山来办班。

戏班弟子在班中的另一份收入就是演"好戏"和开台戏以及戏中之乞丐的红包收入了。一般是弟子未独立属戏班集体收入，独立后属演员个人所得。戏中做乞丐所得由前后场均分。1982年时各种好戏红包大约如下："打八仙"23.3元、"得子"6元、"跳财神"5元、"云头送子"15元、"偷桃"6元。

五、戏班行话——戏班嗽

屏南的戏班"行话"，俗称"戏班嗽"，是戏班内部通用的"隐语"，非"梨园弟子"是不解其意的。据老艺人说，"行语"产生的时期无从考证，但其产生的时代背景是演戏的人被视为低等，受人歧视，不敢公开评论是非，同时为了避免在江湖生活中发生的口角冲突，给戏班带来麻烦与损失，便创作出字正意异的"行话"来使用，有利于互相沟通和执行"班规"，达到保护班社正常活动的目的。清同治九年（1870）平讲师傅陈马求手抄本《吟本戏句》有此记载，现摘录10部分计50条如下。

1. 称呼类："太上"—父亲，"目连"—母亲，"龙鱼宰"—儿子，"趋佬"—贼，"透天"—丈夫，"低佬"—妻子，"斋公"—师傅，"客斗"—客人，"马赐"—女子，"羊判"—小孩，"阳半"—戏迷，"模佬"—和尚。

2. 行动类："出册"—外出，"回线"—回来，"摆程、摆柳"—大小

便,"座班"—请坐,"臭"—做,"纱"—笑,"迈碌"—啼,"宛罗"—唱,"扑监"—打架,"占、荐"—吃、食。

3. 食物类:"研珠"—大米,"拖条"—地瓜米,"蒲山"—米饭,"稀柳"—粥,"白佬"—酒,"奏佬"—茶水,"青芽"—青菜,"枇杷籽"—蛋,"青皮"—猪肉,"千条绵"—面条,"千条小"—粉干,"干脉"—香烟,"番脉"—大烟(鸦片)。

4. 形容类:"美好"—乾妆,"难瞧"—很丑,"卜高"—很差,"海"—大,"也海"—很大,"小里"—细小,"羊半仔"—外行,"銮垯"—很长,"磊里"—很短,"摇井"—知道,"不摇井"—不知道。

5. 用具类:"棋盘"—桌子,"木架"—椅子,"开花"—雨伞,"踢套"—鞋,"漫天"—被子,"天佬"—蚊帐,"顶峰"—帽子,"披佬"—袄裳,"夹竹"—裤子,"壬同"—袜子,"笔肚"—文字,"保丫"—纸张。

6. 人体类:"那知"—我,"乞"—人,"终暮郎"—头部,"貌佬"—脸部,"万里"—耳朵,"千里"—眼睛,"青须"—头发,"胡狮"—胡须,"松毛把"—手,"踢土"—脚。

7. 动物类:"摆"—鱼,"牌"—鸭,"杂食求"—鸡,"春发丑"—牛,"活青皮"—生猪,"斗佬、提条、麦官"—狗。

8. 戏台类:"七佬"—戏剧,"筹品"—全本戏,"花柳"—杂出,"雷声"—鼓,"伦"—鼓板,"扑"—挂板,"垒"—吹,"两条线"—琴,"青马"—老旦,"净马赐"—正旦,"小马赐"—小旦,"帖马"—帖旦,"青胡"—老生,"掌科"—掌班,"海高底"—大花,"来高底"—二花,"赢高底"—三花,"正科、正带鱼"—正生,"开口、海口"—大锣,"小科、小带鱼"—小生,"小开口、小海口"—小锣。

9. 数字类:"筹撇"—1只(分),"来撇"—2只,"赢撇"—3只,"碎撇"—4只,"摸撇"—5只,"轮撇"—6只,"追撇"—7只,"硋撇"—8只,"鸠撇"—9只,"筹什"—10只。

10. 时间类:"早摇"—早上,"摇"—中午,"今太阳"—今天(日),

"今黑虎"——今夜。

第七节 代表性传承人

屏南被称为"戏窝",自明中叶以来,历史上有130多个村创办过四平戏、平讲戏、乱弹戏、闽剧以及木偶戏等班社。涌现出一大批名伶,如四平戏的陈清永、陈大燉、陈元雪、陈官瓦、吴观生、苏振杞、余仙游、张春迎等;平讲戏的张志慎、谢天鉴、甘桂元、潘光渭、叶大取等;乱弹戏的苏兆岁、杨家美(黄柏美)、吴清云、周其荫、张俗弟等;杖头木偶戏的张林青、周郑宝、张红孙、张礼读等;四平提线傀儡戏的陆丕烽、陆丕焜等。2006年以来,四平戏、屏南平讲戏被列入国家级非遗项目;屏南乱弹戏、杖头木偶戏被列入省级非遗项目。陈秀雨、陈大并、张贤读等一批戏曲艺人被命名为各级非遗代表性传承人。限于篇幅,下面介绍部分先辈名伶和省级以上非遗代表性传承人。

一、先辈名伶

(一)陈清永(约1808—约1876)

陈清永又名陈清英,屏南县熙岭乡龙潭村人,约于清咸丰年间(1851—1861)创办"赛祥云"班。陈清永是屏南四平戏最负盛名艺人之一,由于他得到陈振万的艺术真传,且生、旦兼任,文武不挡,因此,他和他的戏班红极一时,曾到江西等地演出。陈清永四十多岁后改当教戏师傅,相传教过的戏班达30余班,成为著名的四平戏师傅。

(二)陈大燉(1861—1924)

陈大燉绰号"棰子",屏南县熙岭乡龙潭村人,曾师从陈清永演生角。创办四平戏"新和顺"班,因"棰子"之名大,人们就称为"棰子班"。该班除有当时龙潭本村最好的艺人正旦陈淦仔、乐师陈大秘等人外,还打破宗族班社的限制,在全县网罗四平戏出色人才组班,如:旦角张川仔、生角张李仔,老生邱代宁,丑角余观战等名角。"棰子班"名冠闽东北,该班足迹远至闽、浙、赣交界地带,可演剧目达百余本。相传在建宁府(建瓯)演出时,一个月不出城门。大燉的扮相并不太佳,但其上台演出,往往令观众倾倒,但他在台下从不见客，不与人交谈，引得许多观众要看台下的"小旦"面，其名气更为突显。1924年夏，该班在霞浦演出中遭遇台风，陈大燉因抢救戏担身受内伤吐血，不久去世，"棰子班"解散。

（三）陈元雪（1900—1968）

陈元雪，乳名角口，生于屏南县龙潭村。光绪三十四年（1908），父母相继辞世，随叔父清沐学唱四平戏。由于元雪悟性好，又肯学，12岁时就登台演出，表演艺术初露头角。元雪初期主工生角，后期改唱净角。20岁以后成为戏班里的"台柱子"。1946年冬，陈元雪招收本村青少年陈官瓦、陈官企等20多名学徒，边学边演。这一时期他还到本县许多乡村如茗溪、山墩、南湾等地传授四平戏，成为四平戏著名艺人。

1953年2月，屏南县人民政府组织本县17个农村业余剧团汇演，龙潭四平戏剧团由陈元雪导演的《黄菜叶》《判芭蕉》，剧中包公由陈元雪亲自扮演，他扮相、做工、唱工形象地表现剧中人物性格，观众誉他把为民请命的包公演活了，获得大会嘉奖。1962年，福建省文化局要求各县有关部门挖掘抢救古老剧种传统剧目。陈元雪主动献出长期珍藏的《琥珀岭》《蔡伯喈》《王十朋》《赠宝带》《拜月亭》等22本四平戏传统剧目，送省收藏。1964年3月，福建省文化局在福州召开四平腔学术研讨会，特地调演由元雪执导的四平戏《琥珀岭》《白兔记》《沉香破洞》等剧，得到好评。

（四）陈官瓦（1925—1996）

陈官瓦又名阿瓦。生于屏南熙岭乡龙潭村。其幼年丧母，家境贫寒。14岁时拜元雪为师，应工生行。他天资颖悟，加上刻苦用功，15岁就能登台表演。陈官瓦对表演艺术能精益求精，为了演好四平戏，他一方面虚心请教老师父，保留好四平戏的特色艺术，一方面到外地观看其他剧种的演出。通过

1982年，陈官瓦（左）在教授四平戏

"取其精华，去其糟粕"。既传承了前辈表演艺术，又能融合新的表演技巧。

20世纪50年代，陈官瓦任龙潭四平戏剧团团长、导演，培养了陈官务、陈秀雨、韦忠珠、陈彩虹等四批年轻的演员，主要骨干共有50多人。陈官瓦不但在本村培养年轻演员，还经常与南湾、山墩、陆地、茗溪等村戏师傅联系，许多村请他当导演，口传心授四平戏艺术。陈官瓦从艺50多年，塑造了四平戏"李三娘""马超""刘知远""包公"等艺术形象，给观众留下了深刻的印象。自1992年起，他与师兄弟陈官企、陈官捧等口述整理了《赶白兔》《天子图》等11本剧本。

（五）张志慎（1640—1717）

张志慎，屏南棠口镇漈头村人。自幼聪颖好学，精通诗文戏理，才貌出众，年轻时善演小旦，被尊称为屏南平讲戏一代宗师。龙漈上村平讲班，创立于清康熙初年，该班前身是耿精忠与龙岗寨主张良瑞兄弟策划反清复明时引进来的"江湖班"逐渐衍成。张志慎为该班名旦，他二十岁从艺，三十岁成名。张志慎于清康熙九年（1671）迁居龙漈下村，是今漈头下村溪头族张氏开基始祖。

（六）周郑宝（1876—1944）

周郑宝，屏南县棠口镇棠口村人。童年时只上过两年私塾，但他心灵手巧，喜雕刻，经他手雕出的人物花鸟总是栩栩如生，人见人爱，人称他"巧子"，在乡里颇有名气。青年时期，他不但会雕塑，会编故事、音乐，对锣鼓经、琴谱都很熟悉，人称之为"活宝"。周郑宝师承漈头杖头木偶戏艺人张林青。1909年，周郑宝开始独立出班演出杖头木偶戏。

周郑宝除了精雕细刻形态各异的杖头木偶，自制一整套木偶戏衣、道具和舞台设备外。他还亲自编写剧本，并选择适应于木偶表演的神话戏。如《东游记》《西游记》《白蛇传》等。周郑宝在木偶表演技巧上，突破前人藩篱，独辟蹊径，如在武打场面中，恰到好处地插入鸟兽虫鱼相斗的形象，使舞台背景呈现出奇特、异样和多变的氛围，令人耳目一新。他在表演上不仅运用了杖头木偶的表演技艺，同时还吸收了布袋戏的表演技术，形成既有杖头戏又有布袋戏的两种形式相融合的表演形式，深受广大群众欢迎。

二、屏南戏曲非遗省级以上代表性传承人

（一）四平戏代表性传承人

1. 陈秀雨（1945—）女，屏南县熙岭乡龙潭村人，四平戏国家级非遗代表性传承人。专工四平戏生角表演艺术，能够全面掌握四平戏生角唱腔、科套、特技的表演，成功扮演了四平戏20多个小生、武生角色。同时，能全面掌握四平戏其他角色行当的表演与唱腔艺术，熟练执导《白兔记》《天子图》《沉香破洞》《中三元》《崔君瑞江天暮雪》等20多本四平戏传统剧目以及一定数量的四平折子戏。

陈秀雨于1982年参加在屏南县举办的全省庶民戏历史讨论会汇报演出，扮演《白兔记》中的刘承佑；1984年参加在福州市举办了华东六省一市四平腔学术讨

陈秀雨在《沉香破洞》中扮演副末月老仙

论会四平戏汇报演出，出演《琥珀岭》中郑廷玉一角。自1992年以来，共培养陈小兰、陈孝楠等后继人才40多人。2006年10月，执导的四平戏传统剧目《沉香破洞》《井边会》参加"全国四平戏学术研讨会"汇报演出，同时兼演《井边会》中的刘承佑一角，作品与参演角色

陈秀雨在《白兔记》中扮演刘承佑（前右）

均深受与会专家、学者一致好评。

2. 陈大并（1949— ）男，屏南县熙岭乡龙潭村人，四平戏国家级非遗代表性传承人。1971年，师承陈玉光学吹唢呐。1978年又拜四平戏主板师傅陈孝金为师学打鼓板，1979年学成四平戏司鼓，任主板乐师至今。陈大并参与主板演出的四平戏传统剧目主要有《天子图》《沉香破洞》《反五关》《白兔记》《琥珀岭》《中三元》《白罗衫》《虹桥渡》等20多本传统四平戏。

陈大并在龙潭四平戏剧团任鼓板师傅

陈大并于1982年参加在屏南县举办的全省庶民戏历史讨论会汇报演出，担任主板乐师；1984年参加在福州市举办了华东六省一市四平腔学术讨论会四平戏汇报演出，任《白兔记》《琥珀岭》《沉香破洞》两剧主板乐师；2006年10月，参与执导《沉香破洞》《井边会》，参加全国四平戏学术研讨会汇报演出，并任主板乐师。

3. 陈玉光（1932— ）原名潘华烨，生于熙岭乡四坪村，1958年入赘龙潭改名陈玉光。其15岁时开始学艺，先是拜四坪村潘华曲为师吹唢呐。到龙潭后随陈孝金学习唢呐、笛

陈玉光在传授唢呐吹奏技艺

子、二胡等乐器的演奏。其从事业余剧团演奏已有50多年了。1959年，陈玉光任龙潭四平戏业余剧团负责人。他能熟练掌握四平戏吹排40多个，演奏技巧娴熟，音色优美，戏路熟悉，伴奏配戏丝丝入扣，深得戏理。

4. 陈官铁（1960—）1979年开始学习四平戏丑角、乐队演奏等。从事四平戏表演工作至今。1979年师承陈官瓦、陈官企，工丑角，1980年出艺担纲主演至今。陆续扮演《沉香破洞》《白兔记》《天子图》《中三元》等十多本四平戏传统剧目中的丑角。参加了"全国四平腔学术研讨会"汇报演出和全国珍稀剧种汇演。

陈官铁在《沉香破洞》扮演齐天大圣

5. 张雪妃（1956—）现任屏南县龙潭四平戏业余剧团副团长。工生角，主要参演角色有《中三元》中的商辂，《白兔记》《天子图》中的刘承佑，《沉香破洞》中的刘沉香，《祭台》中的田公元帅，《奇逢夺伞》中的张世隆，《琥珀岭》中的郑廷玉，《杨门女将》中的杨文广等。1982年参加在屏南县举办的全省庶民戏历史讨论会汇报演出，扮演《白兔记》中的刘承佑一角；1984年参加在福州市举办了华东六省一市四平腔学术讨论会四平戏汇报演出，出演《琥珀岭》中郑廷玉一角。2006年10月，参加在屏南召开的"全国四平腔学术研讨会"汇报演出，担任《白兔记》刘承佑一角，获得观众及与会学者的一致好评。

张雪妃在《沉香破洞》中担纲主演刘锡

（二）屏南平讲戏代表性传承人

1.张贤读（1942—）屏南县棠口镇漈头村人，屏南平讲戏、闽剧名导演，从事戏曲表演、导演50多年。是屏南平讲戏国家级非遗代表性传承人。张贤读于1954年参加漈头村业余平讲戏班，担任小生角色。1954—1978年在各地民间剧团演出，任生角与导演。1978年—1984年间，任屏南漈头业余剧团导演。2001年至今任屏南县漈头平讲戏剧团导演。

张贤读（左）与张贤楼（右）一同研究平讲戏表演艺术

1949年，张贤读师承漈头平讲戏著名艺人张禄苏工小生行。近年来注重培养平讲戏年青一代，先后培养了张扬彩、张阿秀、张贤菊、张书馨、张丽平、李扬芳等30多位平讲戏新秀。口授了平讲戏传统剧目有《赠宝塔》《赠金钗》《杨八妹渡河》《马匹卜驳妻》《采桑》《破曹》《求寿》《教子》《送子》《大补缸》等，并创作改编了《甘国宝假不第》等闽剧剧目，执导《马匹卜驳妻》《甘国宝假不第》《甘国宝回乡》等剧目多次参加各级各种汇演，深得广大观众好评。1979年编导现代剧《赶猪》代表屏南县参加宁德地区农村业余剧团汇演，荣获演员一等奖、剧本创作二等奖。2006年10月，执导《马匹卜驳妻》一剧参加全国四平腔学术研讨会演出，获得广泛好评。2007年8月，应马来西亚屏南公会邀请赴马来西亚演出，任导演与演员，演出《马匹卜驳妻》《甘国宝假不第》获成功，被誉为民间文化使者。

2.张贤楼（1936— ）国家三级演员，屏南县棠口镇漈头村人，屏南平讲

戏、闽剧名演员、导演，从事戏曲表演、导演50多年。他是屏南平讲戏省级非遗代表性传承人。1949年其师承漈头平讲戏著名艺人张禄苏学习平讲戏表演，工净行、丑行；1956—1958年任屏南闽剧团演员；1959—1969年任周宁闽剧团演员；1969—1980年下放漈头村；1980—1985年任屏南闽剧团团长，1985年退休后，到长乐、福清、福州任民间剧团导演。

张贤楼注重人才培养，共培养平讲戏新人数十人，为平讲戏的传承发挥重要作用。近年来，口授了平讲戏传统剧目有《赠宝塔》《赠金钗》《杨八妹渡河》《马匹卜驳妻》《采桑》《破曹》《求寿》《教子》《送子》《大补缸》等。1979年编导现代剧《赶猪》代表屏南县参加宁德地区农村业余剧团汇演，荣获演员一等奖、剧本创作二等奖。2006年10月，主演《马匹卜驳妻》一剧参加全国四平腔学术研讨会演出，获得广泛好评。2007年8月，应马来西亚屏南公会邀请赴马演出，主演《马匹卜驳妻》获成功，被誉为民间文化使者。

张贤楼的丑角扮相

（三）屏南乱弹戏代表性传承人

1. 苏子明（1938—）屏南县寿山乡寿山村人，从事乱弹戏音乐艺术数十年，被评为乱弹戏省级代表性传承人。1958年参加屏南寿山乱弹戏班，拜古田乱弹师傅大耳学习乐器演奏，任乐队主胡、头把。1976年以来传授弟子有苏享洽、苏孝朋、苏永书、苏维石、苏享堂等人。2007年，屏南县在寿山成立"屏南乱弹戏培训基地"，苏子明任教师，共培训新学员30多人。近年来，参与编导《双合缘》《对珠环》《五代同堂》《大长春》《牡丹亭》等多本戏。

2. 苏正顷（1948—）屏南县寿山乡寿山村人，从事乱弹戏音乐艺术40多年，被评为乱弹戏省级代表性传承人。1962年师承苏子明学习笛子（横哨）、二胡、大钹、小锣等乐器演奏。2007年5月，屏南县在寿山成立"屏南乱弹戏培训基地"，利用节假日在寿山村培训8岁至14岁的中小学男女学生，共培训三次，学习的达到70多人次。

近年来，苏正顷参与编导《双合缘》《对珠环》《五代同堂》《大长春》《牡丹亭》等多本戏，并任剧团重要乐手。主要代表性作品有《节孝图》《碧玉簪》《分水钗》《忠义扬》《双合缘》《大长春》《牡丹亭》《珍珠串》等。

（四）屏南四平提线木偶戏代表性传承人

陆绍灿（1969—）屏南岭下乡谢坑村人，谢坑四平提线木偶戏"怀橘堂"第三代传人，被评为四平戏省级非遗代表性传承人。1985年师承父亲陆丕烽学习表演。1986年至1992年，与父亲组成"谢坑线戏团"在屏南、政和、建瓯等县（市）农村演出。

1986年以来，陆绍灿已全面掌握四平提线木偶戏的表演、唱腔以及后台"硬片""软片"的伴奏，并独立完成剧目的编排与导演。1993年至今，与兄长陆绍宽组建"屏南谢坑四平提线木偶剧团"，并在周边县市演出，多次受邀赴省城、宁德市、屏南县参加汇报演出。其主要代表作品有《隋唐演义》《三国演义》《东汉演义》《薛刚反唐》《薛仁贵征西》《杨家将》《西游记》《观音堂》《陈光蕊大小登科》《临水平妖》《八仙》《华光传》。

（五）屏南杖头木偶戏代表性传承人

1.周回利（1944—）屏南县棠口镇棠口村人，1963年至2004年担任棠口文化站干部、站长，1971年起学习杖头木偶表演艺术至今。被评为杖头木偶戏省级非遗代表性传承人。周回利拜张红孙、周荣盘为师，创办棠口杖头木偶剧团，排练有《东海小哨兵》《双花轿》《武松打虎》《蜘蛛精》等剧目，到县内演出30多场。2002年，周回利为首重办"屏南安溪平讲杖头木偶剧团"，并多次接受各级媒体与专家学者的考察与采访，并赴市县汇报演出。演出的剧目有《白蛇传》《火焰山》《小补缸》《乾坤宝镜》《红孩儿》《东海小哨兵》

《双花轿》《武松打虎》《蜘蛛精》等，深受好评。2002年独立创作了《江姑伏虎记》一剧。

2.张正芳（1946—）屏南县熙岭乡熙岭村人，1963年至2006年担任熙岭文化站干部、站长，1980年起学习杖头木偶表演艺术至今。被评为杖头木偶戏省级非遗代表性传承人。任"屏南熙岭杖头木偶剧团"团长。张正芳师承熙岭杖头木偶戏著名艺人张礼读、张德砚，并将技艺发扬光大与不断创新。2002年，组织老艺人再次创办起"屏南熙岭杖头木偶剧团"，主要演出的剧目有《白蛇传》《火焰山》《小补缸》《乾坤宝镜》《红孩儿》等，2006年10月参加"全国四平腔学术研讨会"地方剧种汇演，深受好评。

周回利演示杖头木偶

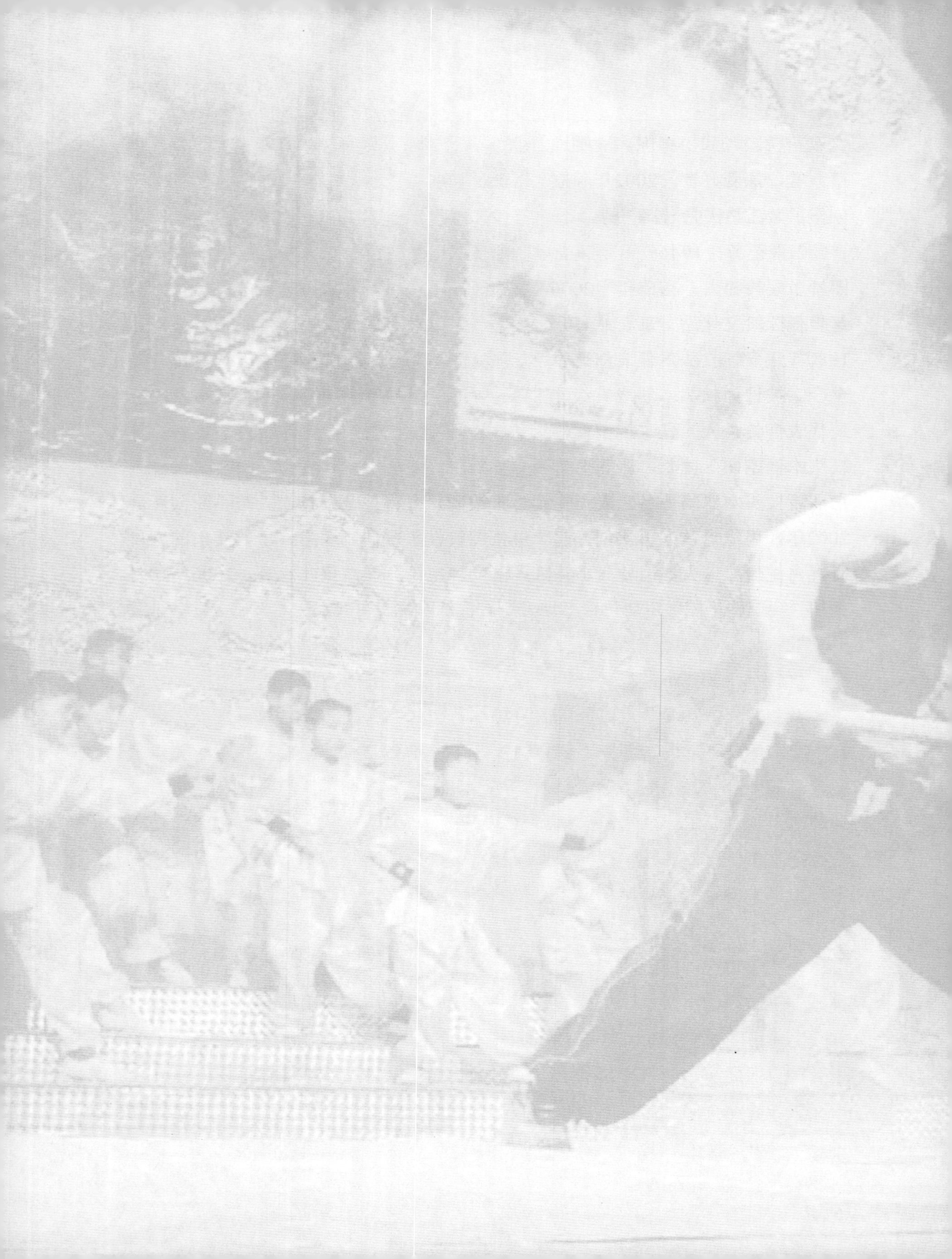

第五章 民间武术

屏南武风盛行,传统武术源远流长,人才辈出,尤以明清两朝最盛。屏南传统武术门派众多。延传至今的有:单鞭罗汉拳、虎尊拳、龙虎形拳、伏虎拳、五祖拳、六桩棍、八卦棍、梅花棍、一字棍、双头棍等。农村中有许多由生产生活工具演化而来的武功,如:锄头功、板凳功、烟筒功、扫帚功、雨伞功、扁担操、田埂刀法等。有些地方还有与拳术相配的器械,如:双铜术、镗术、铁尺、扣链术、刀术、剑术、判官笔等。有些名师还身怀绝技,擅轻功,千斤坠,提裆吊阴,喷针,喷沙,点穴解穴等,不一而足。2015年,屏南被评为『中国民间武术文化之乡』。

自古以来，屏南武风盛行，传统武术源远流长，人才辈出，尤其到明清两朝最为鼎盛。清代便出现武进士甘国宝、张渊澜；武举人甘攀龙、薛文潮、章程、郑鹏、张元攀、叶陈辉、张朝陛、周坊、吴兰芳、张兆鳌、薛云张、周典徽等，名盛一时。清朝虎将，两任戍台总兵甘国宝出生于小梨洋村，其文治武功至今还广为传颂。忠勇将军薛文潮，少林高僧"铁头和尚"在当时都武功超群，闻名遐迩，至今其许多事迹还为人们所津津乐道。此外，农村中出现一批没有出仕专门授徒的武林高手。如：漈下村的甘曹、甘六兄弟，漈头村的张宗标、往里村的张安宁、前塘村的林有章、南峭村的林日炳等，都是一代名师，身怀绝技，行侠仗义，广授门徒，夯实了屏南传统武术坚实的基础。近年来，单鞭罗汉拳、虎尊拳、龙虎形拳、六桩棍、自然门、六合门、传统生产生活器械武功等均列入县、市级非物质文化遗产代表作名录项目，2015年，屏南县被中国民协命名为"中国民间武术文化之乡"。

第一节　种类与特点

屏南传统武术门派众多，延传至今的有单鞭罗汉拳、虎尊拳、龙虎形拳、伏虎拳、五祖拳、六桩棍、八卦棍、梅花棍、一字棍、双头棍等。农村中有许多由生产生活工具演化而来的武功，如锄头功、板凳功、烟筒功、扫帚功、雨伞功、狼筅术、扁担操、田埂刀法等。有些地方还有与拳术相配的器械，如双铜术、镋术、铁尺、扣链术、刀术、剑术、判官笔等。有些名师还身怀绝技，擅轻功、千斤坠、提裆吊阴、喷针、喷沙、点穴解穴等，不一而足。

数百年来，屏南民众好武尚武，以此强健身体，修身养性，惩恶扬善，抵御外敌。无数武林志士为继承和发扬中华武术而苦心修炼，竭心尽力，行侠仗义，留下许多传奇故事，为屏南人民赢得了自尊和荣誉。他们不仅在境内传授武功，而且在境外广泛授徒。足迹遍及宁德、古田、建阳、建瓯、绍武、南平、连江、霞浦等地，并传播于东南亚一带，形成了独特的"屏南功夫"。数百年闻名于闽东北，成了屏南一张文化名片。屏南武术协会主席苏旭东、副主席兼秘书长吴良滇对屏南各民间武术特点做了系统总结如下。

一、拳术

屏南传统拳术包括虎尊拳、单鞭罗汉拳、龙虎形拳、伏虎拳、五祖拳、将军拳、自然门、六合门、虎形拳等。

（一）虎尊拳

虎尊拳属南少林一支，是以虎的动作、行姿、扑食、打斗而创编的象形拳术。此拳讲究铁桥硬马，架式沉稳，凶猛凌厉，以腰带动，以气催力，刚健有劲。虎尊拳的主要特点：两脚如风，两手如竹绳；进如闪电，退若猫伺鼠。身法要求：沉肩垂肘，含胸拔背，提裆吊肚，头顶项稳，做到吞、吐、浮、沉，运气自如。步法稳固，落地生根，发力时劲由足根起，气沉丹田，腰腿臂贯穿一气，力求顺达；四脚指架，关节运动指如钢钳，带练筋背，虎视眈眈，以意为神，眼到手到，讲究心、意、神、劲、眼、手、脚五行合一和变化；讲究蓄劲待发、短行硬功、棱如山，轻如燕、出手不空，收手不败，进退有势、观势击穴，攻穿无误，变化莫测。虎尊拳在发劲后，劲力到达各关节，有明显的颤吹之劲。

虎尊拳的主要套路有中机、上下六、三角、四门、长排、五步梅花拳、走马外机等。必杀绝技是"单技落"。"单技落"讲究随着对方手劲走，随轻就轻，随重就重，使出时注意目光如电、拳快如风、爪如铁钳。此招一旦出手必然钳住对手，可使对方骨头碎裂，所以号称"神仙走不脱"。

漈下虎尊拳

屏南虎尊拳于清雍正年间由泉州少林寺永春高手郑元辉传入屏南漈下村。而今，漈下村还保留着习武传统，村里不分男女老少经常开展群众性习武活动。每到农闲季节，村里就会选择几个武艺高强的武师，确定习武场所，由师傅和徒弟双向选择，专门传授虎尊拳法。该拳种迄今已传12代，可谓人才辈出，代表性人物有甘曹、甘六、甘振湖、甘振河、甘茂元、甘郑意、甘明县、甘代松、甘久同、甘代佑、甘久峰、甘久佐、徐传敏、甘连赐等。

（二）单鞭罗汉拳

清雍正年间，因火烧泉州南少林，"铁头和尚"避难于我县棠口镇三峰禅寺。"铁头和尚"身怀南少林独门绝技"单鞭罗汉拳"和"铁双铜"，精通点穴、解穴术，对伤药、"脉药"深有研究，不仅轻功了得，还擅长"千斤坠"，为屏南县"单鞭罗汉拳"一派开山鼻祖。漈头村秀才张宗标入三峰禅寺读书，因有佛缘，深得"铁头和尚"赏识，遂将平生所学，倾囊相授。张宗标弃文从武，潜心修炼单鞭罗汉拳。为了更便利于修炼武功，还延请"铁头和尚"入住漈头村慈音寺。张宗标经过"后山无实心毛竹"的考验后出师，曾任建宁府武术总教头，与人较技，罕逢敌手，成为一代名师。自此，该拳种在屏

单鞭罗汉拳

南县广为流传。该拳种在漈头传三代后又由名师传于往里村张安宁兄弟,张安宁又将其平生所学加以改进,传于前塘村其外甥。此后,漈头、往里、前塘都成为远近闻名的"拳头村"。

单鞭罗汉拳迄今已传10代,代代皆有高手。该拳种一半带龙桩体,讲究"一真二快三胆四力",千斤落地,落地千斤,拳守六面,拳打三中。拳谱云:"逢桥则断、逢桥则透、逢空必补""有进无退、步步伤人"。讲究桥手和身法的灵活多变及脚下绊、缠、扫、扣等运用。其套路有"拳母"、"小四门"、"双步领"、"双步虎"(上光、下光)、"二十四"、"三十六"、"双蝴蝶"、"双锤马"、"七十二"、"一百零八"等。总称"七双""八法""三棱箭",有二十八套套路,动作重复较多,其中以"二十四式""三十六式""七十二式"和"一百单八式"套路为精华。现存代表人物为第八代传人张京巷、林常洲,第九代传人张龙群、林飞。单鞭罗汉拳流传于漈头村、往里村、前塘村、棠口村、上洋头村和代溪镇一带村庄。

(三)自然门

自然门源于徐矮师,不明其身世名籍。其渊源迄今有二百余年。自然门武学由徐矮师传杜心五,杜心五传万籁声,徐、杜、万称自然门三杰,万籁声入闽长期培育弟子,使之成为卓有声名的一大武学宗派。

福建省自然门武术研究院副院长、宁德市心武自然门武术研究院院长、宁德市武术协会副主席毛志坚自幼好武,常习南拳,18岁应征参军在厦门服役。拜自然门传人陈志清为师,尽得真传。1991年毛志坚回屏南创办厦门万鹭武术馆屏南分馆,成立宁德市心武自然门武术研究院,通过十几年的

自然门

努力，在屏南培养了一批武术人才。

　　自然门一洗少林之刚烈、武当之阴柔，根据自然生育万类，不见其迹象而创。它的动作以内圈手为练气之本，以各种基本功为制胜手段。如天行健，如地之轴，随方就圆，随曲就伸，东来西应，直来横接，利用"填空不应响"之诀，乘其"旧力已过，新力未生"之际，你打我也打，你动我也动，则灵枢活泼，不粘不脱，而成其为"刺如钢刀扣如钩，碰如铁石粘如胶，相对如婴儿，举手不能逃"，它是不摆架式以应敌，不定型以进攻。"动静无始，变化无端，虚虚实实，自然而然"是自然门的精髓。所谓的自然门在真正的对战中是无套路可依的，要求每一个出击每一次躲闪都源自自然本能。

　　自然门注重的不是拳而是功，即自然功。"出手起腿一条线，打人见影不见形。"自然门产生套路的着眼点，完全是为了练气，拳法讲究拳行自然、圆转自如、不呆不滞，软脱灵活而一气呵成。自然拳主要有令牌式、鸦雀步、回身式、长手推掌、捻步、翻锤、撩打、肘打、削掌、上山虎、靠打、炮闪、平胸掌收式等姿势。

　　目前，自然门在屏南已传5代。传承人有郑彪、张乾胜、张朝阳、张志强、施华荣、毛行荣、余映、陈守富、叶海镕、彭东健等。

（四）龙虎形拳

　　龙虎形拳俗称"半龙虎"，清朝时由泉州南少林传入。屏南籍武林人士包望鲁为其第四代传人。包望鲁年轻时到"南洋"（现东南亚一带）讨生活多年，后由于思乡心切，就只身回屏南长桥。回乡途中，力毙三名匪徒，虽是被迫自卫，但对此事却深感内疚。事后，他低调内敛，隐姓埋名，以卖豆腐为生，极少在人前展示功夫，并常就此事告诫弟子："本门拳法拳风毒辣，一定要小心谨慎，切莫轻易使用。"

龙虎形拳

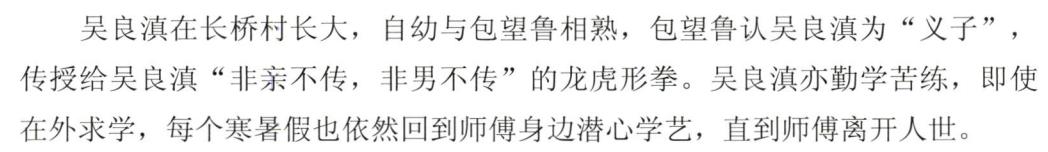

吴良滇在长桥村长大，自幼与包望鲁相熟，包望鲁认吴良滇为"义子"，传授给吴良滇"非亲不传，非男不传"的龙虎形拳。吴良滇亦勤学苦练，即使在外求学，每个寒暑假也依然回到师傅身边潜心学艺，直到师傅离开人世。

学成后吴良滇在屏南开馆授徒，开始教授资质好的学员练习龙虎形拳。因为龙虎形拳招数阴冷，因此，在择徒上，非常严谨，就算真的收入门中，对弟子武德培养的重视更甚于对武功招数的教授训练。

龙虎形拳吸收了龙桩拳和虎尊拳之精华，攻多虎势，守多龙形。拳谱云："现龙藏虎、龙缠虎扣、偏打最妙。"防守中注重龙缠手、龙尾手、挑手、扣掌、拍掌的运用；更注重于侧身闪步、彼进我进、不架直击的运用；攻击时讲究"一指取穴，二指抢珠、扣肩井，三指撩阴，四指插胁，五指扣顶、捉拿"；还注重以虎爪、虎掌进击；腿法以低踹、中踹、正蹬、后蹬为主；脚法特别注重"半月扫"；步法以三角步为主，兼以半马步、弓步、骑龙步、伏虎步、败步、拗步等。该拳种技击特点是脚踩三角，拳打三节，身起高低，讲究步法快速进桩，身法的灵活多变和巧妙的旁敲侧击，共有五个套路，精华在"拆招"。在众多招式中，由第四代传人包望鲁先生改进的"踮步拖桩"尤具特色，可以瞬间跟进，让人防不胜防。

至目前，龙虎形拳在屏南已传6代。现存人物以第五代传人吴良滇为代表，第六代传人有周盛锋、叶松、陆少飞、彭玉锦等。龙虎形拳流传于长桥村、甘棠村和屏南城关。

（五）将军拳

将军拳是我国罕见之拳种，濒临失传。由一将军传给雪峰寺。火烧雪峰寺之后，一武僧辗转到宁德支提寺修行，将"将军拳"带到支提寺。熙岭乡梨洋村刘仙茂于1944年躲避抓壮丁，随舅父周万接藏于支提寺，跟随一名法号为"司豪"的住持苦练"将军拳"。将军拳共108桩5400招，一般只单脚落地，特别讲究桩功练习。该拳由于套路长，动作难度大，无坚强意志者，难以学成，一代一般只传一人，流传不广。

目前，将军拳的练习者已寥若晨星，仅刘仙茂之子刘鑑梓得乃父真传。刘鑑梓武学广泛，徒手器械，运用自如，尤讲究实战，除专于名门武术之外，还广泛寻师学艺，掌握了许多诸如疯拳、锄头功、扁担操、蒲扇功、板凳功、雨伞功及烟筒功等民间武功，更精于医道，是屏南县医学一代名师。

（六）六合门

六合门是少林武术的一大门派（属韦驮门），源于何时，创自何人，史无明载。其特点是理论完整，内容丰富，有拳术，及长、短、双器械；拳术、器械对练，以及技击技术，根基功夫等内容，具有很高的技击意义和锻炼价值。六合门中有许多"高招""绝手"，尤其是"鬼头探脑"的身法和"步伐丁丁，步走七星"的步法等，是其他门派所没有的。六合门历来一般只传嫡系亲属或本门高徒，故流传不广。当今精于此道者，已寥若晨星。屏南县学习六合门的有毛志坚、刘鑑梓、张传俭等。

（七）伏虎拳

伏虎拳系"铁头和尚"所传。铁头和尚先到棠口镇大章小门院，后到周宁县礼门乡小坑村传授伏虎拳。由该村张必宝拳师再传屏南卜塔村张奕满。张明伟系张奕满之子，练习此拳多年，颇得要领。该拳种是传统象形拳之一。练习者要求拱项缩头，瞪目眺牙，模仿虎形，领会虎神。该拳结构严谨底盘扎实，进攻时迅速准确，防守时密不透风，身法敏捷灵活，动作刚劲有力。一招一式，似粗实细，拳、掌、指、爪，劈、打、抓、戳，变化微妙，实用价值高，是一门完整难得的地方拳种。

（八）康里虎形拳和五祖拳

屏南康里虎形拳属少林高僧传入，迄今历7代。该拳桩低，讲究步法沉稳，以上下、左右三角为重。虎形拳原为七路（现已部分失传），前辈高手有郑重洋、郑呈松，第六代传人为郑福文。

五祖拳属于南少林拳法，该拳由浙江金华林入师传入，该拳分虎、豹、龙、蛇、鹤五种。练法要求，提阴吊肚、落胛、宽胸、紧背，架式高低变化灵活，劲力沉稳。技击时，进步震脚，退步拖马，发声呼喊，气势逼人。康里五祖拳代表人物有郑观齐。

二、棍术

屏南传统棍术有六桩棍、八卦棍、梅花棍、一字棍、双头棍等。

（一）八卦棍

八卦棍系屏南著名棍术之一，于清朝道光年间由兴化府莆田县竹林村武术高手传于本县南峭村林日炳，林经数载苦心修炼，终成一代名师。其在乡间授徒甚众，得意门徒有12人，其中首徒官洋村江兰槐和其两侄儿深得真传。林无子嗣，逝时由其徒弟厚葬。此后八卦棍广为流传。古田、邵武、南平、建瓯一带皆有习者。南峭村和官洋村更是闻名于外的"棍巢"。

八卦棍的特点是脚踩八卦，前后左右，变化多端，高手演练，脚踩不过箩筛。该棍法套路分为"前天八卦""后天八卦""十八变法"和"对练"。棍法以守为主，攻守兼备，砍、撩、挑、斩、点、划、戳、吊、扫、拐，招法众多。防则密不透风，攻则贴近，放争和起叩棍头，尤其缠棍用法，特点明显。还有双人对练，称"双龙抢珠"，熟练者在黑灯瞎火中亦能对练，只闻棍击声，不见人棍影。

八卦棍

八卦棍流传于南峭村、长坋村、官洋村和长桥一带。此棍法已传6代，官洋村八卦棍谱记载：第一代林日炳，第二代江兰槐，第三代江德春、江郑木、江继芳等，第四代江春节、江春枝、江秀林等，第五代江德祥、吴良滇、江良雁等，第六代周盛锋、叶松、陆术传、陆少飞、彭玉锦、谢雨芳等。

（二）六桩棍

清雍正年间，泉州少林寺被毁，其中有位人称"高和尚"的棍僧来到建宁府建瓯县，隐居于山林寺院传艺授徒。时值屏南前塘村林有章也在建瓯谋生，闻讯入寺拜其为师。林有章为人诚实勤快，身法敏捷，悟性极高，深受师父喜爱，得其真传，后又在多年苦练中自创了许多招法，在建瓯一带颇有盛名，直到年事已高才回家乡屏南传授棍术，迄今已传6代。

六桩棍套路共有六路，招法特点是：刚柔结合，棍随身变，身随步变，步随心变，眼观四方，攻中有防，防中有攻，攻防兼备，灵活应变。练习时讲究棍法紧凑，步法轻盈稳健，门户紧闭，马上马下都可使用该棍法。基本棍法：砍、鞭、戳、剪、扫、撩、拨、缠、捋、插、劈等。主要步法有：逆步、丁步、弓步。现存代表人物为林桂拜、林桂步、林飞。六桩棍流传于浙洋村、前塘村、连地村和路下一带。

（三）梅花棍

小梨洋村系两任戍台总兵甘国宝之出生地，梅花棍是该村特有棍法。甘氏14代祖甘好传居住于村边山场，人丁稀少，常受邻人欺凌，外加土匪滋扰，常被洗劫一空。由此，他立下习武保家的誓愿。及年长，膀阔腰圆，颇有慧质。有次做生意到江西，深为一少林游僧精湛武功所折服，于是拜其为师，勤学苦练三年。后因家中有事，不得不返乡，又深恐技艺未精，于是又延请其师一同返乡。苦学一载，终得其师真传。从此，少林梅花棍在小梨洋生根发芽，代代相传。

甘好传学成梅花棍之后，常挑酒糟、笋干等山货往返宁德诸地。常遇劫匪，匪皆不敌而逃。其中一次数匪持棍、刀，欲劫甘好传，甘以一条湿毛巾对付，匪落荒而逃。自此，名盛一时，人称"闽东师"。

少林梅花棍特点是脚踩丁字步，手腕、脚步变化多端，守中有攻，防守严密，风雨难透。招法主要有砍、挑、劈、插、架、拦等。套路有六桩、二十六步、内十三、外十三等六套。其中还有对练招法。

少林梅花棍谱记载：第一代甘好传，第二代甘景星，第三代甘久华，第四代甘振为、甘振锥、甘振秉、甘枝春诸人，现小梨洋村有梅花棍训练基地，学员为第五代。

少林梅花棍

（四）一字棍

一字棍早在清朝道光廿一年（1841），由少林寺一名游僧传给屏南陈子茂拳师。陈再传于熙岭乡梨洋村，迄今历8代。该棍法基本套路有：六桩、十三步、十八步、笼步、杂排（上、中、下）、四门（大、小）等，全套以简捷明快，灵活多变，门户紧严。注重实战为特点。动作幅度不大，讲究劲力，劈、撩、插、扫、拔、挏、戳、挑、架等，擅长以寸劲、抖劲、挑劲、身劲制敌。久练一字棍法，全身上下坚硬如石。此棍法现以刘鑑梓为代表人物。

三、截脉

截脉即点穴，北方称为点穴，南方称为截脉。脉书云：子午卯酉一条线，寅申巳亥圆如镜。当地传统武术理论认为：人的身体就像一个小宇宙，与潮汐、时辰运行同步，血脉的流动有自己的线路，穴位就散布在经络通路上，是气血交汇的地方。截脉就是重创对手气血经过的穴位，致使对手气血阻塞，人为地影响生理机能，造成身体的病变，使对手失去抵抗能力，甚至致残毙命。被截脉后每天的这个时候也就是发作的高潮，当发作高潮时，该穴位处会有红点显现，待高潮退后红点又会慢慢消退去，而且高潮期会随着季节、潮汐、时辰的不同而变换。而解脉之法则要根据点击的穴道的不同、身体的病变的程度不同，采用不同的草药内服外敷，用不同的手法进行推拿才可以不断地缓解症状，最后达到治愈的目的。

山区之人根据时辰确定穴位，沿海之人根据潮汐确定穴位，也称截脉有为"六时"。在习武之人看来，人体全身遍布穴位。过去的老拳师抱孙子时，

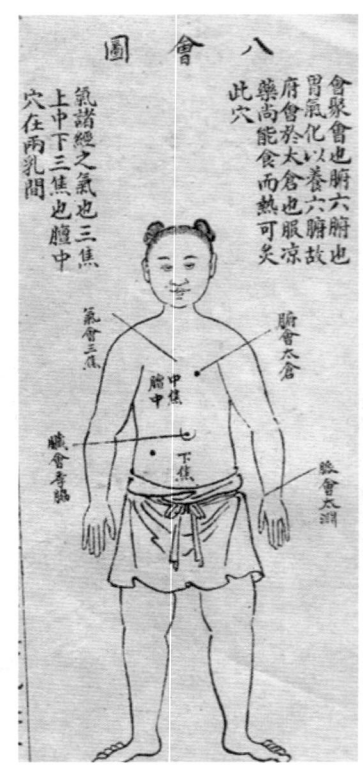

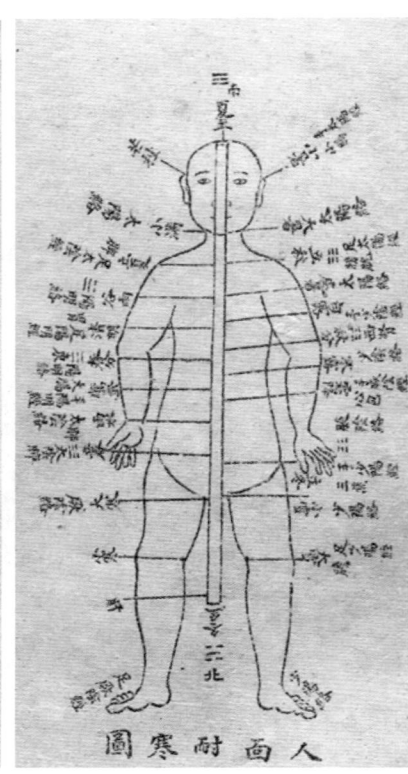

脉书图谱

都不敢伸手去接，有的用衣襟兜住，有的用胳膊托住，生怕无意中点了小孩的穴道。

截脉之法是屏南传统武术之中最神秘和高深莫测的一门功夫。截脉不仅要求有很高的功力，解脉更要求对穴位有精深的了解，以及对各个穴位相对应的解脉草药烂熟于心才可。因此，为防后人滥用截脉功夫伤人，先人除了要求后世择徒一定要慎之又慎外，还专门在《脉书》首页立下"偷者双目失明，用者断子绝孙"的咒语。此外，由于截脉功夫的精深奥妙，出于防止有好奇之人要求其展示、歹人上门强行要求学习截脉或误击伤人等因素考虑，武师们都不会主动承认自己会截脉之法。

虽然武林人士对截脉之法讳莫如深，但在屏南有关前辈高人的截脉传奇故事可也不少：新中国成立前，漈下村一行五人前往蕉城，晚上入住虎贝乡一客栈。五人听说客栈隔壁开有一家武馆，于是前往观看。在武馆练习的弟子中，有人认识其中一名漈下人，于是打了个招呼。武馆拳师听说来了漈下人，于是将其请入，一起交流武艺。交谈中，武馆拳师言词中颇为看不起漈下武术，于是与这几位漈下人起了冲突。冲突中，一位漈下人近身在武馆拳师身上招呼了一二。次日一早，待这行漈下人离开虎贝后不久，前一夜还一切正常的武馆拳师突然暴毙。武馆众弟子纷纷猜测，拳师可能就是被漈下人截了死脉，因此，发作时辰一到就毙命了。但是大家又拿不出有力的证据，此事只好不了了之。

漈下村老拳师甘代松是一个身怀解脉之术的高手。有一个女子因被丈夫无意中截了脉，前来找甘代松医治，这位女子来找他之前，已经背部疼痛手指麻木半个多月，在每天的固定时间，疼痛会加剧，经他诊断，该女子是被点了颈部的"鬼门穴"，经过甘代松用草药结合按摩的方法解脉，才为其治愈。

由于截脉之法相对"易点难解"的特殊性，所有村里武师在练习截脉时，只能利用狗、兔之类的动物来练习。有的虽然未曾在人的身上验证，但是不少动物被截中死脉不久后的确死亡。这门功夫的传人，他们始终有一个信条，那就是"合手下千金，不教无良人"。

四、奇门兵器

屏南传统武术中的"奇门兵器"并不是指所使用兵器之奇特、少见,而是指所使用兵器之普通、常见,是生产、生活中所使用的器具,如锄头功、板凳功、烟筒功、扫帚功、雨伞功、狼筅术、扁担操、田埂刀法、草耙法、砍刀法等。

在冷兵器时代,屏南地处边远,穷乡僻壤,民风剽悍,匪患层出,乡村之间因山林田地之争而械斗不断,所以各个村落都习武以自卫防身。在那个年代大量的武术练习者不是士兵、武士,而是地道的农民,这就决定了屏南的传统武术鲜有职业武士使用的刀、枪、剑、戟、斧、钺、钩、叉等专业的兵器,而主要的是拳术、棍术,以及由拳术、棍术演化而来的,以生产、生活中所使用的器具为兵器的武术。

最值得一提的"奇门兵器"是狼筅,狼筅即用节密枝坚的竹子削制而成的一种兵器,狼筅在戚继光所著的《纪效新书》有记载,该书《牌筅篇·狼筅总说》中称其为"行伍之藩篱,一军之门户",在戚继光所创的阵法"鸳鸯阵"中狼筅是重要的组成部分,"凡用狼筅,须要节密枝坚,秒加利刃,要择力大之人能以胜此者,勿为物所使矣,然后以牌盾蔽其前,以长枪夹其左右,举动疾齐,必须钗钯大刀接翼。"

锄头功

板凳功

狼筅术

狼筅是农村晾晒物品的支架，屏南农村家家户户必备狼筅，但作为兵器的狼筅还是有讲究的，首先必须选择坚固的竹子，削制成一丈长，然后放在火上烤以增加其硬度，最后还要放在尿里浸泡，有的还在尖利部分涂上毒。狼筅之术主要脱胎于棍术，因狼筅之长大、笨拙，故狼筅术比较简单，主要有拒、插、格、扫、劈等招数。

烟筒功

屏南县境内凡棍术出名的村庄都擅烟筒功、狼筅术、扁担操。田埂刀法、草耙法主要流行于小梨洋村；板凳功、锄头功、狼筅术、砍刀法、雨伞功主要流行于漈下村；双锏术则为往里村独门兵器。

第二节　习俗与文化

屏南武风盛行，习武之人，不仅勤于练功，更注重德行修为，强调"武德第一，技艺第二"。习武教馆，行走江湖，武行也有自己的行业神，也有自己的行业准则和行为规矩。

一、拜师习俗与武德武风

拜师是学习传统技艺的头等大事，中国很多传统的项目都讲究拜师学艺，如戏曲、书画、中医等传统文化。武术也不例外，没有师父就等于"无源之水，无本之木"，严格的说没有师承，没有师父不算入门。行内人认为非门里出身，俗称"不正规"。

（一）拜师习俗

武术界向来讲究拜师仪式，师徒的师承关系、名分极严。要想成为师门正式弟子，须经考察确认品行端正，符合条件得到认可后，经本人申请，并举行隆重的拜师仪式。中国传统的师徒关系仅次于父子关系，俗谚云"生我者父母，教我者师傅""投师如投胎"。有的行业，一入师门，全由师傅管教，父母无权干预，甚至不能见面。建立如此重大的关系，自然需要隆重的风俗礼仪加以确认和保护。武术界一般拜师礼仪分成四个程序。

1．拜师礼仪程序

（1）拜祖师、拜武神。表示对武行敬重，对习武的虔诚与决心，同时也是祈求祖师爷和武神的"庇佑"，使自己学武精进有成。

（2）行拜礼。一般是师父、师母坐上座，学徒行三叩首之礼，然后跪献红包和投师帖子。

（3）听训诫。训诫是教育徒弟遵守门规，善学守德。拜师仪式上徒弟向本门鼻祖、师爷、师父、师娘行拜礼后，呈上拜师帖，接着拜同门师兄弟。入门弟子又名嫡系弟子，最先进入师门的为大师兄，亦称开山弟子；最后进入师门的入门弟子，称为小师弟，亦称关门弟子；同时入门的年长者为师兄，年轻者为师弟。未经过上述程序，向师父学过拳技且功夫较好，得到师父承认的，也是师门弟子，但只能称作记名弟子，不能称为入门弟子。不是入门弟子，也不是记名弟子，只是同师父学过拳技，称为学员、学生或学徒。

漈下青少年学习虎尊拳

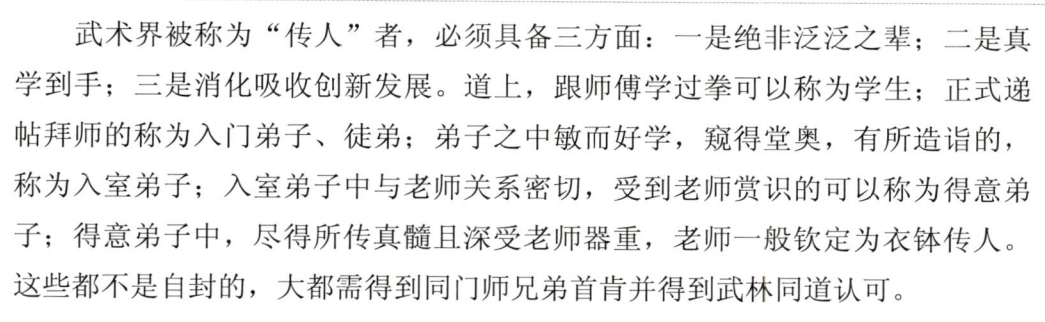

武术界被称为"传人"者，必须具备三方面：一是绝非泛泛之辈；二是真学到手；三是消化吸收创新发展。道上，跟师傅学过拳可以称为学生；正式递帖拜师的称为入门弟子、徒弟；弟子之中敏而好学，窥得堂奥，有所造诣的，称为入室弟子；入室弟子中与老师关系密切，受到老师赏识的可以称为得意弟子；得意弟子中，尽得所传真髓且深受老师器重，老师一般钦定为衣钵传人。这些都不是自封的，大都需得到同门师兄弟首肯并得到武林同道认可。

2. 门规戒律

武术界的门规戒律各门派有所不同，但总体上都是要求向上向善。门规戒律主要有《门尊十二严》《规守十二备》《戒章十二禁》《律则二格》等。《门尊十二严》是："端、公、仁、浩、忠、诚、敬、正、义、勇、信、德。"《规守十二备》是："不倚权欺人，不与狂徒较量。不畏强凌弱，不与无知争强。不惧险救危，不可骄诣贫富。不为非作歹，不贪无义横财。不仗技采花，不与酒色处事。不借势狂妄，不抗公私之债。不走街卖艺，不得损公碍私。不串乡结党，不图显官厚禄。不奢逸流浪，不当叛国臭徒。不自傲自满，不应磋懈习拳。"《戒章十二禁》是："邪、反、刁、滑、奢、诈、疯、卑、奸、谎、狂、恶。"《律则二格》是："善良之人，端德者习拳，以健康强壮身体卫身之根，此乃本门拳术本貌共遵。不良之人，邪恶者从拳、以资侮掠人资本，为患害。此乃本门拳术戒绝反对。"

（二）武德武风

武德是从事武术活动的人，在社会活动中所应遵循的道德规范和所应具有的道德品质。简而言之，就是武术道德。"道"一般指事物运动变化的规律，并引申为人们必须遵循的社会行为准则、规则或规范；"德"即得，人们认识"道"，遵循"道"，内得与己，外施与人，便称为"德"。我县各类武术授课机构，每周都会对学员进行一次武德教育，让学生明白要尚武崇德，武术是一门技术，更是一门科学知识。"武德高尚、武风正派、武礼谦和、武技精湛"是新时代武术人才的规格标准。屏南各武馆均以讲究武德为首，订立严格武德标准和严厉惩戒制度。主要师训与武德如下：

武门师训：忠于祖国，热爱人民；孝敬父母，尊师重道；勤学苦练，不图虚名；博采众长，融会贯通；谦恭礼让，坦诚和善；遵纪守法，见义勇为。

　　武德十戒：戒立志不坚，徒有虚名；戒轻浮虚夸，不知深浅；戒心胸狭窄，不纳忠言；戒狂妄自大，唯我独尊；戒逞强斗狠，虚荣好胜；戒舌无禁忌，议人之过；戒虚担师名，误人子弟；戒铜臭之躯，奸商气息；戒自矜自赏，固步自封；戒不敬师道，无情无义。

二、信仰习俗

　　千百年来，中国民间武术吸取儒释道文化精华，尊师重祖。清人纪昀《阅微草堂笔记》说："百工技艺，各祠一神为祖。"中国民间武术的祖师爷信仰有着悠久的历史和深厚的群众基础。民间武术的祖师爷信仰具体源于何时已不可考。但是，依据相关记载可以断定，作为民间武术群体的泛宗教信仰形式，它与中国人的宗教观有密切关系，并于明清时期臻于成熟。

　　中国武术流派众多，其信仰祖师也多，如少林派供奉达摩为其祖师。民间传说达摩面壁于嵩山少林寺，九年功毕，创少林十八罗汉手，少林派遂将少林武术依托附会于达摩，认其为本门祖师，加以奉祀。武当派供奉张三丰为祖师爷。在道教史上，张三丰是道教武当派及武当派内丹与武术的开山鼻祖。司徒玄空被尊为峨眉派武术祖师。青城派尊五岳丈人宁封子为远祖、张陵为初祖。屏南武术部分拳术、棍术源于南少林功夫，但供奉祖师却非达摩祖师，而是"玉封九天风火院"的田、窦、郭三元帅及郑一、郑二、郑三师傅等神众。田公元帅是武行信仰神，更是戏剧、百戏的信仰神，其事迹见本书《民间戏剧》。

三、教馆练武习俗

　　以漈下村为首的龙漈甘氏武风盛行，传统武术源远流长，人才辈出。无论是二世祖甘思玉，还是甘元品、甘六、甘曹、甘振湖、甘好传、甘茂元、甘郑意以及现代的甘代松、甘久同、甘代佑、甘振锥、甘振秉等甘氏武师，他们在勤学苦练终有所成的同时都把武术传承给龙漈甘氏子弟当作己任。甘氏二世祖甘思玉晚年再三叮咛子孙，既能武更能文，务望代代承继不得间断，方能立于不败之地，从而给后人持续习武奠定牢固基础。其他武师也都把开馆授徒当作传承武术的一种方式，同时也成为他们的一种谋生手段。龙漈甘氏子弟也在历代武师中声名远播，让人们在津津乐道的见义勇为、打抱不平的故事中得到了激励和鼓舞，全身心地投入到武术的学习和修炼。几百年来，龙漈在长期的武术的教与学的过程中逐步形成其持久的练武习俗。龙漈的武术及其练武习俗正成为龙漈独特的一种文化现象。

练武石

基本功练习

龙漈的练武习俗主要有"订口""催口""完馆"等。

订口：宗族内部确定有几个武师可以授徒，并确定几个习武场所，由师傅和徒弟双向选择，确定习武对象，择一黄道吉日祭拜先师后开馆授徒。

催口：一般是在每月的初一、十五，由徒弟们半夜偷一只公鸡进行会餐，被偷公鸡的主人次日要大骂偷鸡贼，而且要越凶越好，以锻炼徒弟们的以后行走江湖的胆量和能力。

完馆：临近春节，武馆闭馆时，徒弟们每家每户做几道菜，集中在武馆会餐，以酬谢师傅长期的教导。

每一次的"订口"到"完馆"称之为"一馆"，通常为两个月60天，龙漈甘氏子弟一般都学有一两馆，但龙漈武术博大精深，要成为一个武术好手不是一两馆就能学到手的，只有那些有兴趣、有能力、有财力的甘氏子弟才会"一馆"接"一馆"由浅到深地学下去，最后融会贯通，掌握其技艺。

民间武术行业留传习武"十不可"：不可轻师，不可忘义；不可逞斗，不可欺人；不可酗酒，不可赌博；不可吸毒，不可戏色；不可炫耀，不可无礼。而拳师开馆授徒"五不传"：人品不端者不传；人无恒心者不传；不知珍重者不传；心险好斗者不传；轻浮外露者不传。

第三节　名家逸闻

屏南传统武术源远流长，人才辈出，尤其到明清两朝最为鼎盛。清代武进士甘国宝、张渊澜，武举人甘攀龙、薛文潮、章程、郑鹏、张元攀等名盛一时。此外，农村中出现一批没有出仕却身怀绝技的武林高手。如漈下村的甘曹、甘六兄弟、漈头村的张宗标、往里村的张安宁、前塘村的林有章、南峭村的林日炳等。正是一代代名师，行走江湖，秉承武德、传承技艺，铸就了屏南传统武术文化之乡的荣耀。

一、武术名家

（一）甘国宝

甘国宝（1709—1776），字继赵，号和庵，祖籍屏南漈下，出生于屏南小梨洋村。清代戍台名将，戎马倥偬四十余载，不但治军严谨、戍边尽责、守土有方，且体恤兵民、多才多艺。

国宝自幼聪颖好学，14岁起参加县文童试，名列全县第一。邻村恶少因嫉妒而时常欺侮国宝，国宝愤而投拜武举人林殿魁门下学习武艺，由于他天生禀赋异常，又能勤学苦练，武艺很快精进，而且箭法超群。雍正七年（1729）中武举人。雍正十一年（1733）中武进士，会试第三名，殿试二甲八名，选授三等侍卫。乾隆三年（1738），领侍卫内大臣以甘国宝"才干优长，识见明澈"

而举荐,授广东游击。乾隆五年至十六年(1740—1751),历任广东南雄副将、肇庆水师参将、虎门香山副将、春江水师副将、洞庭水师副将。乾隆二十年至二十四年(1755—1759),相继出任贵州威宁、江南苏松、浙江温州、闽粤南澳、福建海坛等地总兵。

乾隆二十四年(1759)十月,国宝任台湾总兵,皇帝御批:"此系第一要任,非他处可比",此时清政府收抚台湾郑氏政权不久,西方殖民国家对台湾皆有觊觎之心,岛内情况复杂,非才干优良、识见明澈者不能任之。国宝就职后为提高官兵素质,于府城总镇署亲书"益求堂",用以加强教练,惕励士卒;国宝把大陆的先进文化和农耕技术传播到群众中去,教民"明礼义,务耕耘",主动配合当地政府开办"义学",提高台湾居民的文化素质和科学技术水平;国宝采取"严疆界、谨斥堠"的治理措施,加强巡查,严禁汉人侵入少数民族地区,促进迁台居民与当地土著民族的和睦团结,使"兵安其伍,民安其业",并同时防范海盗入侵,巩固国防,绥靖地方,维护海岛安宁,巩固清朝对台湾的统治。

乾隆二十六年(1761),国宝擢升为福建水师提督。离台时,当地百

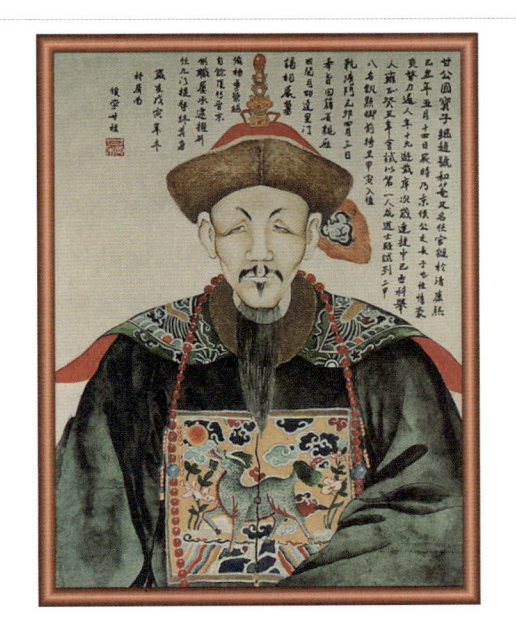

甘国宝画像

清乾隆赐"福"字匾

姓送万民伞、万民旗，同舟送行到鹿耳门，不忍分手。国宝勤于防务，他告诫僚属："防陆者不可处于家，防海者不可处于陆。"经常坐楼船率小艇沿海巡逻，使海疆日趋稳定。高宗嘉其功绩，诰授荣禄大夫。

乾隆二十八年（1763），甘父逝世，国宝回乡丁忧。乾隆二十九年（1764）六月，因陋规案牵连降调云南开化镇总兵。时有缅甸匪徒蠢动，总督刘藻以永顺接近缅甸，乃奏请调甘国宝镇守永顺，缅甸匪徒闻悉国宝威名，果然不敢轻举妄动。乾隆三十年（1765），谕旨调国宝为广东雷琼镇（今属海南）总兵，国宝到任前即有黎人猖獗，杀掠崖州陵水与琼州定安二县。国宝就任后，亲自率领士卒轻骑直入黎区，擒获黎首，不损一兵，不折一卒，平息了事态。

乾隆三十一年（1766），国宝复调台湾任挂印总兵，台湾百姓箪食壶浆，夹道欢迎。国宝上任即擒董六，平匪乱，并召集地方乡绅，建立总巡、分巡、轮巡、会哨等巡查自卫制度，防止匪盗侵害，使台湾"盗敛迹、民居无警，兵民安揖"，海岛一度安定。

乾隆三十二年（1767），升任广东提督。他到广东上任后，忠于职守，对绥靖地方贡献颇多。次年，乾隆帝再次召见，三次问对，并细询家事，御赐亲手书"福"字及其他珍贵物品。

乾隆三十四年（1769），补授福建陆路提督。时有王添送在漳泉交界覆鼎山竖旗为匪，国宝挑选忠勇士兵，连夜赶往覆鼎山围捕，王添送及其党羽全数被捕，无一逃遁。乾隆闻悉，谕旨褒奖有嘉。

屏南甘国宝塑像

乾隆四十一年（1776），甘国宝自感年老体衰，奏请陛见，要求准予解甲归里养老，乾隆帝召见并加封赐食，谕慰："体尚虽健，正堪倚重。"可见其受到朝廷的重用。回福建后，国宝奉命出巡福建八府，途经泉州时，因病不治而逝，终年68岁，葬于福州北关外猫儿山。国宝逝世后，六营十郡将士思慕其恩德，台湾百姓敬仰其政绩，均建祠设祀。福州府一带将其事迹编成戏剧、评话小说，广泛宣传而妇孺皆知，家喻户晓。

（二）薛文潮

薛文潮（1753—1788），字长纲，号飞澄，又号名世。清朝戍台将领，屡建战功，驱寇殉职台湾岛。被朝廷追授为广威将军。

薛文潮兄弟三人，文潮是老大，生得粗眉大眼、体格健壮，从小好动，尤喜使刀弄棒。时在县衙任把总的伯父看其是个习武好苗，便有意引导他习武。每天凌晨，天刚蒙蒙亮，伯父就把文潮唤醒，带他到考坪练操。伯父拣来一堆大小不一的石头，他先让小文潮抱小石头绕考坪行走，待文潮逐步适应以后又换大一点的石头，日复一日，风雨无阻，这样练了几年，文潮15岁就能抱二百多斤的石头疾步小跑了，之后伯父又开始教他刀法，由于功底扎实，飞舞一个时辰而

薛文潮像

不气喘。及长，文潮身材高大、虎背熊腰，善使一把60斤重的大刀。乾隆四十年（1775），薛文潮参加县学考试，名列前茅。乾隆四十四年（1779）参加省试，乙亥恩科中武举第六名。乾隆四十九年（1784）经兵部考核，被选为羽林军卫，补选驻京省塘。

薛文潮武艺高超，为人谦恭，深得上司赏识。乾隆五十一年（1786），薛文潮被兵部选任福宁府宁德汛千总。当时宁德海防薄弱，海盗猖獗，百姓遭殃。薛文潮就任后，整饬军纪，加强防务。他与士兵一道驾船巡逻，痛击侵扰

的海寇。同时，薛文潮深入民间，做好军民联防工作。经过数月整治，寇患匿迹，百姓安居乐业。乾隆五十二年（1787），薛文潮因军功召署福州南台面岭千总。

乾隆五十二年八月，薛文潮奉总督福嘉勇令戍台剿匪。于是薛文潮带领一千军马，分乘十艘战船，渡海增援台湾驻军剿灭叛乱。上岛后，薛文潮会同台湾驻军商计剿寇对策，一边重兵把守各关口要道，一边派兵化装成渔民侦察寇贼行踪。待掌握寇情后，薛文潮兵分两路，对寇贼首尾夹击，一网打尽。捷报传来，台湾同胞欢庆鼓舞，箪食壶浆慰劳官兵，朝廷颁发奖功令，赏给银牌。

乾隆五十三年（1788）五月二十七日，薛文潮策马丛林，搜拿残寇，不幸遭潜寇镖中心脏，流血不止，仍负痛指挥士兵作战，最后呕血阵亡，时年36岁。总督闻报，痛失股肱，驰奏朝廷。同年八月，乾隆皇帝下旨追授薛文潮为广威将军，旌表忠烈，敕赐国葬，入祀台湾昭忠祠。其弟薛文涛带人马躬赴台湾运柩，途经福州、闽侯、古田等县，地方文武官员出城公祭。薛文潮殉职后，双溪村薛氏宗祠里供奉着他的神位与画像。祠堂正厅梁上悬挂御赐"忠烈"鎏金牌匾。

（三）张渊澜

张渊澜（1863—1942），字月波，又名经甲，屏南县双溪镇双溪村人，清末武进士。张渊澜7岁丧父，家境贫寒。母子相依为命，生活极为艰苦。张母贤淑厚道，立志教子成名。张渊澜童年时，城隍庙演戏，前往观看，戏罢归来，被拒门外，通宵达旦未敢扣门。至翌晨，母闻含泪告诫："你父早逝，遗愿未了，岂可贪恋嬉戏贻误前程？"张渊澜深受教育，幡然猛醒，发奋勤学。

张渊澜读私塾数年，练得一手好字。生平好武，练武日日无间，曾参加本县考评习武。清光

张渊澜像

绪十六年（1890），在己丑科乡试中获第十六名举人。翌年又赴京应考，获殿试第三甲第三十六名武进士。捷报传至县城，全城欢庆。张渊澜中进士后，钦点山西守备，后奏留本省中营守备，均因老母年迈守节奉养为由，辞官未就。公为感念慈母恩情，奏请皇上御赐"节孝坊"一座，竖立于城南门外，坊联刻有"和凡训子母兼父，修髓奉亲媳代儿"之句，懿德昭里，流芳后世。

张渊澜在世为人厚道，乐善好施，扶贫济困，热心公益事业。辞官后，遵母训于祖厝下廊辟"议事厅"，作为调解民间纠纷之场所，并邀请当地名流一起参与乡民的田地、家庭、婚姻、财产和邻里纠纷的调解。张渊澜化解矛盾公道正派，令调解者心悦诚服。每年调解的民事纠纷达数十件。因此，声名远播，古田、政和、建瓯等邻县的村民，遇到不能解决的民事纠纷，也都纷纷上门要求其帮助调解。张渊澜服务桑梓30余年，化解纷争不计其数。乡人敬称其为"张先生"或"月波先生"。

二、逸闻故事

（一）铁头和尚打虎露真身

清雍正年间，漳州少林寺铁头和尚避乱隐居于屏南三峰寺。当时漈头村有一个叫张宗标的秀才见三峰寺环境清幽，也住在三峰寺读书，他们朝夕相处，成为方外知交。

一天，张宗标要回漈头上村挑米，又听说途中必经之路大章亭附近有老虎出没，经常伤人，心中惶恐不安。铁头和尚安慰他说："不要怕，我送你回去吧，我们相处了这么长时间，我也顺便看看你的家。"于是，提了一根硬棍与张宗标一同上路。当他们走到大章亭附近时，忽然"呼"的一声，从山上跳出了一只吊睛大老虎。张宗标浑身哆嗦，两脚发软，瘫坐地上，铁头和尚紧握木棍，迎了上去，一根棍子舞得密不透风，三下五除二，很快制服了老虎，铁头和尚抓住了老虎的鬃毛，一把提起，大吼一声："毛虫，出家人不伤你性命，快给我滚！"奋力一推，老虎便翻身滚下山去了，从此再也见不到老虎踪迹。

张宗标深为铁头和尚超凡的武功折服，决定弃文从武，拜铁头和尚为师，铁头和尚见张宗标人品优良，悟性极高，便欣然答应了。张宗标自拜铁头和尚为师后，为了生活上照顾和学艺的方便，便邀请铁头和尚入住环境优美、交通方便、地形开阔的漈头上村慈音寺。

张宗标在铁头和尚的耐心指导下，冬练三九，夏练三伏，朝夕苦练，从站桩到拳术套路，从运气到练铁布衫、举石锁、打沙袋，练七星拳、罗汉脚，练点穴术、千斤坠，闲时又经常与铁头和尚讨论少林武术的来源、门派、功法和练功要秘等。还经常与师傅上山采摘用于疗伤疗脉的青草药。通过三年苦练，艺成出师，被聘为建宁府武术总教头，罕逢敌手，成为一代名师。

铁头和尚俗名陈云济，死后由其弟子葬于漈头村附近山上。他所开创的单鞭罗汉拳一派由漈头传于往里、棠口、前塘等村，又由众多高手传于四乡八邻，成为我县最有影响的门派之一，至今，铁头和尚的许多逸事还为人们所津津乐道。

（二）以武会友

铁头和尚大章亭打虎消息传遍屏南，漈下拳师甘曹、甘六兄弟心想会会这个和尚，试探一番伊的功夫。某日，甘曹兄弟从漈下来到三峰寺，铁头和尚外出未归。甘曹想先露一手给伊看，想毕并纵身一跃，趁着在空中停留的瞬间，从屋檐取下三块瓦片放于地上。走进大殿之时，甘六又奋力一扫梁柱，将整楹梁移动了半尺。随后便悠闲地坐在一旁静观其变。

过了半炷香功夫，铁头和尚从外归来。一看便知有高手造访，佯作不知，若无其事地说"好大的风，把瓦片都吹落了"！只见他捡起地上的瓦片，腾空一跃，把瓦片按原样盖好在屋檐上。走进寺中，见梁栋歪斜，用脚轻轻一扫柱础，整楹梁栋便归回原位。甘曹、甘六兄弟一见深感佩服，并从内厅出来施礼。铁头和尚问徒弟张宗标："贵宾来访，是否备有素斋？"张宗标回答已在西厢备下，铁头和尚佯怒："贵客登门，怎能不摆宴大厅？"于是奋臂捋袖，擎起桌脚，平平举起将整桌酒席端到大厅，轻轻放下，杯中的酒一滴没有外溅，而铁头和尚脸不红，气不喘。众人无不喝彩、惊叹。甘曹兄弟深为折服，欲拜铁头和尚为师。铁头和尚交代："你我同属少林一支，只要按你们的师傅所授，勤学苦练，必有大成！"甘曹、甘六之后成为本县虎尊拳的第一代名师，名噪一时。自此，甘曹、甘六兄弟和铁头和尚也成了莫逆之交。

（三）张忠朝大闹霍童街

单鞭罗汉拳第三代传人张忠朝也是闽东北一带有名的拳师，一次张忠朝来到宁德霍童镇，遇到一寡妇被一流氓调戏，打抱不平的他当即指责了该流氓，谁知该流氓看其乃外地人，完全不将其放在眼里，破口大骂并随手操起一把扫帚，劈头盖脸就朝张忠朝打来。张忠朝眼疾手快一手夺过扫帚，顺势一推，即将该流氓推了个四脚朝天。"土匪抢钱咯！"见势不妙的流氓赶紧恶人先告状地喊了起来。周围的乡亲听说有村民被土匪抢劫，立即操扫帚的操扫帚，拿扁担的拿扁担，扔石头的扔石头，近百人将张忠朝团团围住，欲将其制服。但见张忠朝左腾右闪，步法灵活迅速，出拳急促有力，被击中的人无不鼻青脸肿，甚至口中牙齿都被打落，可是此刻，赶来支援的当地村民越来越多，张忠朝也渐渐支撑不住了。说来也巧，此时，一位路过的阉猪的屏南师傅见此情景，拔出腰间的烟筒，插到地上，并单脚立于烟筒之上，朝张忠朝喊道："徒弟莫慌，师傅我抽一袋烟就来帮你。"众人一听又来了一个师傅，顿时慌乱起来，心想徒弟就这么厉害了，师傅那还了得？于是有人喊了一声："大家快跑吧！"所有人立即散开，跑得无影踪了。事后，张忠朝将流氓调戏妇女的过程给乡亲们解释了一遍，明白了事情真相的霍童人忙向张忠朝道了歉，并留他吃饭过夜。从此，"张忠朝大闹霍童街"的故事就流传开了。

（四）张钦明打擂

张钦明是漈头著名拳师张宗标孙子，自小深得宗标喜爱，练武刻苦，悟性奇高，得到真传。数年后，钦明在闽东北一线小有名气。一年冬天往闽北教馆，随带一徒行至建宁府，见府街人来人往，十分热闹，又看天色渐晚，便决定找个店家住下。

一会儿来到建宁府悦来旅店，便问店家为何近日街上如此热闹？店家说："总兵府请了两位武师在校场设擂台，限10日内以打擂比试招录教头。如今已过了8天，来打擂的各地高手没一人胜过他俩。街上都是来看擂台比武的。"钦明又问："他们武功如何？"店家说："武艺真有两下子！地上铺着瓦片，人在上面练武，瓦片不碎；指头插入柱头，抓出一把木屑。"钦明听完微微点点头。

第二天，钦明一早来到校场，只见擂台高约丈许，高悬"擂台"二字锦旗，台边贴着比武榜文。钦明走近看都不看就将榜文撕下。守榜士兵见了立即报与总兵，并定下次日正式打擂比武。

消息传出，整个建宁府沸腾了。次日上午，总兵府校场人山人海，擂台四周围满看打擂的民众。设擂武师因连胜数场便趾高气扬，抱拳向四周观众说："小可奉总兵令在此设擂，今日有一没毛后生要来挑战，众位又有好戏看了！"台下观众听后纷纷鼓掌。这时，只见一个身影越过人们头顶稳稳地落在擂台之上，这便是钦明。钦明抱拳朗声说道："蛤蟆吞天，好大口气！比过再夸口不迟！"擂主看来者不善，立即拉开架势，一个"猛虎掏心"直向钦明心窝攻来，钦明向右一闪，拳头划过一边，左手顺势钳住对方手腕一带，只听见"扑通"一声，擂主闹了个嘴啃泥。台下喝彩一片，擂主立即爬起，来了个"饿虎扑食"，直向钦明下三路攻来。钦明见他因怒招法不稳，顺势来了个"倒山填海"。擂主一看不妙，立即收手使出一个"扫堂腿"。这时，只见钦明飞身跃起，身如灵猿闪转腾挪，擂主使出一身本领也未能近得了钦明。这时只见擂主攻势更加威猛，钦明一看，心生一计，卖个破绽，身子往后一撤，待拳落空，一个"童子拜佛"顺跟一脚，将擂主踢下了擂台。"好！好！"台下掌声雷动！

正在这时，另一位擂主一跃而上，手持短刀向钦明当胸袭来。说时迟那时快，钦明向右一闪，用铁手紧扣对方的腕部，其短刀应声落地。钦明举起左手正要结果他，这时只听见总兵大喊："好汉！且慢！"并跃上擂台举起钦明的手，宣布钦明获胜，他盛赞钦明好武艺，宣布留下他担任武术教习，传授少林功夫。

第四节 创新发展

屏南县人民政府重视传承发扬屏南武术事业，扶持学有所成、武术造诣深厚、热心于武术事业的武师发挥传、帮、带作用，并先后成立了屏南县武术协会、宁德市心武自然门武术研究院、屏南武术散打训练中心、屏南传统武术训练中心、屏南县拳击队、屏南县跆拳道队、屏南漈下虎尊拳研究会、屏南小梨

洋梅花棍训练基地、屏南往里单鞭罗汉拳训练中心、屏南太极拳协会基地等。同时，各武术机构积极参与体育赛事与武术表演等，并在不同武术比赛中摘金夺银，享誉四方。

一、屏南县武术协会

我县武术协会于2001年成立。共有常务理事，副秘书长，理事150人，会员2000人。协会下设四个中心："屏南散打训练中心""屏南传统武术训练中心""屏南竞赛套路训练中心""屏南拳击、跆拳道训练中心"。2013年5月，开展换届工作，成立第二届屏南武术协会。

2012年12月，我县武协组队参加"银鹭杯"中国新加坡群英武术大赛，获6金4银4铜。宁德市心武自然门武术研究院作为赛事协办方参与了该项比赛的组织工作。以毛志坚为领队，郑彪为教练，获7金12银15铜。太极拳协会以陈初贵为领队，获7金6银10铜的佳绩。2014年5月，第二届三丰故里(邵武)传统武术大赛在邵武举行，我县组队参赛，共获8金11银的佳绩。10月，参加"2014·首届海峡两岸武术文化节"，宁德市心武自然门武术研究院作为赛事协办方参与了该项比赛的组织工作，并获3金11银11铜，太极拳剑组获5金6银5铜。

组队参加传统武术文化展示

参加宁德世界地质公园文化旅游节武术表演

屏南武术协会传统武术训练中心于2000年成立，先在花亭路民居训练，后搬至乡镇企业局，总教练为吴良溴，教练有周盛锋、叶松、陆术传等人。中心主要教授武术基本功、少林拳系列、散打、龙虎形拳、八卦棍。迄今已授学员十期，受训学员和弟子逾千人。中心学员参与历届"中国•白水洋文化旅游节"等大型表演，在"福建省南少林传统武术大赛"等赛事中摘金夺银。

二、宁德市心武自然门武术研究院

1985年，毛志坚拜自然门第三代传人陈志清为师，悉心研学自然门、六合门、罗汉门和张三丰太极拳等武学。学成后受聘担任中国厦门万鹭武馆副馆长，1990年回家乡屏南创办"中国厦门万鹭武术馆屏南分馆"，并开馆授徒。毛志坚潜心武学，于2009年由人民体育出版社出版《罗汉神打》一书。2007年，毛志坚又创办"福建闽东心武自然门武术研究院"。

屏南县自然门、六合门是以福建省自然门武术研究院副院长、宁德市心武自然门武术研究院院长、宁德市武术协会副主席毛志坚为代表，郑彪、张乾胜、张朝阳、张志强、施华荣、毛行荣、余映、陈守富、叶海镕、彭东健等学此功法多年，

宁德市心武自然门武术研究院

颇有心得和成绩。自创办以来，每年暑假都培训一批学员，共培训学员3000多名，所培养的学员参加省、市级比赛，均获嘉奖，战果辉煌，多次受到各级政府的嘉奖及好评。

三、武术散打训练中心

散打也叫散手，古时称之为相搏、手搏、技击等。简单而言就是两人徒手面对面地打斗。散打是中国武术一个主要的表现形式，以踢、打、摔、拿四大技法为主要进攻手段。另外，还有防守、步法等技术。散打也是现代体育运动项目之一，双方按照规则，利用踢、打、摔等攻防战术进行徒手搏击、对抗。是中国传统武术的擂台形式，也是中国武协为了使武术能够与现代体育运动相适应所整理而成。

2008年，宁德心武自然门研究院受屏南县体校委托，授牌成立屏南散打训练

屏南散打训练中心参加宁德市第二届运动会武术散打比赛获得好成绩

中心开展武术散打培训。迄今为止，训练中心每年暑假针对性培养了散打学员300多名。2017年，屏南散打训练中心在福建省青少年武术散打锦标赛中，共获得3金3银2铜和两个第五名，并获得男子团体第一名、女子团体第四名的佳绩。

四、屏南县拳击队（宁德市拳击训练基地）

屏南县拳击队（宁德市拳击训练基地）成立于1998年。总教练薛乐师从全国拳击冠军、福建省拳击队总教练辛海。1999年，薛乐利用比赛及外出交流培训的机会得到了拳击专家蒙古著名拳击教练契卡和我国著名拳击教练欧阳建中悉心指导，提升了技战术水平。屏南拳击队于2001年被宁德市体育局授予"奥林匹克体育后备人才基地"，2002年、2006年被宁德市人民政府授予"集体贡献奖"，成为我县重点、特色精品项目。在国内、国际各类大赛上也能看到他培养的全运会冠军、亚运会亚军张家玮，全运会季军吴泽峰，全国冠军陆陈安等优秀运动员的身影。

宁德市拳击训练基地牌

重点后备人才基地牌

现任屏南县体育运动学校校长、拳击教练宋长瑞是国家一级拳击运动员、国家一级拳击裁判员，荣获过福建省冠军。屏南拳击队在薛乐、宋长瑞等带领下于2010年被福建省体育局命名为"重点后备人才基地"，并授予"新长征突

56公斤级"中国拳王"张家玮

击队"。2011年又被福建省体育局命名为"重点体育项目后备人才基地"。

屏南县拳击队通过全体教练员和运动员的共同努力取得了良好的成绩并向省体工队输送了大量拳击后备人才。据统计，从组队至今向省优秀运动队输送优秀运动员10人次，在国内及国际赛上获得8个第一名、5个第二名、5个第三名、9个第五名。在省运会及省锦标赛上共获得28个第一名、22个第二名和35个第三名。屏南县拳击队在2012年福建省青少年拳击锦标赛上还获得男子团体第一的优异成绩，涌现出全国冠军吴平城、全国冠军陆道权等优秀运动员。

五、屏南县跆拳道队

屏南县跆拳道队成立于1998年。总教练陆强曾拜第一批国家跆拳道队原70公斤级全国冠军陈赞銮为师，加之他本身刻苦训练和对跆拳道技艺理论的不断钻研，整体水平不断提高。1998年，陆强赴北京参加国家体委举办的全国优秀跆拳道教练培训班学习，得到美籍韩国人、美国著名跆拳道教练南重国的言传身教，从而尽得现代竞技跆拳道运动的精髓。

现任屏南县跆拳道队教练为翁泉和杨程荣。翁泉毕业于武汉体育学院，跆

中国民间文艺之乡

拳道黑带四段，国家一级跆拳道教练。杨程荣毕业于厦门集美大学，国家一级跆拳道教练。屏南县跆拳道队在陆强、翁泉、杨程荣教练的悉心传授下，队员大都习武有成，从组队至今向省优秀运动队输送优秀运动员5人次，在世锦赛上获得1个第三名，在全国锦标赛上获得1个第一名、4个第三名、6个第五名，在省运会及省锦标赛上共获得39个第一名、32个第二名和66个第三名，成为福建省

宁德市跆拳道基地牌

参加宁德市第四届运动会合影

跆拳道运动强队。2001年被宁德市体育局授予"奥林匹克体育后备人才基地"，2002年、2006年被宁德市人民政府授予"集体贡献奖"。2010年被省体育局命名为"重点后备人才基地"。2010年被授予"新长征突击队"。2011年被省体育局命名为"重点体育项目后备人才基地"，成为我县重点、特色武术运动精品项目。优秀运动员高淑慧、黄辰熙、张楚锋等在全国、省、市跆拳道比赛中获得好成绩。

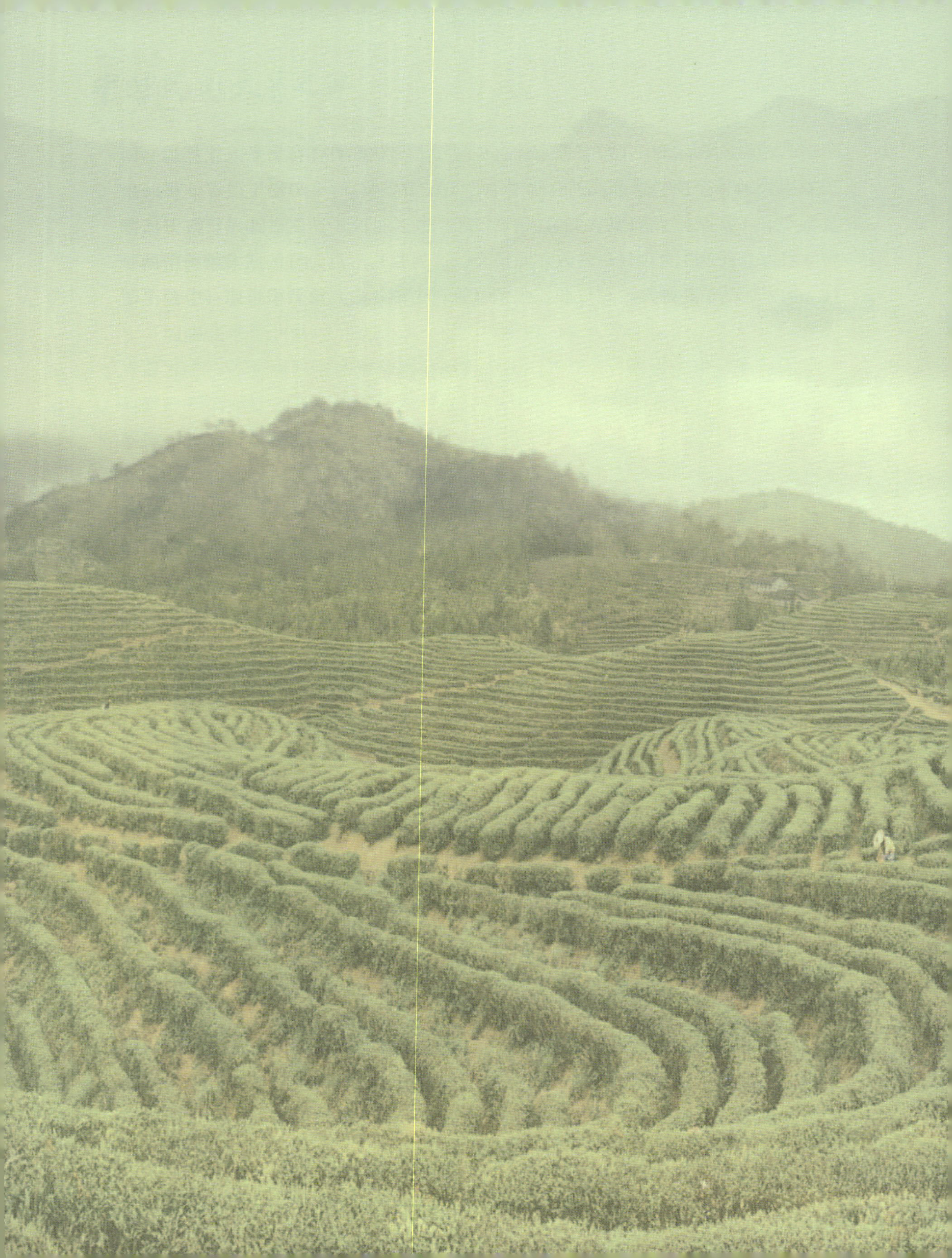

第六章 本草养生

屏南本草资源丰富，千百年的传承与实践，民众熟练掌握了本草的习性与药理，并融入生产生活实践，形成丰富的本草养生知识与习俗，同时融合饮食、酒、茶、武术等养生元素，形成了具有丰富地方特色的本草养生文化。近年来，屏南将"青草医知识与实践"列入市、县级非物质文化遗产代表作名录项目；同时荣获"全国民间药膳示范县"和福建省药膳名县，2017年，被命名为"中国本草养生文化之乡""本草养生文化传承基地"。

在中国，本草养生有着悠久的历史，早在上古时代，神农尝百草，人们就对本草养生积累了大量的经验与知识。这些知识与实践经历了千百年来的积累，如今成为一门显学而被广泛应用于养生实践。

在我国古代，经典名著《黄帝内经》中就有"圣人不治已病治未病"的说法，可见养生早已被先贤所认知。如今，历史悠久、卓有成效的中医本草已成为人们普遍瞩目又寄予厚望的宝库，本草的独特养生功效为人们所关注。

屏南县地处东南丘陵，森林茂密，物种繁多，本草资源丰富。千百年的传承与实践，民众熟练掌握了本草的习性与药理，并融入生产生活实践，形成丰富的本草养生知识与习俗，同时融合饮食、酒、茶、武术等养生元素，形成了具有丰富地方特色的本草养生文化。近年来，屏南将"青草医知识与实践"列入市、县级非物质文化遗产代表作名录项目；同时荣获"全国民间药膳示范县"和福建省药膳名县；并被中国民协授予"中国本草养生文化之乡"和"本草养生文化传承基地"。

第一节 历史渊源

本草养生是人类在长期与自然相处和斗争实践中逐步积累形成的经验总结，而"药食同源"揭示了食物与本草在治疗疾病与养生保健中的作用和地位，寻找本草养生的脉络与渊源应从中华文脉入手。

一、"本草"与"养生"

（一）何谓"本草"

本草，始见于《汉书•平帝纪》，古代中药类的书籍多称本草，《说文》中说："药，治病草也。"本草是中草药的另一种说法，古人有大量关于中草药的著作以本草命名。如《神农本草经》《本草经集注》《新修本草》《开宝本草》《食疗本草》《本草纲目》等数百种之多。《神农本草经》是中医药理论体系形成的四大标志之一，奠定了中药学基础，中药理论体系便由此发生、发展成为一门独立的分支学科。

《四库备要·子部·新语卷上》云："民人食肉饮血，衣皮毛，至于神农，以为行虫走兽，难以养民，乃求可食之物，尝百草之实，察酸苦之味，教民食五谷。"西汉刘安对这一说法有进一步的分析，认为，"古者民茹草饮水，采树木之实，食蠃蚘之肉，时多疾病毒伤之害，于是神农乃始教民播种五谷，相土地宜燥润，肥饶高下，尝百草之滋味，水泉之甘苦，令民知所避就。当此之时，一日而遇七十毒。"司马迁将古人对炎帝与医药密切联系的认识作了总结，明确地指出"神农，以赭鞭（鞭通'辨'）草本，始尝百草，始有医药""神农和药济人"之后，世人便毫无争议地将本草、将医药创始之功归之于神农。因而汉晋以降，人们将传载古代有关药物知识的专著托名神农，便是在情理之中的事了。

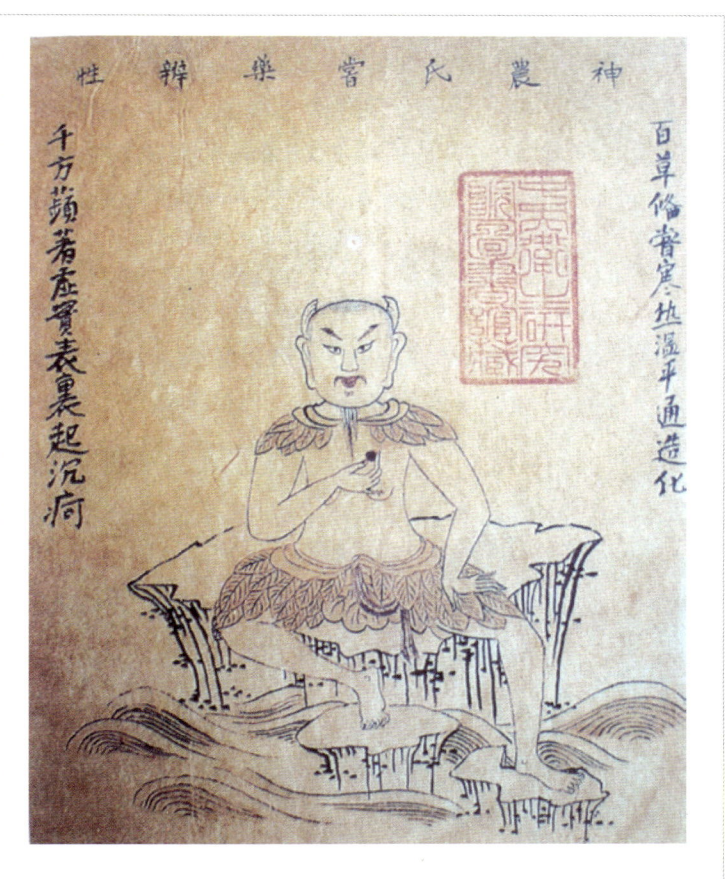

神农尝百草

汉晋以后乃至今日，医药界将药物知识著作命名为"本草"，五代韩保升《蜀本草》序载"药有玉石、草木、虫兽，而直云本草者，为诸药中草类最众"的解释，此解虽然不乏道理，但未畅明其旨，未能洞彻为何要用"本"字冠"草"的理由。考古代相关文献：一是"本草"一词在汉代已是政府的官方用语，并将专司"本草"的官职称为"本草待诏"。二是汉代已将"本草"作为书名和医用药物的专用词。三是因神农开创农耕以后，为人类生存提供了可靠、稳定的饮食和药食两用的原料来源，无论是天然野生或者人工经过驯化栽培的植物，均是民众用以果腹乃至治病除疾之根本，因而以"本"字冠"草"。可见，"本草"作为药物专著不但由来已久，而且意义深远。

（二）何谓"养生"

养生一词，原出《管子》。早在茹毛饮血、钻木取火的原始时代，我们的祖先为了生存繁衍，在与大自然相处的漫长岁月里，从劳动与生活的实践中逐渐摸索认识到了人体生命活动的一些规律，学会了一些防病的知识和方法，并相互传授。发展到后来，人们便把这种自觉的保健延年活动叫做养生。

养生有广义和狭义之分，亦有古义和今义之别。古人认为"摄养身心，以期保健延年"（《辞源》）谓之养生，这是古义的养生，也是狭义的养生。而广义的养生，是指现代养生学，它是通过卫生、保健等防病于未然、养病复康，使人身轻体健、耳聪目明、益智明心，并能陶冶性情、身心康乐、延年益寿诸方法之总称。养生的目的是使人达到"康""乐""寿"的境地，因此，凡令人健康、快乐、长寿的措施和方法均谓之"养生"。

养生包括养生之道和养生之术。中医将养生的理论称为"养生之道"，而养生的方法称之为"养生之术"。养生之道，基本概括了几千年来医药、饮食、宗教、民俗、武术等方面的养生理论，是养生活动进行的前提，而"养生之术"则是在养生之道的指导下的具体实施。这种"道"与"术"相结合的养生，既是中华民族古老的、内容丰富的、优秀的文化瑰宝，又是一门当今人类急需的、亟待发展的学问和实践活动。

中医养生，源远流长。春秋战国时期的经典名著《黄帝内经》一书就曾指出："圣人不治已病治未病。夫病已成而药之，譬犹渴而穿井，斗而铸锥，不亦晚乎？"从这一养生观点可见，中华传统预防医学早在诸子百家时代就奠定了坚实的基础。在林林总总的养生术中，本草养生被推为首选。当今，中草药独特的功效日益被世界所关注，采用中草药保健养生也颇为流行。本草养生，古今同脉，标本兼治，无副作用，简便易行，费用较低，应用广泛。正如《黄

帝内经》所言："上古之人，法于阴阳，和民术数，食饮有节，起居有常，不妄作劳，故能形与神俱，而终其天年，度百岁乃去。"所谓颐养天年，便是"中医养生，本草先行"的结果。

古艾灸图

二、屏南本草养生（中医药）溯源

屏南于清雍正十二年（1734），从古田析出设县。之前由于缺乏史料记载，屏南乡间青草药情况不详。据《古田县志》载：明弘治四年古田知县兴建养济院，并在院内建东西二井，对收治的病人，施以中草药治疗。又据清乾隆五年《屏南县志》，沈钟《治屏管见》："屏地素无医药，民间遇有疾病，但伏枕无措。予每岁多制寸金丹以饵之，颇有效，然止治寒暑、感冒之症，而他无以济也。本拟大工竣后，于县治前设一官药局，预备诸药，并延一良医，专司其事，俾有求辄应。"乾隆元年（1736），沈钟自清流县转任屏南知县，上任才数月，目睹县民缺医少药，许多交通不便的山村，全赖青草药治病，甚至求神问卜，于是他制"寸金丹"，为民治寒暑感冒，民受其惠。乾隆三年（1738），设官医局，延医诊治，为屏南建县以来最早的中医业。当时，名医陆志云，医德高尚，知县赠"品术兼优"匾额奖之。清嘉庆年间的九洋名士谢城，以邑庠生就读于福州鳌峰书院，并学医于名医陈修园，谢城善治妇儿科疾病，以擅长麻疹、痘毒名闻周边各县。光绪二十二年（1896），知县周骏设立医馆，均以中医药治疗，效果颇佳。宣统二年（1910），全县有中医师10多人，分散各村，行医形式有居家设诊、走乡诊疗，多数经营药铺兼处方。同年，棠口潘美顾医院成立，为西医在县内第一家医疗机构，但农村仍以中草药治疗为主。清末，屏南一批如韩连规、张际峰、郑成相、宋谦庄、张仙骨、周凤岐等名医，医德高尚、医术精湛，在县内外享有盛誉。

民国期间，屏南民间中医师增至20多人。其中九洋谢丹籍长于小儿麻疹，后章章光占长于妇科，双溪宋焕猷长于小儿科、妇科，周翘西专长喉、眼科，陆品彝精通痘疹疫疠。此外，还有张梦仙、张世炼、卓镜晶、张世固等名医，各有专长。

中医用具

20世纪50年代中期，屏南县两次召开中医药界代表会，总结经验，交流学术。1956年，县医院设中医门诊部。1957年，组织中医联合诊所。1958年，成立县中医研究所，开展学术研究，整理出版《治疗麻疹经验集》和《屏南县医院儿科临床》。1959年，提出西医向中医学习，有13人参加。1962年，19名老中医带徒授业。

1979年，重新成立县中医院研究所，整理出版名老中医谢丹籍的《谢丹籍治疗麻疹经验》一书。1985年9月，福建省人民政府对从事中医药工作30年以上的陈立时、韦顺馥、陆允兆、张尊视、张世炼、张丹石、彭理祐7人予以表彰。1988年8月，屏南中医院正式成立。1996年，中医院落成，设内科、儿科、骨伤科、针灸推拿理疗科、康复科等临床科室。

屏南民间私人诊所情况，清同治九年（1870），陆敦信在岭下开设"同春堂"中药铺，售药兼行医，为屏南第一家私人中医诊所。民国后期，全县私人诊所27家，其中中医24家。1956年，对私营工商业进行社会主义改造时，组织

个体开业医生参加联合诊所或公私合营。全县有联合诊所7家、公私合营诊所12家。1979年，城乡实行多渠道办医，基层私人诊所逐渐增多。1990年，经审批开业40家，含中医内科15家、中医妇科1家、中医骨伤科3家、青草医4家、针灸1家、西医内科11家、西医牙科5家。

2017年，屏南全县各类医疗卫生机构187家。其中县级预防保健机构2家（县疾病预防控制中心和县妇幼保健院），县级医疗机构2家（县医院和县中医院），精神病医院1家，卫生执法监督机构和新农合经办机构各1个，社区卫生服务中心1个，乡镇卫生院10家，村级卫生所（室）规划设置170家（现有145家，乡村医生193人），个体医疗诊所13家，其他卫生站、医务室11家，现有卫生技术人员近800人。

第二节　青草医知识与实践

中医学是以中国哲学中的阴阳五行作为理论基础，通过望、闻、问、切，四诊合参的方法，探求病因、病性、病位，分析病机及人体内五脏六腑、经络关节、气血津液的变化，判断邪正消长，进而得出病名，归纳出证型，以辨证论治原则，制定"汗、吐、下、和、温、清、补、消"等治法，使用中药、针灸、推拿、按摩、拔罐、刮痧、气功、食疗、音疗等多种治疗手段，使人体达到阴阳调和，从而康复。中医具有完整的理论体系，其独特之处，在于天人合一的整体观及辨证论治。屏南青草医属于中医学范畴。

一、屏南青草药资源特点

屏南野生药材资源丰富。1986年，屏南开展了中草药资源普查，对全县121个村，7座千米以上山峰进行调查。采集动、植、矿物药材419种，制作标本793份。屏南中草药资源蕴藏量达700多吨，并首次建立中药材资源档案。

屏南有植物类药材共337种。其中根茎类107种，如半夏、骨碎补、百通光、龙胆草、板蓝根、一条根、何首乌、虎杖、黄连、白芍、乌药、白术、麦冬等。全草类118种，如松萝、阴地蕨、石苇、鱼腥草、金钱草、淫羊藿、仙鹤草、车前草、紫苏、白花蛇舌草等。果实种子类52种，如白果、桑葚、无花果、金樱子、覆盆子、枳壳、栀子、瓜蒌、砂仁、莱菔子、五味子等；花、皮、叶类45种，如松花粉、辛夷、月季、陈皮、厚朴、牡丹皮、桑白皮、夏枯花、金银花、杜仲、艾叶、荷叶、菊花、桑叶等。藤木类12种，如：夜交藤、海风藤、鸡血藤、忍冬藤等。菌类6种，如茯苓、灵芝、白木耳、雷丸、石耳等。动物类药15种，如龟板、鸡内金、穿山甲、蜈蚣、蕲蛇等。矿物类药有钟乳石、自然铜、云母石、磁石等4种。屏南县内中药材大多数为野生，少量人工栽培。

屏南青草药分布，根据不同的海拔、气候、土壤、水文条件，存在水平区域性和垂直地带差别。水平区域的西北山区片（路下、岭下乡），主要有淫羊藿、淡竹叶、南紫胡、白毛藤、石耳、灵芝、马兜铃、十大功劳、鹿衔草等；中南、西南中低山丘陵片（屏城、熙岭、长桥、双溪），主要有茅根、石菖蒲、大小蓟、香茶菜、三叶青、夏枯草、虎杖、金樱子、覆盆子、乌药、土茯苓、栀子、紫珠草、苦参、南紫胡等；东部中低山丘陵片（寿山、代溪），主要有瓜蒌、黄连、钩藤、石楠藤、狗脊、五倍子、大青叶、九节茶、砂仁、乌梅、草河车、金银花、天南星、石韦、天门冬、麦门冬等。

垂直分布特点：根据海拔不同呈五个地带分布。海拔1400米以上，风大雾多，土壤贫瘠，植被以芒草为主，主要中草药为石耳；海拔1200—1400米地带，土壤为黄壤，常绿阔叶林植被，气候寒冷湿润，主要分布耐寒的龙胆草、天竹根、雪来开、天门冬等；海拔1000—1200米地带，以黄壤或黄红壤为主，气候温凉，针阔混交林，主要分布鹿耳草、乌药、栀子、猕猴桃、大叶青、淡竹叶、十大功劳、黄精、覆盆子等；海拔500—1000米地带，黄红壤，常绿阔叶林，主要分布白芍、茯苓、白术、干姜、麦冬、狗脊、石楠藤、乌梅、使君子等；海拔500米以下河谷丘陵地带，红壤次生人工植被，气候温和，主要分布狗脊、巴豆、石南藤、九节茶、扁豆等。

二、屏南青草医知识特征

（一）以中医阴阳五行学说为思想

中国古代医学家，在长期医疗实践的基础上，将阴阳五行学说广泛地运用于医学领域，用以说明人类生命起源、生理现象、病理变化，指导着临床的诊断和防治，成为中医理论的重要组成部分，对中医学理论体系的形成和发展，有着极为深刻的影响。《黄帝内经》提出"协调阴阳，饮食有节，起居有常，恬淡虚无，精神内守"等防病健身延寿的养生方法。屏南药膳就是根据中医阴阳理论来考虑四季饮食对人体的影响，选用春夏秋冬药膳予以辅助治疗。

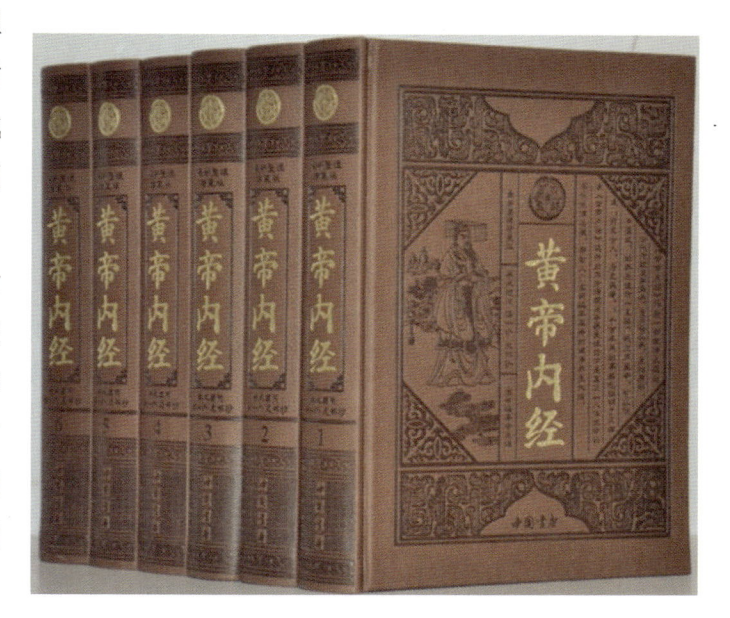

《黄帝内经》

（二）以中医藏象学说为基础

藏象学说是关于人体脏器于阴阳五行形象化的学说。"藏象"二字，首见于《素问·六节藏象论》。"藏指"藏于体内的内脏，"象指"表现于外的生理、病理现象。藏象包括各个内脏实体及其生理活动和病理变化表现于外的各种征象。藏象学说是研究人体各个脏腑的生理功能、病理变化及其相互关系的学说。它是在历代医家在医疗实践的基础上，在阴阳五行学说的指导下，概括总结而成的，是中医学理论体系中极其重要的组成部分，也是屏南青草医理论基础。

（三）以中医四气五味学说为实践

中医上说四气五味就是药物的性味，代表药物的药性和滋味两个方面。

四气指寒、热、温、凉四种药性。所谓五味，是指食物或药物的辛、甘、酸、苦、咸等五种味道。不同的味有不同的功效和作用：辛味能宣散、行气、通脉。甘能补益、强壮，凡虚羸者都适合于多食甘味食物。中医认为，五味与五脏密切相关，《内经》云："五味所入，酸入肝、辛入肺、苦入心、咸入肾、甘入脾。"这一理论提示我们，在日常生活中应注意摄纳各种食物，这样才能通过五味调和达到脏腑得益的目的，使得身体健康。当然，如若五脏有病我们也应该适当有针对性地调整饮食五味，以帮助五脏功能的恢复。

（四）以中医病机学说为诊治基本规律

病机，是指疾病发生、发展、变化及其结局的机理。病机学说是以阴阳五行、气血津液、藏象、经络、病因和发病等基础理论，探讨和阐述疾病发生、发展、变化和结局的机理及其基本规律。屏南青草医继承了中医病理学说，从整体上探讨疾病的发生、发展、变化和结局的基本规律。如邪正盛衰、阴阳失调、气血失常、津液代谢失常等；从脏腑、经络等某一系统研究疾病的发生、发展、变化和结局的基本规律；从探讨某一类疾病、病证、症状的发生、发展、变化和结局的基本规律。如六经传变病机、感冒的病机、失眠的机理等。

（五）以中医养生学说为养生基本原则

养生学说是研究如何增强体质，预防疾病，以达到延年益寿、近终其天年的理论和方法。《内经》的养生学说建立了中医养生学体系，确立了养生的基本原则，即顺应自然、形神共养、惜精固本、综合调养等，并详细论述了具体的养生方法。指出养形要做到"虚邪贼风，避之有时""饮食有节，起居有常，不妄作劳"，节欲保精；养神则要"恬淡虚无""和喜怒""无为惧惧，无为欣欣"，排除不良精神刺激，保持精神情绪的稳定。并指出，上古之时，懂得养生之道、重视并坚持养生的人，可以终其天年，长命百岁；"今时之人"由于忽视养生，不善于养生，反半百而衰。

三、屏南青草医实践

屏南民间本草养生主要表现形式有中医中药、青草医、药膳养生、畲医畲药、伤科麻药、针灸、推拿、拔罐、刮痧、足疗等。

（一）青草医

屏南青草医知识与实践是由中医师和广大民众以植物青草药药理为基础，在生产生活实践中，普遍应用于治疗疾病和养生保健的青草药知识，与中医药学、地方生产生活、民俗文化息息相关，是民众集体智慧的结晶。在本草养生发展过程中，历代前贤对服药方法都深为讲究，针对草药炮制、服药方式、时间、温凉都有严格要求。如清水煎煮或制成丸、散、膏、丹、胶露、药酒、药膳等内服；或配制成外用药涂、敷、喷、洗、浴等。同时，根据病情、病位、病势、病程与发作时间选择服药方法；或根据药性、药效、剂型选择服药方法；又有因人、因时、因地选择服药形式。中国民间蕴藏着丰富、简单而又疗效神奇的偏方、秘方、验方，为中华民族之繁衍和人类健康做出了巨大的贡献。屏南民间同样存在着数百种青草医偏方、秘方、验方。现列举部分以飨读者。

1.祖传秘方

从严格意义上讲，祖传秘方不属于医药学上的名词和概念。秘方指严格传授，秘不外传之医方；祖传指一个家族或一师承关系的传承方式。祖传青草医秘方是一个世系几代医师的中医知识与实践的总结，具有重要的知识产权和商业秘密。屏南各中医（或青草医）世家均有祖传秘方不外传，并订立严格的族内传承规定。如双溪周氏白喉祖传秘方一代只传一人，并只以药末散剂示人；漈头、漈下村的伤药也秘不外传。下面摘录著名医师韩连规、张仙骨、谢丹籍

祖传秘方

的三个祖传偏方。

韩连规治时疫方：姜炒川边六分，炒黄芩三钱，杜藿香二钱，飞滑石四钱（包煎），新会皮二钱，猪苓三钱，泽泻三钱，赤苓三钱，车前子三钱（包煎），白蔻仁六分（冲），生米仁四钱，水煎服。

张仙骨治眩晕以膏药治疗别出心裁。其方：大熟地六两，全当归三两，炙首乌三两，淡天冬二两，炒白芍二两，甘杞子二两，破麦冬二两，龟板胶一两五钱（另化），驴皮胶一两五钱（另化），新会皮一两二钱。药煎汁，去渣，将二胶化烊，加冰糖十二两，收膏。每次一瓢，开水冲服，早晚各服一次。

谢丹籍治麻疹方：生地二钱，山楂二钱，桔梗一钱，黄芩一钱，葛根一钱，紫草一钱，连翘一钱，牛蒡子一钱，防风一钱，荆芥八分，川芎五分，虫蜕五分。

2．民间偏方

偏方是指药味不多而对某些疾病具有独特疗效的方剂。偏方一般只在民间流传。民间偏方的一大特点是其疗效的不确定性，因人而异，因地域而异。偏方因其用药简单、价廉、疗效独特而受老百姓的欢迎，在民间有"偏方治大病"和"小小偏方，气死名医"的说法。下面将流传屏南民间的小偏方摘录小部分。

（1）感冒治疗小偏方：葱白(连须)、生姜片五钱、水一碗煎开，加适量红糖趁热一次服下(葱姜不需服下)，并马上睡觉，出汗即愈。婴、幼儿感冒初期可到野外菜园采芥菜下生长的嫩草（俗称草籽，如荠菜、竹根菜夹、白芝、夏枯草、白马兰、兰花仔等）只要一种少量用清水炖后（称茶籽）喂食即愈。若上山劳作因冷水侵入而受寒（俗称侵水），可用赤松片（老松树带松脂成赤红色最佳）煎水服用，若感觉苦涩则不对症，无味则对症，热服后睡下，出汗即愈。感冒初起用老姜片、红糖煮成汤汁热服也可痊愈。

（2）晕眩症：鸭蛋1个、赤豆20粒，搅匀蒸熟，早晨空服，每日一次，连用7天有特效。

（3）慢性肝炎：每次用白茅根二两，烧一碗水服汤，一日三次，一般需服半月，忌辣物。或用葫毛藤、柳枝等熬汤服用半月。

（4）内、外痔疮：大田螺每天一只，将盖去掉。放入冰片一钱，5分钟后取田螺水涂肛，每天2次，7天痊愈。忌吃酒、辣物。

（5）湿疹：用绿豆三两炒焦研成粉，用醋调匀涂患处，一日两次，连涂一星期可根治。

（6）风疹块、痱子：鲜韭菜汁每天涂患处，一次即明显见效，一日三次，2—3天即愈。

（7）手气、脚气：采乌桕树叶捣烂涂患处，每日3次。连用几日痊愈。

（8）疮、疔、疖：用生土豆捣烂，涂患处用布包好，日换一次，一般5天即可。

（9）牙痛(神经性、过敏性、蛀牙痛均可)：花椒10粒，白酒一两，将花椒浸在酒内，10分钟后用酒口含，几分钟即见效，一日两次每次10分钟，3—4天痊愈。

（10）扁桃体炎：黑木耳一两，炒干研成粉，每次用半调羹粉与蜂蜜调匀口服，一日两次，连服5天永不再发（此方在扁桃体炎正在发作时用）。

（11）甲沟炎：用新鲜指甲草少量，捣烂敷于患处，数次痊愈。

（12）毒蜂咬伤：立用尿液和黄土敷于患处，肿疼立消。

（13）蚂蝗、水蛭叮咬：立即取烟草叶捣烂（或香烟，最佳为烟筒内烟汁）敷于叮咬处，蚂蝗、水蛭会立即退出，并使伤口愈合、消肿。

（14）刀伤出血：立即摘取芒萁叶放口中咬烂敷于患处并包扎，能立即止血。

（二）药膳养生

药膳发源于我国传统的饮食和中医食疗文化。药膳是以

全国民间药膳示范县牌

药材与食材相配伍而做成的美食。其主要材料是青草药、禽畜、野生动物及其他相关佐料。屏南药膳主要是根据当地的季节变化、生活习惯、地方口味、土产食品、当地草药、地方烹调方法相结合来制作，屏南药膳以补剂为多，分平补、凉补、温补三类，下文第三节专节介绍。

（三）畲族医药

畲村巴地，是屏南县唯一的少数民族村，是蓝氏的血缘村落。南宋景炎三年（1278）开基，至今740多年历史。畲族人民自古重视中草药的治病养生，在特定的历史条件和特殊的地理环境中，畲族掌握和积累了较丰富的与疾病作斗争的经验，逐渐形成了本民族医药特色，疗法简便易行，药物简单易取，充分体现了"简、便、验、廉"的特点，对常见病和一些专科专病疗效颇为显著，深得群众欢迎。

（四）伤科麻药

屏南自古武风盛行，注重伤科麻药的使用。清初，少林武僧铁头和尚避难入屏，将少林武功与少林禅医带入屏南。屏南青草医多擅长伤科治疗，民间武师均具有伤科医学知识。往里、小梨洋、漈下、漈头、下山口等青草医世家擅长接骨与治疗外伤之术，并有武术脉书流传。1970年，九洋谢丹昂自嵩山少林学艺归来。他在学艺时，因练武伤身，于是学习少林禅医疗伤之法。回乡后将"少林禅医理论"与屏南本草养生理论结合传授给谢长春。谢长春学以致用，走上传承发扬伤科医术之道。

谢丹昂"少林伤科方"：贼草15克、瘦猴草15克、土木香10克、乌那藤15克、鸟不踏15克、臭鸡胗15克、臭梧桐15克、红茶10克、三角莲10克，水煎服。

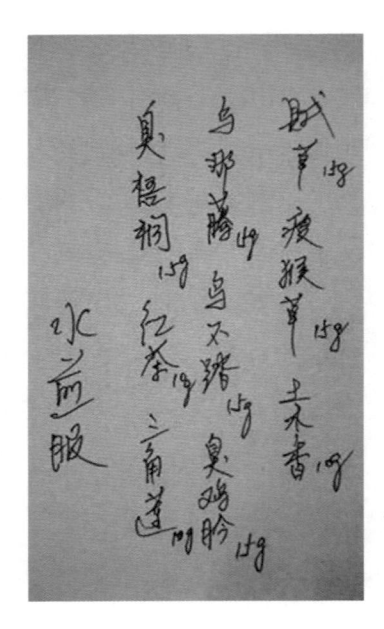

谢丹昂少林伤科方

往里村张忠华伤草总录及伤科秘方（部分）：七柴根、白梧桐根、鸡屎藤根、师傅柴根、刺东柴根、樟树根、虎杖根、紫荆根、双镇草、久里尾、血藤根、山羊血、照猴、大桥根、地胡根、金不换、老人须、老瓜管、金瓜根、布瓜根、苦瓜根、松杉根、红枳蛋、鸟不达、龙胆草、一条边、单竹叶、红花、川芎、桃仁、苏木、当归、丹皮、加皮、乌药、山药、田七、三七、牛七、泽兰、炉柴、猫竹藤、芋黄仔、路广草、红根子、向日葵、观音竹、小笋花、扁柏根、珍珠龙伞、莲花根、瓦剑、马蹄金、四对金、叶下红、金枳根、补力林、田螺埯、拳头茶、地胡椒、川山龙、杨枝根、鱼抱、黄基根、染蛋根、牛奶子、黄花子、野花生、捕消根、拦路虎、犁藤根、柽柴根、兰花籽、捕消仔、天龙角、石老藤、姜黄、辣椒根、山韭菜、六月雪、七叶烂、千里香、山肉桂、水田七、两面针、鸡骨香、金钮头、姜三七、降真香、救必应、银不换、刺倒树等。

（五）针灸

古代以银针为多，现代以毫针为针刺工具，是通过人体十四经络上的腧穴施以一定的操作方法，以通调营卫气血，调整经络、脏腑功能而治疗疾病。屏南历史上均有针灸技艺传承，如今还有专门针灸诊所1家。

（六）推拿

推拿又称按摩，是人类最古老的一种外治疗法。推拿疗法是在其理论指导下，结合现代医学理论，运用推拿手法作用于人体特定的部位和穴位，以达到防病治病目的的一种治疗方法。推拿有疏通经络，行气活血，调整脏腑，理筋散结，正骨复位功能。屏

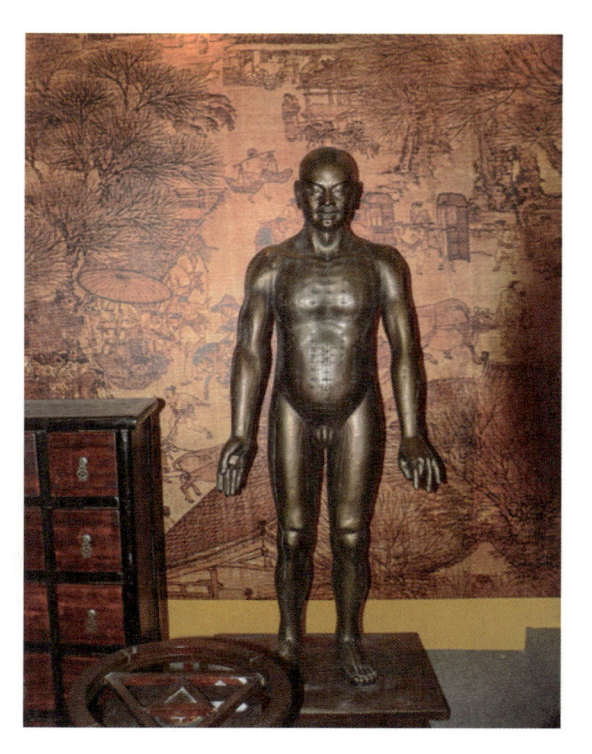

针灸小铜人

南有多家推拿按摩专业理疗诊所。

（七）拔罐

拔罐疗法是以竹器、瓷器为工具，近年也有用金属、玻璃、塑料等制品，利用燃烧产生的热力，使之吸着于皮肤，造成被拔部位的皮肤出现瘀血现象，以达到治病的目的。多适用于风湿痹痛、软组织损伤、跌打损伤、胃肠疼痛及小儿患者。

（八）刮痧

刮痧是以中医经络腧穴理论为指导，通过特制的刮痧器具和相应的手法，蘸取一定的介质，在体表进行反复刮动、摩擦，使皮肤局部出现红色粟粒状，或暗红色出血点等"出痧"变化，从而达到活血透痧的作用。因其简、便、廉、效的特点，临床应用广泛，适合医疗及家庭保健。还可配合针灸、拔罐、刺络放血等疗法使用，加强活血化瘀、驱邪排毒的效果。屏南多用于感冒、中暑等辅助治疗。

（九）足疗

"足疗"又称"足浴"，即用热水泡脚。中国医学的经络理论认为，五脏六腑自足三阴经(脾、肝、肾)始，踝部以下有66个穴位。在中医看来，热水泡脚有推动血运、温煦脏腑、健身防病的养生功效。

足浴作为一种良性刺激，可使植物神经和内分泌系统得到调节，并有益于大脑细胞增生，增强人的记忆力；同时，能使体表血管扩张，血液循环得到改善。可见，足浴对人的身心健康是大有裨益的。实践表明，足浴不失为一种可靠的局部浸润疗法。足浴不仅可防治足部疾患，如脚气、脚垫、脚冻、脚干裂，以及下肢麻木、酸痛、发凉、肿胀等病症；而且由于经络的作用，对防治感冒、关节炎、高血压、神经衰弱、眩晕、失眠等有效果。

屏南九洋谢氏中医世家第九代传人谢长春，遵循古法与医者实践，根据清代南少林铁头和尚密传《脉书》，结合中医《经络学》《本草纲目》《中国药典》等著作，历经多年精心研制，创立浴百通品牌，多项发明取得国家专利。开发出系列药浴（足浴、泡澡）产品，有百通无积、贵妃香浴、痛风专用、静

浴百通产品之一

浴百通产品之二

心助眠、养精蓄血、温宫调经、手足皲裂、足癣专用、养生长寿、风湿专用等系列产品。

"贵妃香浴·泡澡药包"。主要成分：忍冬花、菟丝子、青蒿、艾叶、玉桂、土茯苓、三七、灵芝、伸筋草等。适宜人群：女性专用，特别适合身上色素沉积、毛孔粗大、爱长痘、子宫发寒，例假失调的女性养生。

"痛风专用·泡脚药包"。主要成分：土茯苓、伸筋草、葛根、忍冬、苦参、金刚、金钱草、防风、菖蒲等。适宜人群：男女通用，特别适合血尿酸高，嘌呤代谢不好，尿酸石结晶引起的关节痛的人群养生。

四、传承谱系

屏南中草医传承主要形式有家族传承、带徒学艺等。县内主要传承世系有双溪周家、同春药局陆家、九洋谢家、东山冈青草医世家、漈头张家、古厦陈家等。下文重点列举代表性世系五家。

（一）九洋谢氏世家

第一代：谢昌宝，字玉怀。清乾隆时期人。秉性仁慈，拜宁德、古田等地名医学成青草医术，于乾隆二十年（1755）在九洋谢厝开设"太和春药材"，是屏南县最早的中药铺之一。

第二代：谢申封（1778－1828），字天俊，邑庠生，师承家学，以《内经》《伤寒杂病论》及明清温病为主，医道大成，四方求诊者户限为穿。

第三代：谢城（1807—1888），名高县，号召营，谢申封子，邑庠生。《屏南县志·方技》载："以诗文名于时，尤精岐黄之术。弱冠读书闽侯鳌峰书院，兼学医于陈修园先生，尝得先生之许可。生平为人治病并不取值，每岁活人不下数百"。

谢城

第四代：谢甘霖（1859－1928），名超学，号润时，邑庠生，谢城三子，幼承家学，精内科、儿科，尤擅小儿痘麻之症。

第五代：谢邦昭，谢甘霖长子；谢邦晖（1868－1944），字长晃，谢城侄孙，师从谢城学医。两人为民国时期屏南名医。

第六代：谢丹籍（1900—1975），字鸿经，号仲文。弱冠从医，深受祖训父传，成年后医名日著。以祖传"太和春药房"济世救危，甚至舍药救人。籍治学严谨，精研岐黄之术和经典名著，博采众家之长，于50多年临床中，屡起沉疴，活人无数，当地群众美其名

谢丹籍

"活神仙"。治病擅长妇、儿科和外感温热病，擅用经方治危救逆，然不拘泥于经方，是谢氏世医集大成者。为福建省名老中医。诊余手不释卷，日夜勤于著述，积数十年临证治验，先后写出：《医学溯源》《诊断捷法》《国医实验》等多种医学手稿100多万字。出版《治疗麻疹经验集》。

第七代：谢桂(1923—2009)，谢丹籍子，从医五十余年，学验俱丰，精内、妇、儿科，1980年曾整理其父谢丹籍《治疗麻疹经验集》出版，获屏南县科学技术一等奖。

第八代：谢连棣（1945—），幼年随祖父谢丹籍学医，从医至今。谢连邦（1949—），幼年随叔祖谢丹籍学医。先后任屏南长桥、代溪卫生院副院长，县中医院医务科科长。从医四十余年，擅长内、妇、儿科。1996年晋升为副主任医师。

第九代：谢长春，幼承家学，壮岁为医，又受业于叔父、少林寺魔公和尚传人谢丹昂。二十多年来，从医实践，精研医术，拜访中医名家，广泛收集民间单验方，刻苦钻研青草医药，融中医经典著作与民间中草医药、少林寺《脉书》于一体，传承和发展本草养生文化。

第十代：谢长城，师从兄长谢长春学习青草药多年，刻苦钻研，学有所成，能独立应诊，擅长妇儿科，现协助整理祖辈著作。

（二）双溪周氏世家

第一代：周敬粥，号辅斋，原籍棠口村，少年经商、学医，于清同治初年析居县城双溪。

第二代：周承波，名绍堃，字镜山。少时习武，后从文，经商茶叶，并承祖业为医，开设药铺。

第三代：周以昌（1882—1968），名凤岐，字翘西，毕业于全闽师范学堂，任教职。1912年，弃教学医，得喉科秘传。民国三十年

周凤岐

《屏南县志方技》云:"周凤岐,字翘西,精喉科,尤善白喉,凡危险之症,用药罔不立愈。性慈,求诊者不取药锾。"

第四代:周冕(1911—1978),字士南,名理梗,福建高工学校土木工系毕业,幼承家学,精于喉科。

第五代:周永烈(1940—),幼年从父学医,擅五官科、喉科。

第六代:周宽(1971—),从父学医,擅喉科。

(三)双溪同春药局陆氏世家

第一代:陆效信(1848—1902),号子诚,清同治九年(1870)于县城双溪创同春药局。

第二代:陆品彝(1899—1971),号用箴,别名修典。从医五十载,医术精湛,医德高尚。擅长内、儿科,尤精痘疹疫疠。

第三代:陆允兆(1921—1985),从医数十年,擅长内、妇科。1982年获福建省人民政府颁发"从事中医药工作三十年"荣誉证书。

第四代:陆则用(1942—),幼承家学,精妇、儿科,医名甚著。

(四)屏南古厦陈氏世家

第一代:陈振零(1844—1889),字勤舞。多方访求名医,以擅长伤寒著称,撰有《伤寒歌诀》三卷。

第二代:陈克英(1882—1930),字本锋,号俊生。从父学医。擅长伤寒、温热病著称。著有《验方汇集》《白哦喉验方》《麻症经验方》《良方集要》等。

第三代:陈立时(1915—1987),号绍芳。幼承家学,尽得其传。1938年于村中开设"卫康药房",后改称为"永生堂大药房"。从医五十余年,造诣颇深,临床上擅长内、妇科与温热病治疗。

第四代:陈俊孙(1948—),幼承家学。1996年9月晋升副主任医师。曾任屏南县中医院院长,兼任福建省中医药学会理事,宁德市中医药学会常务理事,福建省中医内科、糖尿病、医学史、男科学会理事。长于中医男科、妇科、糖尿病的治疗。参编医学专著7部,发表医学论文60多篇。

第五代：陈章举，幼好医学，得祖辈传承，毕业于莆田学院医疗系，曾任职于屏城卫生院、古峰卫生服务中心。

（五）屏南县东山冈青草药世家

第一代：张钦乐，清道光年间，精通妇科。

第二代：张传双，清同治年间，幼承家学。

第三代：张元财，清光绪年间，是东山冈青草医的集大成者，继承家学，精妇、内、儿科，以妇科著称，每岁治妇人不孕病逾百，民间誉为"送子菩萨"。

第四代：张世德、张世殿。师承祖业。

第五代：张尊库、张尊明。师承祖业。

第六代：张贤良、张贤映、张贤基、张贤金、张贤相、张贤文。六兄弟均师承祖业。

第三节 药膳养生

药膳是在中医学、烹饪学和营养学理论指导下，严格按药膳配方，将中药与某些具有药用价值的食物相配伍，采用我国独特的饮食烹调技术和现代科学方法制作而成的具有一定色、香、味、形的美味食品。在屏南，根据各人不同的体质或不同的病情，选取相应青草药与具有一定保健、治疗作用的食物，通过合理的烹调加工，成为美味食品，称作"药膳"，也称作"吃补"。药膳既是佳肴，又具有养生保健、防病治病的作用，能吃出健康，益寿延年，就是食疗。

一、屏南药膳特点

（一）以中医养生学说为方法

养生学说是研究如何增强体质，预防疾病，以达到延年益寿、近终其天年的理论和方法。《内经》的养生学说建立了中医养生学体系，确立了养生的基本原则，即顺应自然、形神共养、惜精固本、综合调养等，并详细论述了具体的养生方法。指出养形要做到"虚邪贼风,避之有时""饮食有节,起居有常,不妄作劳""无为惧惧,无为欣欣",排除不良精神刺激,保持精神情绪的稳定。《内经》养生术,除具体规定了四季养生方法外,还涉及气功保健和房中术等,同时其所倡导的"治未病"还蕴含着预防医学思想。

(二)以立足地方食养结合为特色

屏南民间药膳在总结应用前人经验但不泥于古,以中医理论为指导,以中医的阴阳五行、藏象理论、青草药性及配伍等理论为指导来配制用膳,长期以来,已形成了一套较为系统的理论体系。如遵循青草药性的归经理论,强调"酸入肝、苦入心、甘入脾、辛入肺、咸入肾"。提倡辨证用药,因人施膳,因时施膳。同时注重青草药与饮食相结合,药膳除了具有鲜明的中医特色外,还具有食品的一般特点,强调色、香、味、形,注重营养价值,因此一份好的药膳,应是既对人体的养生防病具有积极作用,对人体具有良好的营养作用,又能激起人们的食欲,给人以余味无穷的魅力。

(三)以"四性"为基础追求多样性

屏南药膳将中药的"四性"理论运用到食物之中,认为每种食物也具有"四性"。"四性"又称为四气,即寒、热、温、凉。寒和凉的食物能起清热、泻火、解毒的作用,如在炎热的夏季选用菊花茶、绿豆汤、西瓜汤、荷叶粥等,可清热解暑、生津止渴等;热和温的食物能起温中除寒的作用,如严冬季节选用姜、葱、蒜之类的食物以及狗肉、羊肉等,能除寒助阳、健脾和胃、补虚等。食物除"四性"外,尚有性质平和的"平性"食物,如谷类食品中的米、麦及豆类等。人体可以通过食疗,达到阴阳、气血相对平衡。

二、屏南药膳青草药资源

屏南药膳使用的天然青草药有200多种,人工栽培的有30多种,主要有艾草、鱼腥草、山苍籽、淫羊藿、穿山龙、兔儿草、金银花、阴地蕨、土茯苓、麦冬、黄精、大青叶、虎杖、狗脊、夏枯草、乌药等。珍稀青草药有灵芝、金线莲、金不换、石斛、龙胆草、黄连、石耳等。

1. 艾草

【异名】香艾、蕲艾、艾蒿、艾、灸草、艾绒等。

【性味】温；苦、辛；归肝、脾、肾经；小毒。

【功能】散寒止痛，温经止血。

【主治】用于小腹冷痛，经寒不调，宫冷不孕，吐血，衄血，崩漏经多，妊娠下血；外治皮肤瘙痒。醋艾炭温经止血。用于虚寒性出血。

2. 鱼腥草

【异名】臭麻笠。

【性味】味辛，性寒凉，归肺经。

【功能】清热解毒、消肿疗疮、利尿除湿、清热止痢、健胃消食。

【主治】用治实热、热毒、湿邪、疾热为患的肺痈、疮疡肿毒、痔疮便血、脾胃积热等。现代药理实验表明，本品具有抗菌、抗病毒、提高机体免疫力、利尿等作用。

3. 牡蒿

【异名】蒲连头、齐头蒿、野塘蒿、土柴胡。

【性味】苦、甘，平。

【功能主治】清热，凉血，解暑。用于感冒发热，中暑，疟疾，肺结核潮热，高血压病；外用治创伤出血，疔疖肿毒。

4. 鼠曲草

【异名】黄花麴草、清明菜、田艾、佛耳草、酒曲绒。

【性味】甘，平。

艾草　　　鱼腥草　　　蒲连头　　　鼠曲草

【功能】止咳平喘，降血压，祛风湿。

【主治】用于感冒咳嗽，支气管炎，哮喘，高血压，蚕豆病，风湿腰腿痛。

5. 夏枯草

【异名】铁线夏枯、大头花、白花草、六月干、棒槌草。

【性味】寒、苦、辛。

【功能】清火，明目，散结，消肿。

【主治】用于目赤肿痛，目珠夜痛，头痛眩晕，瘰疬，瘿瘤，肿痛，甲状腺肿大，淋巴结结核，乳腺增生，高血压。

夏枯草

6. 生姜

【异名】姜根、因地辛、炎凉小子。

【性味】微温、辛。

【功能】解表散寒，温中止呕，化痰止咳。

【主治】用于风寒感冒，胃寒呕吐，寒痰咳嗽。

山苍籽

7. 败酱草

【异名】马草、苦菜、野黄花、山白菜。

【性味】微寒；辛、苦。

【功能】清热解毒，消痈排脓，祛瘀止痛。

【主治】用于肠痈腹痛，肺痈吐脓，痈肿疮毒，产后瘀阻腹痛。

路荞

8. 山苍籽

【异名】荜澄茄、山鸡椒、臭樟子。

【性味】性温、味辛、微苦、气香。

【功能】祛风散寒、活血理气、杀虫解毒。

龙芽草

【主治】胃及十二指肠溃疡、胃肠炎、中暑腹痛、感冒、急性乳腺炎、疥疮、皮肤瘙痒、风湿骨痛、四肢麻木、腰腿痛、跌打损伤、肋间神经痛、胸痛、预防蚊虫叮咬。

9. 淫羊藿

【性味】辛、甘，温。归肝、肾经。

【功能】补肾阳，强筋骨，祛风湿。

【主治】用于阳痿遗精，筋骨痿软，风湿痹痛，麻木拘挛；更年期高血压。

水芝菜

10. 地念

【异名】路荞、铺地锦、紫茄子、地脚茶。

【性味】甘，微涩，平。

【功能】涩肠止痢，舒筋活血，补血安胎，清热燥湿等作用。

【主治】风湿痹痛，肾炎，菌痢，慢性扁桃体炎，肠炎，腰腿痛，子宫下垂，小儿脱肛、疳积，盆腔炎等。捣碎外敷可治疮、痈、疽、疖，根可解木薯中毒。

11. 龙芽草

【异名】仙鹤草。

【性味】味苦、涩，性平，归肠、胃、脾经。

【功能】止血、健胃、滑肠、止痢、杀虫的功效。

【主治】脱力劳乏，妇女月经不调，红崩白带，胃寒腹痛，赤白痢疾，吐血，咯血，肠风、尿血、子宫出血、十二指肠出血等症。全草提取仙鹤草素为止血药。

12. 红筋仔

【异名】星宿菜、假辣蓼、定经草、红根仔、矮荷子。

【性味】苦涩，平。

【功能】活血，散瘀，利水，化湿。

【主治】治跌打损伤，关节风湿痛，妇女经闭，乳痈，瘰疬，目赤肿痛，水肿，黄疸，疟疾，痢疾。

13. 水飞蓟

【异名】水芝菜。

【性味】苦，凉。

【功能】清热解毒，催乳，保肝，利胆，抗x射线。

主治：用于急、慢性肝炎，肝硬变，代谢中毒性肝损伤，砂淋。

14. 白马骨

【异名】日日有、六月雪、鸡骨头草、月月有、朱米雪。

【性味】苦辛，凉。

【功能】祛风，利湿，清热，解毒。

【主治】治风湿腰腿痛，痢疾，水肿，目赤肿痛，喉痛，齿痛，妇女白带，痈疽，瘰疬。

15. 百通光

【异名】地茄、豹牙郎木、活血丹、野牡丹。

【性味】甘、酸、涩，平。

【功能】清热利湿，消肿止痛，散瘀止血。

【主治】用于消化不良，泄泻，痢疾，肝炎，衄血，便血，脱疽。叶：用于跌打损伤，外伤出血。

16. 铁线藤

【异名】金沙藤、蔓蔓藤、虾蟆藤、见根藤、藤吊丝。

【性味】甘，寒。

【功能】清热解毒，利水通淋。

【主治】治尿路感染，尿路结石，白浊带下，小便不利，肾炎水肿，湿热黄疸，感冒发热，咳嗽，咽喉肿痛，肠炎，痢疾，烫伤，丹毒。

17. 盐肤木

【异名】蒲连草、盐霜柏、盐酸木、敷烟树、蒲连盐。

【性味】味酸、咸，性凉。

【功能】清热解毒，散瘀止血。

【主治】感冒发热，支气管炎，咳嗽咯血，腹泻，痢疾，痔疮出血；根、叶外用于跌打损伤，毒蛇咬伤，漆疮。

18. 马兰

【异名】紫菊、阶前菊、马兰头、马兰菊。

【性味】味辛，性凉。

【功能】凉血止血，清热利湿，解毒消肿。

【主治】吐血，衄血，血痢，崩漏，创伤出血，黄疸，水肿，淋浊，感冒，咳嗽，咽痛喉痹，痔疮，痈肿，丹毒，小儿疳积。

盐肤木

19. 铁菱角

【异名】香茶菜、蛇总管、蒲连前、山薄荷、小叶蛇总管。

【性味】味辛、苦，性凉。

【功能】清热利湿，活血散瘀，解毒消肿。

【主治】用于湿热黄疸，淋证，水肿，咽喉肿痛，关节痹痛，闭经，乳痈，痔疮，发背，跌打损伤，毒蛇咬伤。

20. 紫苏

【异名】桂荏、白苏、赤苏、红苏、黑苏、白紫苏、青苏。

【性味】辛、温。

【功能】发表，散寒，理气。

【主治】叶能散表寒，发汗力较强，用于风寒表征，见恶寒、发热、无汗等症，常配生姜同用。

21. 白刺心

【异名】楤木、刺龙包、雀不站、鸟不宿、刺

紫苏

老包。

【性味】甘、微苦，平。

【功能】祛风除湿，利尿消肿，活血止痛。

【主治】用于肝炎，淋巴结肿大，肾炎水肿，糖尿病，白带，胃痛，风湿关节痛，腰腿痛，跌打损伤。

22. 关门草

【异名】截叶铁扫帚、夜关门、千里光、小叶胡枝子。

【性味】微苦，平。

【功能】平肝明目，祛风利湿，散瘀消肿。

【主治】治病毒性肝炎、痢疾、慢性支气管炎、小儿疳积、风湿关节、夜盲、角膜溃疡、乳腺炎。

23. 山韭菜

【异名】沿阶草、绣墩草。

【性味】甘，微苦，微寒。

【功能】养阴，生津，润肺，止咳。

【主治】肺燥干咳，肺痈，阴虚劳嗽，津伤口渴，消渴，心烦失眠，咽喉疼痛，肠燥便秘，血热吐衄，滋阴润肺，益胃生津，清心除烦。

24. 白石络藤

【异名】螺厣草、飞龙鳞、石瓜子、瓜子莲、猫龙草。

【性味】甘、微苦，寒。

白刺心

关门草

白石络藤

【功能】清热解毒，凉血止血，润肺止咳。

【主治】用于肺热咳嗽，肺脓肿，肺结核咯血，咽喉肿痛，腮腺炎，痢疾，淋巴结结核，衄血，尿血，便血，崩漏；外用治疗疮肿毒，皮肤湿痒，中耳炎。

25. 灵芝

【异名】赤芝、红芝、丹芝、瑞草、木灵芝、菌灵芝、灵芝草。

【性味】甘、微苦，性平。

【功能】补气安神、止咳平喘、延年益寿。

【主治】用于眩晕不眠、心悸气短、神经衰弱、虚劳咳喘。

灵芝

26. 金线莲

【异名】金丝线，金耳环，鸟人参，金钱草，金线石松。

【性味】其味平、甘。

【功能】清热凉血、祛风利湿、解毒、止痛、镇咳等。

【主治】主治咯血、支气管炎、肾炎、膀胱炎、糖尿病、血尿、风湿性关节炎肿瘤等疑难病症。

三、代表性药膳食谱

（一）寒草粉干（寒草茶）

【青草药】水飞蓟、铁菱角、夏枯草、白马兰各30克。

【食材】粉干300克、墨鱼干100克。

金线莲

【调料】黄酒、香菜、葱白、老姜、辣椒、盐等。

【做法】（1）将以上4种青草药与未去骨的墨鱼干洗净入锅煎汤，先大火烧开后小火煎半小时，去药渣留汤待用，墨鱼捞起切丝。（2）将粉干用沸水烫熟待用。（3）净锅烧至五成热，下油、葱白、老姜丝煸香，放入粉干煸炒2分钟，倒入草汤及墨鱼丝烧开，放入粉干，加盐调味后，加黄酒、辣椒、香菜即可。

寒草粉干

【点评】预防感冒。屏南"寒草茶"配方很多样，水飞蓟、铁菱角、夏枯草、白马兰、兰花仔、金锁匙、蒲连头、蒲连前等均有预防感冒，但不宜太多味青草药。有时单味青草药也行，如铁菱角粉干、水飞蓟石鳞等。

（二）芋头面

【食材】地瓜粉、芋头仔、鸡蛋；鸭子、淡菜、蛤干、泥鳅。

【调料】葱、香菜、红糟、腌姜、辣椒等。

【做法】（1）用一只鸭子加少许淡菜、蛤干等，烧一锅高汤，也可用红糟泥鳅备，煮用。（2）芋头仔煮熟，地瓜粉碾成粉，以适当比例揉成面团，揉至淀粉完全被吃透，面团筋道柔韧又不沾手为准。（3）葱、香菜、红糟腌姜切细备用。（4）起油锅，放入葱头、腌姜末，放入切好的鸭子下水或鸭肉碎，或红糟泥鳅爆炒出香味，加入大量高汤，微滚

芋头面

时，用地瓜推把面团推成面条状入锅，动作要连贯，防止芋头面不成条，同时要用筷子轻轻拨动打散锅中的面条，防止结团，全部下锅后，等锅中大滚后，改小火，根据各人口味加入葱、香菜、辣椒酱及其他调料等，起锅后要及时食用。

【点评】有生津止渴、补虚活血、治疗便秘功效。芋头面是屏南一道著名小吃，以代溪镇最为著名。

（三）鱼腥草黄鳝

【青草药】鱼腥草200克

【食材】鳝鱼500克。

【调料】料酒100克，姜母、蒜头、精盐、菜油少许。

【做法】（1）鳝鱼洗净切段加入姜、蒜末、料酒腌制20分钟。（2）鱼腥草摘叶待用。（3）炒锅用中火烧至五成热，加少许油，下鳝段煎至热，加入清水烧开，再放入鱼腥草叶煮开加盐调味即可起锅。

鱼腥草黄鳝

【点评】清热解毒，止咳化痰。鱼腥草喜欢与带腥味食材如鱼、猪心等配伍，因此可以用鱼腥草加工"鱼腥草黄沉鱼""鱼腥草猪心"。鲜嫩鱼腥草还可凉拌食用，做成米汤，味道也很鲜美。

（四）苦芝排骨汤

【青草药】苦芝200克。

【食材】猪上排300克。

【调料】料酒、葱白、油、盐少许。

【做法】（1）将上排切成小段，用沸水焯去血水捞出洗净。用高压锅压10分钟。（2）采用苦芝嫩叶，用沸水焯过捞出待用。（3）炒锅下少许油、盐、葱白炒出香味，放入排骨汤和苦芝叶煮2分钟，放入料酒调味后即可起锅。

【点评】清热解毒，排毒消瘀。苦芝本身是野菜，食用方式多样，鲜叶可以做汤，也可清炒和凉拌，还可晒成干品做汤食用。

（五）蒲连头兔肉

【青草药】牡蒿(蒲连头)。

【食材】兔肉。

【调料】菜油、料酒、生姜、盐。

【做法】（1）牡蒿加水、料酒，用中火烧熬20分钟待用。（2）将杀好的兔子用生姜、料酒、盐腌制20分钟，放入牡蒿汤中再熬10分钟。（3）将兔子与草渣捞出，凉30分钟后，兔子切块。（4）炒锅烧至五成热，加少许油、姜、盐，倒入兔肉煎炒2分钟，加入熬好的草汤，用中火焖30分钟即可。

【点评】治消化不良、乏力胃痛，祛风湿，壮筋骨。兔肉的煮法很多，也可用蒲连钱、蒲连头、瓜子藤、土黄芪四味青草为药，加少许墨鱼干做成"四草兔肉"。屏南寿山乡的"青草兔肉"最有名气。

（六）白刺心炖鸡

【青草药】白刺心50克。

【食材】鸡肉500克。

【调料】生姜、盐、料酒各适量。

【做法】（1）鸡肉洗净切块，用沸水焯片刻，捞出洗去血水。（2）白刺心洗净、切片入水，放入鸡肉，用中火炖熟烂。（3）加料酒10克，盐、姜母少许，起锅时再倒入料酒10克即可。

牡蒿兔

【点评】祛风解表，滋阴清热。屏南妇女坐月子主要进补黄酒炖公鸡，有时加艾根少量，起散寒止痛，温经止血作用。

（七）关门草水鸭

【青草药】关门草100克。

【食材】水鸭一只。

【调料】盐少许，料酒50克。

【做法】（1）水鸭去毛及内脏切块，用沸水焯去血水待用。（2）关门草洗净、切段，加水煎30分钟。（3）取鸭肉、草汤入锅，加盐、料酒，中火炖，熟烂，调味即可。

【点评】宁心安神、滋阴明目。屏南水鸭烹调法很多，也可用山韭菜或水芝麻烹制。有清热解毒功效。

（八）山韭菜鹅肉

【青草药】山韭菜100克。

【食材】鹅肉500克。

【调料】姜母、盐、料酒各适量。

【做法】（1）鹅肉切块，用沸水焯一会儿捞出，用清水洗净。

（2）山韭菜、鹅肉、生姜、盐一道入锅，用1000克水炖熟烂，起锅时加入料酒调味即可。

山韭菜炖鹅肉

【点评】清热解毒，防暑化湿。有人食用鹅肉会过敏，所以必须加青草药。在屏南也有用关门草、茅草等青草药。

（九）石络藤猪肚

【青草药】石络藤100克。

【食　材】猪肚一个。

【调　料】盐、姜母、料酒各适量。

【做　法】（1）取少许盐、番薯粉捏抓猪肚10分钟后，用清水洗净。（2）将青草药塞入猪肚内，用武火煮开，改用小火再煮至熟烂，调味即可。

【点　评】健胃、治乏力、胃病。

（十）山苍籽根猪蹄

【青草药】山苍籽根50克。

【食　材】猪蹄500克。

【调　料】盐、料酒、姜母各适量。

【做　法】（1）取猪蹄（七寸）洗净切块。（2）猪蹄氽水冲凉，沥干水分。加姜片、料酒、盐和洗净的山苍籽根。拌匀腌制3小时。（3）取桐籽根放碗底，上置猪蹄节，倒入腌制的料，水炖熟烂，调味即可。

【点　评】止咳平喘、补脾健胃。山苍籽也是一味广谱型青草药，可与各种鲜鱼烹制成美味药膳。如：山苍籽黄沉鱼、山苍籽鲈鱼等。

（十一）红根仔焖牛肉

【青草药】红根仔100克。

【食材】牛肉500克。

【做法】（1）洗净红根仔入水煎30分钟待用。（2）牛肉切成块沸水氽锅，洗去血水备用，用高压锅高压30分钟。（3）炒锅烧热加入少许山茶油、葱头煸香，倒入牛肉及红根汤烧开后再装进砂锅入黄酒、姜片、盐文火煲至熟烂调味即可。

【点评】活血化瘀、行气止痛、健脾养胃。

猪蹄

（十二）淫羊藿煲羊肉

【青草药】淫羊藿50克。

【食材】净羊肉750克。

【调料】黄酒、盐、姜母各适量。

【做法】（1）将羊肉切块，汆水洗净血水备用。（2）砂锅底部放入淫羊藿、姜母、黄酒、盐，羊肉上置，加入清水，加锅盖一次性煲熟，调味即可。

【点评】壮阳补肾、强筋活络。屏南羊肉烹制药膳种类多，如青藤根羊肉有补脾健胃，益气温中之功效。

淫羊藿煲羊肉

（十三）拦路虎焖羊排

【青草药】拦路虎100克。

【食材】羊排500克。

【调料】盐、姜母、黄酒、花生油各适量。

【做法】（1）拦路虎洗净，加水煎30分钟待用。（2）羊排切段，用沸水焯过，洗去血水备用。（3）炒锅加热，入少许花生油，炒香加姜母拍散依次放入羊排、黄酒，中火焖30分钟，改用文火再焖熟烂，调味后起锅。

【点评】舒筋活络、活血祛瘀，可治腰膝酸痛。

（十四）金线莲石鳞汤

【青草药】金线莲50克。

【食材】石鳞（棘胸蛙）500克。

【调料】盐、黄酒、蒜头适量。

【做法】（1）金线莲水煎20分钟待用。（2）石鳞去内脏及头、爪洗净，切块用沸水焯一下。（3）石鳞、盐、草汤、蒜头一并下锅，煮10分钟加黄酒即可起锅。

【点评】补阴益气、凉血清肝，能降血脂，对高血糖、高尿酸、肿瘤、风湿病等具有一定作用。石鳞，又名棘胸蛙、石鸡。因其肉质细腻且富含丰富的矿物质元素被美食家称为"百蛙之王"。棘胸蛙有滋补强身、清心润肺、健肝胃、补虚损，以及解热毒、治痔疾等功效，故有"山珍"之称。石鳞加水芝菜、石鳞加螺都是著名的药膳。

（十五）臭梧桐炖猪小肚

【青草药】臭梧桐50克。

【食材】猪小肚500克。

【调料】盐、黄酒、姜母少许。

【做法】（1）将猪小肚洗净焯水，干净臭梧桐洗净切片。（2）猪小肚、生姜和草药一同用砂锅煲熟烂加盐、酒调味即可。

【点评】清热解毒，凉血止血。

（十六）半边莲炖鳝鱼

【青草药】半边莲30克。

【食材】天然鳝鱼一条。

【调料】盐、黄酒、姜、葱白、花生油各适量。

【做法】（1）鳝鱼去鳃及内脏洗净切块待用。（2）半边莲洗净煎汤待用。（3）炒锅加热放入花生油、葱白、生姜片煸香后倒入草药汤，加盐、鳝鱼块，煮熟，再放入黄酒调味即可。

【点评】清热解毒、利尿消肿、散血行瘀。用于肝硬化、肾炎、扁桃体发炎，辅助治疗癌症。

四、屏南药膳的烹调方法

屏南药膳烹调原则，首先必须认识到"四气"是药物和食物辨证施膳的依据，"五味"又对人体的脏腑具有针对性的功能。几乎所有的食材都可用来烹调药膳，当然还需选用某些药物配合应用食养效果才能显现。无论哪种形式的

药膳，都必须加有调味品，如葱、姜、蒜、胡椒、醋、糖、香油等。

屏南药膳的烹调方法常用的有炖、焖、煨、蒸、煮、熬、炒、卤、炸、烧等，但以炖、焖、煨、煮、蒸为主要和最佳方法。从烹调原料的质地和性味来看，轻清芳香者，烹调时间宜短，多采用爆炒、清炸、热焯等方法；味厚滋腻之品，烹调时间宜长，采用炖、煨、蒸的方法效果较好。

炖：有隔水炖和不隔水炖之分。隔水炖是加好汤和料封口，把容器放入锅中，武火炖即可；不隔水炖为直接武火煮沸，撇去浮沫，再用文火炖至酥烂。煮：将原料放入锅内，加适量汤或水，先用武火烧开，改文火烧熟即可。蒸：就是将食物与药物拌好调料后，放入碗中，利用水蒸气加热烹熟的方法。熬：先在锅内加底油烧热后，放入主料稍炒，再加汤及调味品，后用文火煮烂。烩：将多种原料用汤和调料混合烹制。焖：先在锅内放油，将食物和药物同时放入，炒成半成品，加姜、葱、花椒、汤及调味品，盖锅盖，用文火焖烂。烧：将原料放入有少量油的锅中加调料煸炒，进行调味调色，待颜色转深放入调味品及汤(或水)，用文火烧酥烂后，武火收汤，稍加明油即可。

屏南荣获"药膳名县"称号

五、屏南药膳应用原则

屏南药膳具有保健养生、治病防病等多方面的作用，在应用时应遵循一定的原则。药膳在保健、养生、康复中有很重要的地位，但药膳不能代替药物疗法。因此，应视具体人与病情而选定合适之法，不可滥用。

（一）因证用膳

药膳也讲辨证施治，因此应在辨证的基础上选料配伍，如血虚的病人多选用补血的食物大枣、花生，阴虚的病人多使用枸杞子、百合、麦冬等。只有因证用料，才能发挥药膳的保健作用。

（二）因时而异

中医认为"用寒远寒，用热远热"，人与日月相应，人的脏腑气血的运行，和自然界的气候变化密切相关。因此，在采用性质寒凉的药物时，应避开寒冷的冬天，而采用性质温热的药物时，应避开炎热的夏天。这一观点同样适用于药膳。

（三）因人用膳

人的体质年龄不同，用药膳时也应有所差异。小儿体质娇嫩，选择原料不宜大寒大热；老人多肝肾不足，用药不宜温燥；孕妇恐动胎气，不宜用活血化瘀之品。这些都是在药膳中应注意的。

（四）因地而异

不同的地区，气候条件、生活习惯有一定差异，人体生理活动和病理变化亦有不同。有的地处潮湿，饮食多温燥辛辣；有的地处寒冷，饮食多热而滋腻；而处于南方的福建屏南饮食则多清凉甘淡，春季潮湿应多食姜、酒等。

（五）配伍禁忌

运用药膳疗法时，应注意疾病禁忌。如高血压、冠心病及严重心、肝、肾脏疾病引起水肿者，在配制药膳时应少放盐，宜清淡；对体质肥胖，患有动脉粥样硬化性疾病患者，宜服低脂肪药膳；糖尿病患者慎用或不用以淀粉类或糖类烹调的药膳；注意食疗中药的五味与五脏的关系。一般说来，辛入肺，甘入脾，苦入心，酸入肝，咸入肾。只有根据性味合理选用药膳，才能达到滋补身体、防治疾病的目的。

药膳要讲究青草药与食物配伍禁忌，如：猪肉反乌梅、桔梗、黄连；猪血忌地黄、何首乌；猪心忌吴茱萸；猪肝忌荞麦、豆酱、鱼肉；羊肉反半夏、菖蒲，忌铜、丹砂和醋。鲫鱼反厚朴，忌麦门冬、芥菜、猪肝；鲤鱼忌朱砂、狗肉；鸭蛋忌李子、桑葚子。

第四节 "茶"道文化

中国民间有谚："当家度日七件事，柴米油盐酱醋茶。"由此可见，茶与我们生活息息相关。陆羽《茶经》中说："茶之为用，味至寒，为饮最宜，精行俭德之人，若热渴凝闷、脑疼目涩、四肢烦、百节不舒、聊四五啜，与醍醐甘露抗衡也。"茶已成为我国人民皆爱的举国之饮。茶不仅作为一种饮料，而且也是一味中药。在屏南民间，"茶"不仅仅指茶叶及所形成的民俗文化，而延伸为治病养生形态的"本草茶"，是不可或缺的生活必需品，并由此衍生出丰富的"茶"道文化。

一、屏南茶史

茶，原产于中国。其起源于神农氏、闻于鲁周公、兴于唐、盛在宋。古代

茶山

称茶树为"南方之嘉木",我国茶树种植历史最少已有3000年。福建是中国最著名的茶产区之一,饮茶历史悠久。唐代茶圣陆羽《茶经•八之出》叙述茶产区时称,"岭南生福州、建州……往往得之,其味甚佳。"《唐史》云:"福州有方山之生芽。"宋代是建茶的极盛时期,《宋史•食货志》载:"宋元丰七年(1084)王子京为福建转运副使,言建州腊茶,归立榷法,建州出茶不下三百万斤,南剑州也不下万斤。"

位于古代福州与建州之间的屏南县,一直以来是茶叶的重要产区。屏南茶史最早见于唐代,而在宋代,屏南也是建州北苑贡茶产区之一。《新唐书•地理志》载:"福州贡腊面茶,盖建茶未盛之前也……今古田、长溪近建宁界,亦能采造。"当时,屏南属古田县,考"古田、长溪近建宁界"正是现在屏南县的岭下、路下两乡所在区域。因宋代气候转冷,贡茶生产任务南移。大平兴国二年(977)宋太宗为了"取象于龙凤,以别庶饮,由此入贡",派遣官员到建

谢坑古寨门

安北苑专门监制"龙凤茶"。宋徽宗在《大观茶论》中写道："本朝之兴,岁修建溪之贡,龙团凤饼,名冠天下。"又云："采择之精,制作之工,品第之胜,烹点之妙,莫不咸造其极。"据考,屏南西北区正是北苑贡茶"凤饼"产区。如今,岭下乡谢坑村仍保存大片凤茶古茶树,村庄仍遗存"茶岭扬芳"古寨门与长长的茶商古道。

清代,屏南的茶叶产量达到顶峰。以当地小叶种茶(俗称菜茶)为原料制成的"外山小种"红茶已形成了一条完整的产业链,并成立了多个知名茶行,拥有独立的外销渠道。清末,红茶成为屏南县最大宗货物,远销世界各地。

"六合春"茶行,屏南清末最著名的茶行。品牌创立于清同治年间,由屏南县城双溪周承波、周承枝等6人创办,茶行之名取"六合兴旺"之意。鼎盛时期,屏南周边九县之红茶均以"六合春"之名外销,因此,有"茶管九县"之誉。如今,"六合春"茶行仍保存大量茶文物,其后人正着手恢复传统小种红茶制作技艺。

"深山奇石嵯峨立,峡谷悬岩茶叶香。"

六合春茶行文物

如今屏南人正利用当地特色的高山资源与优异的生态环境,科学发展茶产业。在品种上,选用当地优质的良种菜茶为原料,结合发展具有优良品质的新品种

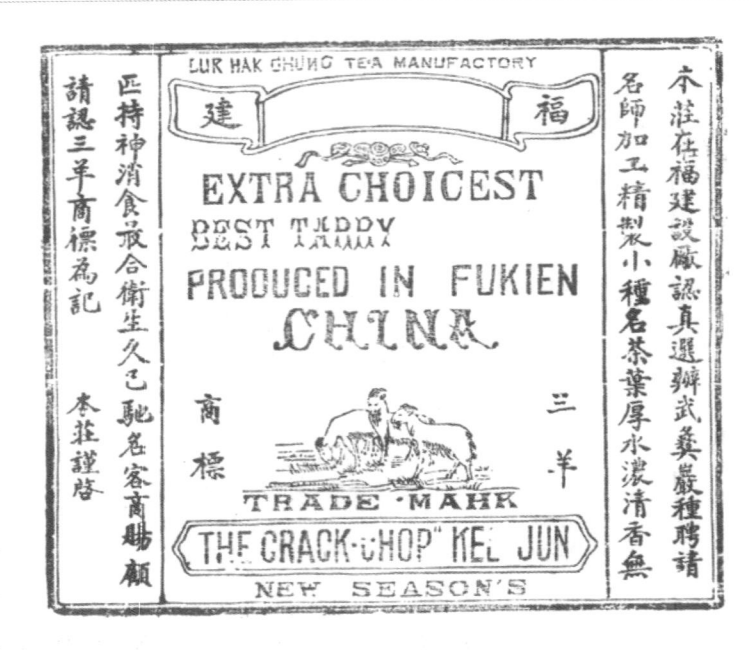

黄观音、金观音以及菜茶单枞，开发特色优异香型新品种；在原料基地上，则选择生态环境良好、原生有性群体种茶资源丰富的高山老茶区；在产品风格定位上，以浓、强、鲜为基础，开发生产具有高山特色、特殊花果香的个性产品。目前，屏南已有映山红、金丝甘毫、金芽红茶、大叶红等优秀新品面世，均获市场肯定。

六合春茶行"三羊"牌商标

二、茶的本草之功

唐代的《本草拾遗》里有一句话，"诸药为各病之药，茶为万病之药。"可见茶在本质上就是一味本草。

茶，性味微苦、甘、凉。归经入肺、心、膀胱经。茶能消食去腻、降火明目、宁心除烦、清暑解毒、生津止渴。茶中含有的茶多酚，具有很强的抗氧化性和生理活性，是人体自由基的清除剂，可以阻断亚硝酸胺等多种致癌物质在体内合成。茶还能吸收放射性物质达到防辐射的效果，从而保护皮肤。现代医学、生物学、营养学等对茶的研究表明，凡调节人体新陈代谢的许多有益成分，茶叶中大多具备。茶能抗癌、防衰老，能提高人体生理活性。目前已分析茶叶中的化学物质多达600多种，包括生物碱类、多酚类、矿物质、维生素、蛋白质与氨基酸等。

《神农本草经》有"茶味苦，饮之使人益思，少卧"的记载。《唐本草》说："茶味甘苦，微寒无毒，去痰热，消宿食，利小便。"汉代名医张仲景说："茶治便脓血甚效。"至今，我国民间仍有用茶叶治疗痢疾和肠炎的习惯。如果将茶叶与药物或食物配成药茶，则疗效更好。如用姜茶治痢疾，薄荷茶、槐叶茶用于清热，橘红茶用于止咳，莲心茶用于止晕，三仙茶用于消食，杞菊茶用于补肝等。现代医学研究发现，茶具有抗癌防癌作用。

茶叶包括绿茶、红茶、乌龙茶、白茶、黄茶、黑茶。绿茶分为炒青绿茶、烘青绿茶、晒青绿茶、蒸青绿茶；红茶分为小种红茶、工夫红茶、红碎茶；乌龙茶分为闽北乌龙、闽南乌龙、广东乌龙、台湾乌龙、阿里山高山茶；白茶分为白芽茶、白叶茶；黄茶分为黄芽茶、黄小茶、黄大茶。

从茶的功效来看，绿茶能生津止渴，消食化痰，对口腔和轻度胃溃疡有加速愈合。红茶能生热暖腹，增强人体的抗寒能力，还可助消化，去油腻。花茶能散发积聚在人体内的冬季寒邪、促进体内阳气生发，令人神清气爽。青茶（乌龙茶）能润肤、润喉、生津、清除体内积热，让机体适应自然环境变化的作用。一年有四季，各季气候各不相同，所以饮茶要与四季相对应，这样才能达到更好的养生效果。

春饮花茶长精神。花茶是集茶味之美、鲜花之香于一体的茶中珍品。其利用烘青毛茶吸味特性和鲜花的吐香特性相结合窨制而成，以茉莉花茶最为有名。茉莉花香气清婉，入茶饮之浓醇爽口，馥郁宜人。

夏饮绿茶好清凉。绿茶属未发酵茶，性味寒，寒可清热，最能去火。绿茶营养成分较高，具有降血脂、防血管硬化等药用价值。绿茶冲泡后水色清冽，香气清幽，滋味鲜爽，夏日常饮，清热解暑，强身益体。

秋饮青茶可润燥。青茶属半发酵茶，介于绿、红茶之间。色泽青褐，冲泡后可看到叶片中间呈青色，叶缘呈红色，素有"青叶镶边"美称，既有绿茶的清香和天然花香，又有红茶醇厚的滋味，不寒不热，温热适中，有生津止渴，清热去火的作用。

冬饮红茶暖心田。中医认为："时届寒冬，万物生机闭藏，人的机体生理活动处于抑制状态。养生之道，贵乎御寒保暖。"因而冬天喝茶以红茶为上品。红茶甘温，可养人体阳气；红茶含有丰富的蛋白质和糖，生热暖腹，增强人体的抗寒能力，还可助消化，去油腻。

三、屏南"吃茶"习俗

屏南待客以茶为先，但凡客人来，必泡"蛋茶"敬客，叫"吃蛋茶"。屏南与古田尚未分治前，民间流传着一句俗语："前路的荷包，里路的蛋茶。"说的是前路（指屏南长桥之外到古田县范围）人家接待客人一般煮一双荷包蛋待客；而里路（今屏南县范围）则是以泡蛋茶敬客。

屏南人几乎个个是泡蛋茶高手。从前农家烧土灶做饭，家家灶膛内必有个煮茶砾器——茶缶。烧火煮饭时，茶缶盛满水、放入一把茶叶直接放入灶膛内煮，烧开后即可冲泡蛋茶。如果未生火煮饭，则在灶旁的小炉上用木炭火煮，冬天时，北路一线人家家里必生"炉头"，茶缶可在炉头里煮茶。现代铝茶壶或合金茶壶几乎取代了砾器茶缶、茶瓶。

泡蛋茶一般用土鸡蛋或番鸭蛋，茶叶喜用粗茶，本地人称"粗茶毛"（秋茶更出味）。泡茶时，将蛋打入瓷碗中，用一根竹筷插入蛋中间，提起茶缶，用滚烫的茶水沿筷子迅速冲下，蛋从内往外冲化开，茶香伴着蛋香四散开来。吃上一碗这样乡情浓郁的蛋茶，旅途的困顿一定消失无影！蛋茶可提神解乏、生津止渴、清热解暑，是农家待客和劳作补充体力的最佳饮品，所以在农

泡蛋茶

村，许多人不吃早餐可以，不喝蛋茶可就不行了。

在屏南民间，"吃蛋茶"几乎体现在生产生活的方方面面，尤其是婚丧喜庆帮工安排一定要专司"泡蛋茶"一职，场面大、客人多要好几个人专门负责，失了这个礼数可是大事。蛋茶也有用干艾草来泡，或茶叶中加入少许艾叶，尤其是招待女性客人更经常用艾草泡蛋茶。艾草蛋茶有以下功效：一是驱寒祛湿。能很好地将体内寒湿排出体外，缓解消除寒湿引起的病症。二是养阳补虚，为人体补充阳气，改善阴虚体质，增强人体免疫力。三是益气排毒，补元气、养胃清肠，舒张血管，排除体内的毒素，减少肝肾负担。四是温经活血，对于女性虚寒不孕、月经不调、经冷腹痛，有显著功效。五是利水消肿，促进人体多余水分排出，消除身体浮肿。艾草蛋茶功效多多，所以家家户户均备有艾草以备之需。

历来屏南乡间有施茶习俗。所谓施茶就是布施茶水（或凉茶）。古时在乡间古道的廊桥、歇亭、寺庙、宫观以及集市铺面，富家门前，常放上一个茶桌，茶桌上备有茶壶、茶碗，或在门前放上一口大缸，里面备有冲泡好的茶汤（或降暑凉茶），供行人过客随意饮用，不必付茶费。施茶一般是在立夏到秋分之间，为了帮助行人解暑，在茶汤里通常要加入一些姜片、薄荷、山苍籽等本草，喝起来略带清香药味，却能降温祛暑。

茶可治百病，但也不是多喝就好，喝茶也有宜忌。饮茶要根据年龄、体质、工作性质、生活环境等因素，选择不同种类的茶叶，采用不同的方式饮用。儿童饮茶应适度；女性饮茶避"五期"（行经、妊娠、临产、哺乳、更年）；老年饮茶贵在品；病人饮茶惟谨慎。饮茶忌过量、过浓，忌与药同服，忌空腹饮茶，莫饮隔夜茶。

四、其他本草茶

茶在屏南，除了作为饮品，还可以作为保健品，有药用价值。在屏南民间，普遍把中草药煎煮的药汤统称为"茶"，喝药汤自然成了喝茶。至今，屏南仍保留了很多青草茶偏方，有补气补血、补阴补阳、抗衰益寿、降脂减肥、美颜美容等类型。现摘录部分以飨读者。

1. 菊花茶

所用的菊花应为甘菊，其味不苦，尤以大白菊或小白菊最佳，每次用3克泡茶饮用，每日3次。也可用菊花加金银花、甘草同煎代茶饮用，有平肝明目、清热解毒之功效。

2. 莲心茶

所谓莲子心是指莲子中间青绿色的胚芽，其味极苦，但却具有极好的降压去脂之效。莲心12克，开水冲泡后代茶饮用，每天早晚各饮1次，除了能降低血压外，还有清热、安神、强心之特效。

3. 荷叶茶

中医实践表明，荷叶的浸剂和煎剂具有扩张血管，清热解暑以降血压之效。同时，荷叶还是减脂去肥之良药。治疗高血压的饮用方法是：用鲜荷叶半张洗净切碎，加适量的水煮沸放凉后，代茶饮用。

4. 山楂茶

山楂所含的成分可以助消化，扩张血管、降低血糖、降低血压。经常饮用山楂茶，对于治疗高血压具有明显的辅助疗效。每天数次用鲜嫩山楂果2枚泡茶饮用，对高血压、动脉硬化有显著疗效。

山楂片

5. 山苍籽花茶

山苍籽性温、味辛、微苦、气香，无毒，入肝、胃、肠经。可祛风散寒、活血理气、杀虫解毒。喝山苍籽花茶可解中暑腹痛、感冒、皮肤瘙痒、风湿骨痛、腰腿痛、跌打损伤、肋间神经痛等。

6. 檵木花茶

檵木花微甘、涩，平。能清暑解热，收敛止血，清热解毒，通经活络。

7. 金银花茶

金银花性寒，味甘，入肺、心、胃经。对于头昏头晕、口干作渴、多汗烦闷、对腮腺炎、化脓性扁桃体炎等病症均有一定疗效。金银花茶有独特的减肥功能，还能抑制与杀灭咽喉部的病原菌，对老人和儿童有抗感染功效。经常用金银花泡茶或服用煎剂有利于风火目赤、咽喉肿痛、肥胖症、肝热症和肝热型高血压的治疗与康复。

8. 姜茶

把生姜去皮后，切成薄薄的片，再切成细丝，然后剁成末备用。锅里放入开水，煮沸后放入姜末，煮一会儿后再放入适量红糖，用小火继续煮10分钟左右，然后盛到碗里趁热喝下。需要注意的是，不要等着放凉了再喝，那样效果就差很多了。此外，选择红糖时，不要选散状的，也不要选浅红的，最好选质硬、大块而且颜色深红的。特点：甜中带辣，具有活血化瘀、驱散寒气的作用。

9. 陈皮茶

配方1：茶叶2克，干橘皮2克。制法：上二味，用沸水冲泡10分钟即可。功效：止咳化痰，理气和胃。配方2：橘皮姜茶。把橘皮洗净，用刀刮去内层白

柠檬片

膜，切细丝备用；嫩姜洗净切细丝，加两碗水煮，大火开后转小火，约煮5分钟，再放入橘皮煮20秒，即可熄火。当茶饮饮用，有舒肝、解郁、止痛功效，可改善妊娠气郁、情绪不佳而造成的腹痛。

10. 灵芝茶（健神）

灵芝茶具有扶正固本，增强免疫力，提高机体抵抗力的作用。灵芝可以在整体上双向调节人体机能平衡，调节人体新陈代谢机能，调动机体内部活力促使人体内脏及器官机能正常化，适宜于免疫力低下者、身体虚弱者饮用。

11. 白木耳茶

白木耳3克。制法：将白木耳淘净，拣去杂质，晒干，冷藏或贮藏于阴凉干燥处。服时取3克，清水浸泡一夜，盛瓷碗中，于饭锅上蒸1~2小时，然后置保温杯中，加白糖3克，冲入沸水，盖焖10分钟后，代茶频饮。滋阴，润肺，益胃，养营。主治：高血压，血管硬化，眼底出血；虚劳咳嗽，痰中带血；虚热口渴。

12. 金线莲茶

金线莲茶有清热凉血、祛风利湿、解毒、止痛、镇咳等功效，主治肝炎，咯血、支气管炎、肾炎、膀胱炎、糖尿病、血尿、风湿性关节炎、肿瘤等疑难病症。由于金线莲在自然界的蕴藏量已很稀少，1990年被主产该药材的福建省列为濒危药用植物。

五、茶道与养生

唐人刘贞亮归纳茶有"十德"：以茶散郁气，以茶驱睡气，以茶养生气，以茶除病气，以茶利礼仁，以茶表敬意，以茶尝滋味，以茶养身体，以茶可行道，以茶可雅志。也就是说，茶除了给人以感官上的享受之外，还给人以精神上的愉悦，更可以修身养性，去烦净心，悟性得道。

（一）儒学与茶礼

在中国，儒家的思想观念早已融入人们的日常生活中，并在其生活的细微之处反映出来。儒家主张"寓教于乐"，并在茗饮中体现"修、齐、治、平"

的人伦大道，应对进退的规矩法度，乃至怡情悦性的艺术等等。儒家崇尚礼乐，于是，便有了"茶礼"之举，作为正序伦、明典章的手段。

自唐以来，宫廷的重要活动，如春秋大祭、殿试、群臣大宴等都有茶仪茶礼，以示尊崇。宋明之际，儒家更把茶礼引入"家礼"之中，行于婚丧、祭祀、修屋、筑路、待客之际，凡大事无不举行茶礼。其影响之深远，是儒家"礼制"思想的一个重要体现，后世有"无茶不礼"的说法。

"中庸之道"是儒家学说的基本精神之一，中庸被看成是中国人的智慧，反映了中国人对和谐、平衡，以及友好精神的认识与追求。儒家认为中国人的性格就像茶，清醒、理智、平和。茶虽然能给人以一定的刺激，令人兴奋，但它对人总体的效果则是亲而不乱，嗜而敬之。茗饮最终能使人沉静，使人能冷静地面对现实，这是与儒家倡导的中庸精神相吻合的。

唐卢仝《走笔谢孟谏议寄新茶》这一千古绝唱有几句最能代表儒家思想对茶的诠释。

一碗喉吻润，两碗破孤闷。
三碗搜枯肠，惟有文字五千卷。
四碗发轻汗，平生不平事，尽向毛孔散。
五碗肌骨轻，六碗通仙灵。
七碗吃不得也，惟觉两腋习习清风生。
蓬莱山，在何处？
玉川子，乘此清风欲归去。……

（二）道家与茶

道家的自然观，一直是中国人精神生活及观念的源头。道家的学说为茶人的茶道注入了"天人合一"的哲学思想，树立了茶道的灵魂。同时，还提供了崇尚自然、崇尚朴素、崇尚真善美的理念和重生、贵生、养生的思想。

中国茶道吸收了道家的思想，把自然的万物都看成具有人的品格、人的情感，并能与人进行精神上的相互沟通的生命体，所以在中国茶人的眼里，大自然的一山一水一石一沙一草一木都显得格外可爱、亲切。在中国茶道中，自然人格化不仅表现在山水草木等品茗环境的人化，而且包含了茶以及茶具的人格化。对茶境的人格化，平添了茶人品茶的情趣。

正因为道家"天人合一"的哲学思想融入了茶道精神之中，中国茶人心里充满着对大自然的无比热爱，有着回归自然、亲近自然的强烈渴望，所以中国茶人最能领略到"情来爽朗满天地"的激情以及与大自然达到"物我玄会""更觉鹤心杳冥"的绝妙感受。

（三）佛教禅茶

佛教修行的主要方法是戒、定、慧。戒就是要僧人不饮酒，不非时食（过午不食），戒荤吃素；定和慧，简单说来，就是要僧侣息心静坐，思禅悟道。为此，就需要有一种既符合佛教戒规，又可以清除坐禅久坐困乏带来的疲劳和弥补"过午不食""戒荤吃素"的营养补充物，而茶因提神益思和生津止渴的药理功能，以及其所含的丰富营养物质，自然成了僧人的理想饮品。因此，僧人饮茶修行，逐渐形成了独特的寺院茶文化。

一般寺院中设有"茶堂"，是禅僧辩论佛理、招待施主、品尝香茶的地方。寺院禅堂内的"茶鼓"是召集僧众饮茶所击之鼓；寺院专设"茶头"掌管烧水煮茶，献茶待客，并在寺门前派"施茶僧"数名，施惠茶水。佛教寺院中的茶叶，称作"寺院茶"，一般有三种用途：供佛，待客，自奉。按规定每日在佛前、祖前、灵前供奉茶汤，称作"奠茶"；按照受戒年限的先后饮茶，称作"戒腊茶"；请所有僧众饮茶，称作"普茶"；化缘乞食得来的茶，称作"化茶"等等。平时坐禅分六个阶段，每一个阶段焚香一枝，每焚完一枝香，寺院监值都要"打茶""行茶四五匝"，借以清心提神，消除长时间坐禅产生的疲劳。

寺院僧尼用茶敬佛、敬师、献宾客，供自己与善友品饮，谈佛论经，修养心性，形成了庄严肃穆的"茶礼"。在《佛道茶艺》一文中就有对"礼佛茶"礼仪的记载："礼佛茶"是焚香拜佛、敬佛敬师的特殊礼仪，也是调茶献

客、结缘行善的特殊茶艺。礼佛茶在禅房中进行，在做好准备工作的基础上，分为十道程序，谓之功德圆满。十道程序依次为莲步入场、焚香顶礼、礼佛三拜、普施甘露、打坐禅定、抽衣净手、烫杯泡茶、敬茶献茶、收杯接碗、问讯退场。

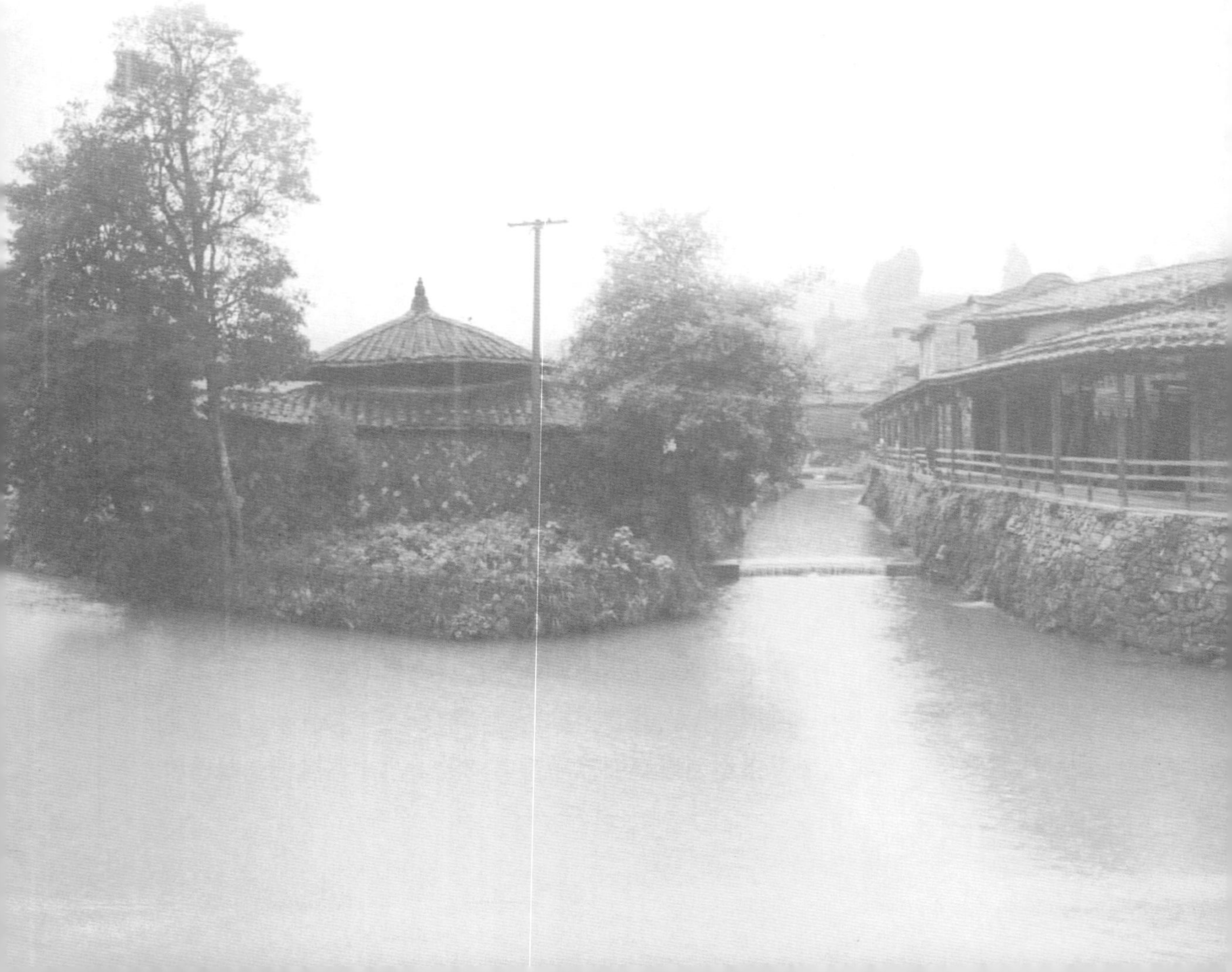

第七章 保护与发展

屏南中国民间文化之乡的保护以新时代中国特色社会主义思想为指导,全面贯彻落实党的十九大精神,坚定文化自信,推动社会主义文化繁荣兴盛,加速推进屏南红粬黄酒文化、木拱廊桥文化、民间武术文化、戏剧文化、本草养生文化等民间文化艺术资源的抢救和保护,广泛开展群众性文化活动。以创建国家级民间文艺之乡为契机,以民间文艺为主体,大力弘扬优秀传统文化,促进民间文艺之乡稳步发展。

民间文艺之乡是丰富多彩的地域文化品牌和标志。屏南中国民间文化之乡的保护要以习近平新时代中国特色社会主义思想为指导，全面贯彻落实党的十九大精神，坚定文化自信，推动社会主义文化繁荣兴盛，加速推进屏南红粬黄酒文化、木拱廊桥文化、民间武术文化、戏剧文化、本草养生文化等民间文化艺术资源的抢救和保护，广泛开展群众性文化活动，以创建国家级民间文化之乡为契机，以民间文化为主体，大力弘扬优秀传统文化，促进民间文化之乡稳步发展。

民间文化之乡要建立设施设备完善、功能齐全的传承活动阵地，健全系统的、专业的民间文化研究传承、艺术培训和创作辅导体系，打造丰富的民间文化艺术精品，完善人才队伍培养机制。同时要制定投入保障和奖励制度，实现民间文化艺术常态化、制度化，增强民间组织、广大群众的参与度与认可度。

民间文化之乡建设要认真贯彻"保护为主、抢救第一、合理利用、传承发展"的文化遗产保护方针，坚持保护民间文化遗产的真实性和完整性，坚持"政府主导、社会参与，明确职责、形成合力；长远规划、分步实施，点面结合、讲求实效"的保护工作原则。争取到2020年把屏南各项中国民间文化之乡打造为全省乃至全国知名文化品牌，为建设"县强民富生态美"的新屏南提供文化品牌支撑。

第一节　保护实践

屏南历史悠久，文化底蕴深厚，文化遗产资源丰富，是中国红粬黄酒、木拱廊桥、民间武术、民间戏曲、本草养生文化之乡。屏南县文化遗产保护工作得到各级领导专家的充分肯定，曾荣获文化部"全国文化遗产日奖"和福建省人民政府申报人类非物质文化遗产工作"突出贡献奖"。十多年来，屏南县围绕挖掘抢救、普查调研、项目申报、传承保护、理论研讨等方面做了有益的尝试，特别是近年来在传统村落中注入文化创意产业，以激活古村活力，促进文化之乡建设，助推精准扶贫与乡村振兴，做了积极探索实践，取得了明显成效。

一、建立工作机制

加强文化遗产保护，建立行之有效的工作机制是保障。从2001年开始，屏南县委、政府就高度重视文化遗产保护工作，多次召开专门会议，研究解决人员、资金问题。为了挖掘抢救屏南古老地方剧种，成立以县委宣传部长为组长的挖掘抢救屏南地方戏领导小组，把挖掘抢救地方戏工作摆上议事日程。同时，相关领导还经常带领文物及专业干部深入乡镇农村，召开座谈会，探讨文化遗产保护与抢救工作方案，并积极与上级主管部门联系，争取保护资金，为挖掘、抢救文化遗产工作创造条件，建立工作机制。

2002年9月，屏南县委宣传部成立了"屏南地方戏研究办公室"，抽调专业干部组成精干研究队伍，划拨专项经费用于开展研究保护工作。2006年，为了扩大研究保护范围，屏南县委、政府调整成立了"屏南县文化遗产保护与研究领导小组"，并下设办公室具体开展工作。2013年，又成立了"屏南县历史文化名镇名村与传统村落保护发展领导小组"，抽调人员组成办公室，解决开办经费和召开全国性学术性研讨会经费。2016年成立"屏南县传统村落文化创意产业发展领导小组"等。近三年来，县财政预算每年安排1000万元用于传统村落文创产业的发展。对文化之乡建设成绩突出的干部给予记功、评选、表彰、提拔和重用，真正做到一以贯之地抓文化遗产保护工作，从机制、人员、经费、保障等各方面给予落实与保障。

二、狠抓传承保护

民间文化之乡建设的关键是抓好各项文化遗产的传承与保护。屏南县从民间戏曲保护开始，开展形式多样、内容丰富、切合实际的非物质文化遗产保护与传承实践。认定传承人，成立传习所、传承协会，开展传习活动。通过生产性方式激活非遗活力和传承主体意愿，较好地解决了民间文化的传承保护与发展。

近年来，屏南县出台一系列具体措施确保文化遗产保护传承工作顺利开展。公布了四批共60多项县级非物质文化遗产项目以及四批共70多位县级以上非遗项目代表性传承人。成立了龙潭四平戏业余剧团、屏南漈头平讲戏剧团等

10多个民间业余剧团。登记成立了屏南县寿山乡乱弹戏保护传承协会、屏南龙潭四平戏保护传承协会、屏南平讲戏保护传承协会、屏南县武术协会、屏南县红粬黄酒协会、屏南中医药协会等传承研究机构。出台政策鼓励非遗项目代表性传承人和民间艺人开展带徒授艺，培养传承人。开展福建省非物质文化遗产地方剧种公益性惠民演出。在屏南漈头古村开展"古调屏讲"乡村旅游演艺，将平讲戏和传统民间武术结合，面对旅游市场，每周演出两场。推进传统文化进校园，在屏南城关职业中专学校、屏南二中、古峰二小、寿山中心小学、甘棠中心小学等学校开设戏曲、武术传习班，招收学生参与传承学习四平戏、平讲戏、乱弹戏以及屏南传统武术。

屏南木拱廊桥文化之乡保护与传承从推动与扶持社区木拱廊桥的修复、重建，促进技艺传承的社会需求入手。主要做法有：将木拱廊桥作为社区人文标志纳入当地社区事业发展规划，保证技艺传承空间。一是在长桥镇建成"木拱桥传统营造技艺展示馆"和"黄春财大师工作室"。通过图片资料、实物模型、传统工具、技艺流程等为观众展现传统营造技艺。二是开展现存木拱廊桥的各级重点文物保护单位的认定、评估、公布工作，完成屏南境内13座古代木拱桥的文物等级申报与认定工作。三是建立"屏南县长桥黄氏家族木拱桥传统营造技艺传习所"与"屏南县忠洋韦氏家族木拱桥传统营造技艺传习所"。招收学徒24名，开展技艺传承。四是参与屏南十锦

小学员演出四平戏传统剧目《井边会》

桥、古田卓洋桥、寿宁登云桥、屏南百祥桥、蕉城飞鸾桥、屏南进贤桥、代溪桥、寿山白玉虹桥的搬迁、重建与新建工作，为技艺的活态传承持续提供了实践机会。五是全面完成全县现存18座木拱桥的测绘工作。完成了万安桥、千乘桥、百祥桥的维修设计与保护规划的编制工作。六是开展项目数字化保护，完成视频243G、照片1280张（4580M）、文字材料108M的数字收集。与福建省图书馆合作开展数字保护试点工作，为项目的静态数字化保护提供经验。

三、形成保护体系

经过努力，屏南县在木拱廊桥、民间戏曲、红粬黄酒、本草养生、民间武术等方面建立起国家、省、市、县级文化遗产保护体系。在文物保护方面，从1988年至2006年屏南县先后公布了境内所有13座古代木拱廊桥为县级以上各级文物保护单位，其中万安桥、千乘桥、百祥桥为全国重点文物保护单位。2005年，屏南县政府开展非物质文化遗产名录体系建设工作。屏南木拱廊桥传统营造技艺、四平戏、平讲戏、红粬黄酒传统酿造技艺、民间武术、青草药膳、青草医知识与实践等项目分四批给予命名，并经逐级申报，到2017年底，屏南拥有国家级非遗项目4项、省级非遗项目9项、市级项目15项、县级项目60项。有国家级非遗代表性传承人4位，省级21位、市级42位、县级70多位。

2009年，以屏南为主申

中国入选联合国教科文组织非物质文化遗产名录项目颁证仪式在北京人民大会堂隆重举行

中国民间文艺之乡

周芬芳代表"中国木拱桥传统营造技艺"项目领牌

保护牌

保护牌中文翻译

报的"中国木拱桥传统营造技艺"被联合国教科文组织列入人类《急需保护的非物质文化遗产名录》。2012年，屏南作为闽浙两省七县联席会议的牵头县，积极开展"闽浙木拱廊桥"（闽浙两省7个县22座木拱廊桥，其中屏南的万安桥、千乘桥、龙津桥、广福桥、广利桥）申报入选《中国世界文化遗产预备名单》。

四、扩大交流合作

做好文化走出去交流合作，既是文化自信的体现，更是提升屏南文化知名度的需要。从2005年开始，屏南每年都依托白水洋旅游文化节，举办廊桥、戏曲、武术等为主题的文化论坛。2006年屏南成功举办了由中国艺术研究院等单位主办的"中国四平腔国际学术研讨会"；2009年举办"第三届中国廊桥国际学术（屏南）研讨会"；2014年中国民协和省文联在屏南举办"中国传统村落文化遗产保护屏南高峰论坛"。罗阳、潘鲁生、周燕萍等专家还参加了2016年北京茅以升科技教育基金会在屏南举办的"中国木拱廊桥传统营造技艺保护传承论坛"，第11届全国政协副主席王志珍专程到会并实地考察指导。与此同时，屏南还组织乡土艺人、学者参加国际、全国学术论坛及技艺展示，黄春财父子进京展示木拱廊桥营造技艺。四平戏、提线木偶戏进京参加全国珍稀剧种展演，漈头平讲戏剧团赴马来西亚访问演出，被誉为中马友谊的文化亲善使者等。2016年中国民协带领屏南平讲戏、四平提线木偶戏，赴我国台湾参加非遗展演，轰动两岸。

屏南文化骨干周芬芳、陆则起、苏旭东等多次参加国际、国内古桥保护论坛，陆则起还应邀到中央文化管理干部学院讲课，专门介绍屏南中国木拱廊桥文化之乡建设成功案例。周芬芳多次参加全国论坛和经验交流会，2009年2月，受文化部邀请作为福建唯一代表参加在北京举办的"中国非物质文化遗产生产性方式保护论坛"，并作大会交流发言。2010年，周芬芳、陆则起参加了中国入选联合国教科文组织非物质文化遗产名录论坛。屏南文化遗产研究团队多次应邀到福州大学、厦门大学等高校举办讲座，与大学生互动交流传播传统文化。2017年7月，在哈尔滨召开的第22届中国民居建筑学术年会上，周芬芳受邀作《文创激活古村——福建屏南模式的探索与实践》主题发言,得到好评。2018年4月19日至22日,中国民间文艺家协会在山东潍坊召开民间文艺之乡工作会议。周芬芳作为全国民间文艺之乡县级代表介绍了屏南县依靠民间文艺之乡品牌,深入挖掘地方民间文化资源"创意+创收+创业",打造地方文化名片的具体措施与取得的可喜成绩,得到与会领导专家的一致肯定。

近年来,屏南积极与中国艺术研究院·中国非物质文化遗产保护中心、中国民协、中国文化遗产院、厦门大学、福州大学、南京大学、上海交通大学、福建阳光学院、宁德师范学院等高校及各艺术研究机构联系,邀请专家学者深入屏南开展田野调查与研究活动。共接待来自美国、德国、瑞士、日本、韩国等国家以及海峡两岸10多位省市著名专家、教授到屏南开展田野调查150多批近千人次。屏南成为中国艺术研究院、国家非遗保护中心、中央美院、南京大学、福州大学、厦门大学、上海交大建筑学院、阳光学院、宁德师院等高校科研院所的校外实习研究基地。

周芬芳应邀到福州大学嘉锡讲坛开展讲座

五、加大舆论宣传

民间文艺之乡根植于农村,根植于群众。为了扩大文化遗产的知名度和影响力,屏南县借助媒体做大宣传。邀请中央、省、市各级新闻媒体深入采访报道,多年来,共拍摄报道屏南廊桥、戏曲、村落、武术、民俗、名人、文创、药膳、电商等专题和新闻节目达1000多期(条),分别在央媒,省、市媒体刊

（播）出。2016年春节，央视和福建电视台在双溪古镇、漈下村、长桥村举办以"乡音、乡愁、乡俗"为主题的小年直播节目；2016年冬至，北墘村黄酒民俗文化节也在央视和福建台同时直播；2017年端午，康里村传统端午节也获得央视与福建台直播，取得良好的宣传效果。2018年春节，屏南文创新浪官方微博开设"年味屏南"话题，达到637.8万阅读量，秒拍视频点击量也突破300多万。

近年来，屏南在宣传民间文化之乡等文化遗产方面还尝试利用网络直播扩大宣传影响。如在"青春正能量、公益星榜样"活动中引入斗鱼直播平台，活动访问IP达300多万，电视、微信、微博、网站同步推动，使活动当天位列新浪微博社会话题版全国第三。还将屏南文创公益教学进行12次腾讯网络直播，平均关注人数过万，配合视频秒拍进行传播，也取得了较好的效果。采用时间轴方式报道了5月3日—5日海峡卫视的《味解之谜》第三季屏南站的拍摄、5月29日—30日我们的节日——端午（代溪康里）民俗文化节粉丝量3万多人；官方腾讯微博发表博文1967篇，粉丝量1.3万多人。

六、促进产业发展

民间文艺之乡是传统文化积淀深厚的区域的认定，它既是传统的延续，也不断因社会、人文环境的变化而变化发展。屏南积极探索民间文化之乡建设与产业发展相融合。例如把中国红粬黄酒文化之乡建设与千家万户的传统酿酒产业相结合。北墘村、龙潭村、玉洋村等村落，以冬至开酿为龙头举办黄酒文化节，把酒产业做强做大；康里村举办端午节、七巧民俗文化节，恢复传统手工技艺，特别是编织百索；浴百通公司发动多个村落村民在参与本草养生文化之乡建设中，做好本草养生产业，仅种植、包装方面，就业人员就达1500多人。全县现有药膳饮食店300多家，草药经营摊点100多个，从业人员近2000人。

探索文化之乡建设与文创扶贫相融合。通过林正碌"人人都是艺术家"公益教学，全县10多个村落的村民、残疾人亮丽转身为乡村艺术家。双溪古镇安泰艺术城里，沈明辉、杨发旺、薛美兰等贫困残疾人通过学画，不仅解决了生活问题，而且还成为人们励志的榜样。在漈下村、龙潭村，村民们白天上山劳作，晚上在家画画，与外来的艺术家有了共同语言，接近了距离。漈下村许多村民将废弃的祖屋改造成高尚的艺术空间、民宿，龙潭村吸引了国内外的艺术家与艺术爱好者落户乡村并投资修缮古民居，解决了困扰古民居因房东多修复难问题，还带动了村民回归，产业发展。

抓好文化之乡建设与打造文化品牌相融合。如每年春节在万安桥举办万安宴，民众在参与中对中国木拱廊桥之乡的荣誉感进一步增强；棠口镇对千乘桥周边进行保护性整治，建起千乘桥生态公园；为建设中国民间武术文化之乡，县里划拨8亩土地作为民间武术培训基地。漈下村、往里村、小梨洋村等举办武术文化节，开展"民间武术进校园"活动，并多次参加海内外各类武术交流，打造民间武术文化之乡品牌。

屏南被中国民族建筑研究会授予
"中国传统村落文化创意产业发展示范县"

第二节 学术研究

屏南民间文艺之乡创建注重借脑引智，从学术入手，开展文化遗产资源调研。积极与中国艺术研究院、中国民协、南京大学、厦门大学、福建艺术研究院等高校研究机构合作，举办学术研讨会，提升屏南文化遗产在全国学术界的地位。同时，鼓励县内研究人员撰写学术论文，积极参与国际性、全国性学术研讨会，全面提高了学术涵养，为开展文化艺术之乡创建工作奠定坚实学术基础。

一、举办学术会议

（一）中国四平腔国际学术研讨会

2006年10月16日至18日，由中国艺术研究院、福建省文化厅和宁德市人民政府主办，福建省艺术研究所、福建省民族民间文化保护办公室和屏南县人民政府承办的"中国四平腔学术研讨会"，在屏南隆重召开，来自日本、韩国等国家以及国内北京、重庆、湖南、浙江、江西、广东、台湾、福建等省市地区的专家、学者、各级领导200多人参加了会议。

1982年在福州举办福建省庶民戏历史讨论会

在开幕式上，文化部教科司科技处处长陈迎宪、中国艺术研究院戏曲研究所所长刘祯、台湾大学教授曾永义，先后作了精彩的发言。他们充分肯定了召开"中国四平腔学术研讨会"的重要学术意义，并表示了衷心的祝贺。本次研讨会共收到50多篇论文，在研究方法上有了新的突破，不但重视田野调查工作，还更多地运用比较研究和跨学科研究的方法。

2006年，屏南召开中国四平腔学术研讨会

（二）第三届中国廊桥国际学术（屏南）研讨会

第三届中国廊桥国际学术（屏南）研讨会由中国艺术研究院·中国非物质文化遗产保护中心、南京大学、上海交通大学、福建省文化厅、宁德市人民政府主办，福建省文物局、宁德市文化与出版局、屏南县人民政府承办。2009年10月15日至18日在屏南隆重举行，来自美国、德国、瑞士和国内知名院校、文化

遗产保护研究机构以及桥梁研究专家学者120多人参加了研讨会。与会专家学者就廊桥历史文化、科学艺术价值和廊桥文化的保护研究等议题，特别是木拱廊桥传统营造技艺的传承保护展开了研讨；会上还总结、交流了近年来中国木拱廊桥保护经验、措施和成效，并就加快推动中国廊桥申报世界文化遗产工作进行了探讨。中国艺术研究院党委书记、副院长、中国非物质文化遗产保护中心常务副主任张庆善，国家非物质文化遗产保护工作专家委员会副主任刘魁立、周小璞，美国纽约州立大学教授那仲良，美国里海大学教授汤姆·彼得斯、中国著名桥梁专家唐寰澄，中国非物质文化遗产保护中心副主任郑长铃，国家非物质文化遗产保护工作专家委员会委员祁庆富、刘托、吕品田以及中国廊桥协会副会长赵辰、戴志坚、刘杰等出席会议。开幕式上，隆重举行了"中国木拱廊桥传统营造技艺入选联合国教科文组织《急需保护的非物质文化遗产名录》庆典仪式"。福建省政协副主席李祖可，省文化厅副厅长陈朱及宁德市委常委、宣传部长林鸿坚、副市长林鸿等领导参加了开幕式。为进一步加快中国廊桥申报世界文化遗产工作步伐，开幕式上，闽浙两省的屏南、寿宁、泰顺、庆元、周宁、景宁、古田、福安、福鼎、柘荣、霞浦等11个县市代表还共同签署了木拱廊桥联合申报世界文化遗产协议书。

　　会议期间，专家学者们以对木拱廊桥的热爱与对学术饱满热情，带来了倾心研究撰写的论文。他们从艺术学、建筑学、民俗学和建筑史学等层面，对

开幕式现场　　　　　　　　　　　　研讨会现场

中国木拱廊桥进行深入的调查研究，在木拱廊桥的历史渊源、建造技艺、人文精神、美学价值，以及木拱廊桥保护与技艺传承等不同层面和角度进行分析考证。与会人员还参观了屏南木拱廊桥博物馆，现场观摩木拱廊桥传统营造技艺传承人黄春财等搭建木拱廊桥模型，考察了双龙桥、千乘桥、万安桥，全面了解木拱廊桥保护和文化传承现状，对屏南保护和弘扬木拱廊桥文化所取得的成效给予了充分肯定。人民日报、中央电视台、光明日报、人民日报海外版等40多家中央、省、市新闻媒体前来采访，并从多角度集中报道了研讨会相关新闻与专题，形成了木拱廊桥宣传的高潮。

（三）中国传统村落文化遗产保护高峰论坛

2014年11月17日—19日，中国传统村落文化遗产保护（福建屏南）高峰论坛在屏南县隆重举行。本次论坛以"传统村落保护与美丽乡村建设"为主题，由中国民间文艺家协会、福建省文联和宁德市人民政府联合主办，中国民间文艺研究所、福建省民间文艺家协会、福建省文物考古博物馆学会、宁德市委宣传部、宁德市文联、屏南县人民政府承办。

论坛期间，专家学者交流了传统村落保护的方法、经验、重点问题，探讨中国传统村落文化遗产保护与新农村建设的新成果、新思路。与会领导、嘉宾

中国传统村落文化遗产保护高峰论坛

还观看了屏南县非物质文化遗产项目展示，包括国家非遗四平戏《井边会》、四平提线木偶《隋唐演义》、平讲戏《马匹卜换妻》等选段，屏南民歌《卖花记》表演等节目；参加了中国木拱桥传统营造技艺保护与传承访谈；考察了中国历史文化名镇名村双溪镇、漈下村、漈头村，中国传统村落北村村，全国重

点文物保护单位千乘桥等传统村落和文物古迹。

　　福建省文联党组书记、书记处书记、副主席张作兴，福建省委宣传部副部长马照南，中国民间文艺家协会分党组书记、驻会副主席罗杨先后发言，将保护传统文化和保护古村落提到了保护民族文化的根的高度。会上罗杨指出："发展是硬道理，但是硬发展没有道理。推土机推不出和谐社会，大拆大建建不出美丽中国，钢筋水泥也筑不出美好的中国梦。"罗杨带着诗意说，乡愁就是每一个中国人对家乡的眷念，屏南以廊桥文化为代表的传统村落是珍贵的文化遗产。

（四）中国木拱桥传统营造技艺的保护传承与廊桥生态环境的整体保护座谈会

　　2016年11月27日—28日，由茅以升科技教育基金会主办，屏南县人民政府、宁德市文化广播电视新闻出版局、茅以升科技教育基金会古桥保护委员会共同承办的"中国木拱桥传统营造技艺的保护传承与廊桥生态环境的整体保护座谈会"在屏南县隆重召开。第十一届全国政协副主席、中科院院士王志珍，茅以升科技教育基金会秘书长茅玉麟，福建省政协原副主席陈家骅，浙江大学、复旦大学、东南大学、中国艺术研究院、南京理工大学、厦门大学等院校专家以及闽浙两省七县申遗代表们相聚一堂，共商廊桥文化遗产的保护、传承、申遗等事宜。

王志珍视察万安桥

王志珍考察大师工作室

座谈会上，专家学者就如何提升文化自觉，坚持不懈，将廊桥文化遗产保护列入重点工作；认真普查、积极申报，建立国家、省、县三级保护体系；借助媒体，广泛宣传，提高民众文化自信与廊桥文化的影响力；借脑引智、培育人才，提升廊桥遗产保护研究水平；搭建平台、扩大交流，打造特色文化品牌；闽浙两省通力协作，联合申报世界文化遗产等重点问题提出自己的观点与建议，探讨新理念、新思路、新成果。

会议期间，王志珍一行还考察了全国重点文物保护单位万安桥、千乘桥等文物古迹及周边传统村落。王志珍指出，我是苏州人，自小在小桥流水的环境中长大，来到山清水秀的屏南，看到桥畔炊烟袅袅，乡土气息浓郁，特别喜欢这里，欣赏这里的廊桥文化。宁德市、屏南县各部门数年如一日，坚持不懈，组织参与廊桥文化的保护与传承工作，取得丰硕的成果。她强调，要敬畏自然，注重廊桥与周边生态环境的整体保护工作，进一步落实好防火、防洪、修缮重建等工作，让木拱桥传统营造技艺大师们有造桥的机会、实践的机会、培养年轻人的机会，传承好中华民族悠久灿烂的廊桥文化。

（五）两岸民俗文化与民间信仰研究（福建屏南）座谈会

2017年2月13日，中国艺术研究院文化发展战略研究中心副主任郑长铃率领调研组一行，深入我县开展"两岸民间信仰与民俗文化研究"课题调研并召开座谈会。郑长铃指出，民俗文化与民间信仰随着时代在改变，不断与当代、当下潮流融合，形成现在的文化，我们要客观地、宽容地接受这些传统文化的改变，对活态文化要以动态方式去保护，要活态地去观察研究，要注意研究视野，以超越对文化事项本身去认识，对乡土要怀有浓厚的感情和文化自信，积极引导民间信俗文化本身的生命力。同时要营造良好的氛围，随着文化发展的因缘，毫不气馁、坚定地走下去，对区域文化乃至于中华文化复兴的基础保护起到良好作用。屏南在保护民间信仰和民俗文化上，保持了较好的发展态势，希望能够真正成为传统文化保护传承的示范点和典型。

两岸民俗文化与民间信仰研究（福建屏南）座谈会

会上，屏南二十多位本土信俗文化研究人员从不同领域和角度，介绍了我县民间信仰与民俗文化相关情况。会前，调研组一行还先后走访双溪镇墘源村、棠口镇棠口村、屏城乡厦地村、路下乡芳院村、甘棠乡小梨洋村和漈下村等，实地考察屏南民间信仰与民俗文化相关情况。

（六）屏南民间文艺之乡考察评审会

屏南县2015年以来成功申报木拱廊桥、民间武术、红粬黄酒、本草养生文化之乡。分别召开了三次评审会。2014年12月3日，屏南县申报"中国木拱廊桥文化之乡"和"中国民间武术文化之乡"项目通过由中国民协周燕萍副秘书长带队的专家组评审。2015年10月18日，由中国民协副主席吴元新等7位专家组成的评审组对屏南申报"中国红粬黄酒文化之乡"情况进行评审。会上，还举行了"中国木拱廊桥文化之乡"与"中国民间武术文化之乡"授牌仪式。

2016年12月23日，中国民间文艺家协会、福建省民间文艺家协会、屏南县人民政府主办的"我们的节日——冬至暨福建省屏南县第一届（代溪北墘）黄酒民俗文化节"在屏南代溪镇北墘村隆重举行，民俗节启动仪式上还举行了"中国红粬黄酒文化之乡"授牌等仪式。2017年11月27日，屏南举办"中国本草养生文化之乡"与"本草养生文化传承基地"专家评审会。

木拱廊桥、民间武术文化之乡评审座谈会

申报"红粬黄酒文化之乡"评审座谈会

（七）"中国传统建筑文化旅游目的地"专家评审会和授牌仪式

2017年5月12日至15日，经中国民族建筑研究会副秘书长杨东生一行到屏南县实地考察评审，甘棠乡漈下村、棠口镇棠口村、漈头村、代溪镇北墘村、双溪古镇、屏城乡厦地村和屏南县木拱廊桥7个项目通过"中国传统建筑文化旅游目的地"专家评审。

2017年9月16日，中国民族建筑研究会在屏南举行中国传统建筑文化旅游目的地授牌仪式，授予屏南为"中国传统村落文化创意产业发展示范县"，屏南县木拱廊桥和漈下村、漈头村、北墘村、双溪古镇、棠口村、厦地村等6个村镇为"中国传统建筑文化旅游目的地"。国家文物局原副局长张柏、中国民族建

中国民间文艺之乡

中国传统建筑文化旅游目的地授牌仪式

筑研究会副秘书长杨东生、中国民族建筑研究会专家委员会委员戴志坚出席授牌仪式。

二、参与学术研讨

（一）中国古桥学术研讨会

茅以升科技教育基金会于2009年成立了中国古桥研究委员会，从事我国古桥梁学术研究。该学术机构每两年举办一届"中国古桥学术研讨会"，目前已成功举办了七届。屏南县木拱廊桥研究团队共参加了第二届至第七届学术研讨会，提供论文十多篇。

2009年11月15日—16日，"第二届中

第五届中国古桥学术研讨会在贵州福泉召开

国古桥研讨会暨海峡两岸古桥学术交流会"在福州大学隆重召开，周芬芳、陆则起、苏旭东等参加了会议；2010年、2011年、2013年、2015年、2017年第三届至第七届"中国古桥研究与保护学术研讨会"分别在浙江省绍兴市、湖南省长沙市、贵州省福泉市、河北省赵县、四川省泸县隆重举行。屏南县均认真撰写论文并派出研究人员参与学术研讨，得到与会专家学者的一致好评。

（二）中国廊桥国际学术研讨会

中国廊桥国际学术研讨会是由中国廊桥协会及上海交通大学、南京大学等高校发起，并组织中外专家和学者研究廊桥的历史、科学和文化价值，全面了解中国廊桥保护现状和存在的问题，研究保护与开发利用的政策，制定形成一套行之有效的保护措施体系，使中国廊桥的保护工作在未来时间内有一个明确的工作思路和发展目标的综合性学术研讨会。2005年第一届"中国廊桥国际学术研讨会"在浙江省杭州市和泰顺县召开，屏南县时任政协副主席郑道居参加了会议；2007年9月20日至23日，寿宁县承办的"第二届中国廊桥国际学术研讨会暨宁德·寿宁廊桥论坛"在寿宁县召开，时任屏南县委宣传部部长周芬芳参加了会议；2012年12月2日—4日，第四届中国廊桥国际学术（庆元）研讨会在浙江省庆元县举行，周芬芳、苏旭东、陆则起、张世带等参加会议；2013年11月9日—10日，第五届中国廊桥学术研讨会由于组织审批原因，更改为"闽浙木拱廊桥保护利用和申遗学术研讨会"在福建省政和县举行，周芬芳、苏旭东、陆则起、张世带、吴文胜等参加会议；第六届中国廊桥国际学术（重庆黔江）研讨会于2017年8月27日—29日在重庆市黔江举行，周芬芳参加了研讨会。

三、研究成果

1982年8月31日，福建省庶民戏历史讨论会在屏南召开，福建省戏曲研究所编印了《福建庶民戏讨论集》，同时编印了由魏朝国整理的《福建庶民戏唱腔》，两本书是屏南研究戏曲的发端；1984年，福建省四平腔学术会在福州召开，福建省戏曲研究所编印了《福建省四平腔学术会文集》；2005年，屏南地方戏研究办公室在开展3年多全县性戏曲普查的基础上，编印了《屏南戏曲文化丛书》（1—8卷），为研究屏南地方戏曲提供了调查资料；2006年，中国四平腔学术研讨会在屏南召开，中国戏曲出版社出版了《中国四平腔学术研讨会论文汇编》（上、下册），是屏南地方戏研究的高峰。

1992年，屏南县编印出版了屏南民间文学集成《中国民间故事集成•福建卷•屏南县分卷》《中国谚语集成•福建卷•屏南县分卷》《中国歌谣集成•福建卷•屏南县分卷》。2009年刘杰、周芬芳主编《乡土屏南》，由中华书局正式出版发行。同年，第三届中国廊桥国际学术（福建屏南）研讨会在屏南隆重召开，会议共收到论文50多篇，由中国艺术研究院编辑出版了《第三届中国廊桥国际学术（屏南）研讨会论文集》（赵辰 郑长铃主编）。2000年9月，苏旭东撰写的《孙子兵法与现代竞技体育谋略》一书由北京体育大学出版社出版。2009年11月，毛志坚撰写的中华武功绝学《罗汉神打》由人民体育出版社出版发行。多年来，为有效宣传屏南，县委宣传部还编印了画册、邮册《白水洋》《留住乡愁》《绿色屏南》《经典屏南》《屏南廊桥》《屏南县传统村落文化创意产业发展概览》等二十多种。同时，中国文史出版社出版了由甘景山主编的《清代戍台名将甘国宝》；海峡文艺出版社出版了《亲水天堂 鸳鸯之乡》《水韵屏南》等书共十多种。

2003年，屏南县政协首次由郑道居编纂《屏南古代桥梁》一书，之后，屏南县政协文史委编印了《屏南文化遗产》（郑道居主编）、《屏南古代楹联匾额选注》（陈俊孙主编）、《屏南八景诗》（郑福顶、张少忠主编）、《屏南古民居》（郑道居著）、《屏南红粬黄酒》（吴文胜、张少忠主编）、《中国传统村落忠洋》（甘代寿、张少忠主编）等文史资料集等近十本。政协屏南

学术成果

县委员会、屏南县甘国宝文化研究会编印了《甘国宝文化研究》、《我看甘国宝》（陶敏辉编）等。

2011年，周芬芳、陆则起、苏旭东三人合作撰写了由文化部主编的"国家非物质文化遗产丛书"《中国木拱桥传统营造技艺》正式出版。2017年11月，由福建省文联党组书记、副主席张作兴总主编的《乡村表情》（共6册）由福建人民出版社出版，《屏南廊桥》（陆则起编著）位列其中。屏南通过借脑引智，极大提高了本土研究人员的理论与实践能力，为全县文化遗产、民间文化之乡保护与研究工作奠定了坚实的人才基础，提供了智力支持，提升了保护研究水平。

第三节　实施方案

为促进"中国民间文化艺术之乡"的创建工作，推动民间文化艺术的繁荣发展，弘扬优秀传统文化，丰富群众文化生活，促进文化创意产业蓬勃发展。结合屏南红粬黄酒、木拱廊桥、民间戏曲、民间武术、本草养生文化之乡发展实际，屏南县人民政府精心谋划、认真制定创建民间文艺之乡五年实施方案。

一、指导思想

以习近平新时代中国特色社会主义思想为指导，全面贯彻党的十九大精神，以人民为中心的工作导向，以社会主义核心价值观为引领，抢救和保护屏南民间文化艺术资源，广泛开展群众性文化活动；以创建"中国民间艺术之乡"活动为载体，以红粬黄酒、木拱廊桥、民间戏曲、民间武术、本草养生文化为主体，大力弘扬时代精神，积极开展屏南民间传统文化的挖掘、保护、传承和创新，组织实施民间传统文化、民俗活动的展览、展演、交流和推广，促使民间文化民俗活动逐步发展壮大。

二、目标任务

建立设施完备、功能齐全的民间文化、民俗活动阵地。健全系统的、专业的文化研究传承、艺术培训和创作辅导体系，打造丰富的屏南民间文化民俗活动精品。完善人才队伍培养机制，制定投入保障和奖励制度，实现屏南民俗活动常态化、制度化，增强民间组织、广大群众参与度。形成政府主导、乡镇负责、部门配合、社会参与、城乡一体、齐抓共管的屏南民间文化之乡创建工作新局面。到2022年把屏南"中国民间文化艺术之乡"打造为全省乃至全国知名文化品牌。

（一）**深挖民间文化内涵，全面提高文化品位**。全面挖掘、整理屏南县民间艺术文化背景资料，收集文化艺术精品，健全文化艺术档案，出版文化艺术专集，加强文物保护、非物质文化遗产传承和历史文化名人的研究，在全县建成一批民间文化艺术展厅，展现屏南丰厚的历史文化底蕴和文化内涵。

（二）**借脑引智，培育人才，提升民间文化艺术之乡保护发展水平**。通过开展跟班、培训、交流、展览等学习形式，努力培养一批扎根基层、服务基层的民间文化队伍及乡土文化艺术人才，精心打造一批老、中、青结构合理的民间特色团队和代表人物，充分发挥他们在民间文化艺术活动中传、帮、带示范作用。探索创新，引进了外来艺术家团队入驻屏南，注入文创方式激活古村落文化振兴。

中国传统节日文化遗产保护与乡村文化建设论坛在屏南召开

（三）**加大宣传力度，扩大对外影响**。充分利用广播、电视、报纸杂志等传统媒体以及网络、手机APP等新媒体、融媒体，加大对创建屏南"中国民间文化艺术之乡"的宣传力度。举办民间戏曲、传统武术、农民画、剪纸、手工技艺等民间艺术展览、竞赛、表演，打造民间文化长廊、文化墙，使其成为屏南全域化旅游的一大亮点，扩大屏南"中国民间文化艺术之乡"的知名度和影响力。

赶代溪乡场

（四）抓好艺术传承，全面拓宽普及渠道。通过开展文化艺术进社区、进农村、进学校、进单位的"四进"活动，经常性地开展创作、展演、展览、竞赛、交流等活动，营造创建"中国民间文化艺术之乡"的良好文化艺术氛围。让全县人民认识、了解、学习、掌握屏南丰富的文化内涵，让他们成为乡土文化的传承者、创造者、爱好者和传播者。

（五）开发文旅产品，助推文化产业发展。坚持以市场为导向，发展红粬黄酒产业、药膳产业、本草养生养老产业、旅游演艺产业等。建设屏南药膳小镇、代溪黄酒小镇、甘棠甘国宝文化小镇、棠口红色文化小镇、双溪文旅小镇、长桥廊桥文化小镇等创建工作。鼓励社会资金、个体户创办民间艺术发展实体，走民间文化艺术作品商品化发展的路子。深度开发文化创意产业，延长文化创意产业链条，提升屏南民间文化艺术价值，促进县强民富生态美的新屏南建设。

（六）统筹兼顾，全面推动文化事业发展。在全县突出抓好基层综合文化服务中心建设的基础上，各乡镇突出抓好文化艺术之乡的打造与建设。打造好双溪"安泰艺术城"和艺术展览中心；棠口镇的新四军六团北上抗日纪念地、鼎顺艺术中心、漈头农耕馆；代溪镇的黛水酷镇；长桥镇的木拱廊桥展示馆、汤厝文学创作基地；寿山乡的乱弹戏培训基地；熙岭乡的四平戏、杖头木偶戏培训基地等各具特色的文化艺术强项，进一步丰富"民间艺术之乡"的文化内涵。

三、主要措施

按照先易后难，长中短结合，城乡统筹，点面结合的原则，围绕中国民间文化艺术之乡创建目标任务，着重从以下几方面抓好落实。

（一）挖掘收集资料，充分展示屏南历史文化底蕴

一要抓好民间文化艺术资料的进一步搜集、整理。以县文联、民协、文化馆、博物馆、图书馆、文化遗产传承保护中心为主体，各乡镇文化站、重点村、各民间传承机构密切配合。深入挖掘以屏南木拱廊桥、民间戏曲、民间武术、红粬黄酒、药膳本草等为代表的民间文化艺术的渊源、流派、技法、传承等背景资料，以及具有代表性艺人的情况，进行综合整理，形成我县民间文化艺术的发展史料。要全面收集民间老艺人代表性作品，复制并积极参加国家及省市展览；收集我县民间文化艺术精品，以充分体现屏南民间文化艺术之乡的历史文化背景和厚重的文化内涵。二是建立健全民间文化艺术档案。要分门别类建立屏南民间艺术活动档案、民间艺人档案、民间文化艺术成果汇编档案、民间文化艺术展览、培训等文字资料及图片档案。组织实施"屏南民间文化艺术"数据化保护；编辑出版《中国民间文化艺术之乡——福建屏南》图书。三是完善保护、传承和开发机制。要在县博物馆、文化馆现有展示的基础上，建成屏南民间文化艺术综合展示馆，内

屏南长桥汤厝福建文学创作基地

容包括艺术发展历史、领导重视关怀、各类活动开展及获奖情况、各类文化精品陈列、艺人简介等，做到图文并茂，资料和实物并举，全面反映我县民间文化艺术面貌。进一步建立健全文物保护机制。加强对古遗址、古建筑、古壁画等文化遗产的保护和抢救。保护传承口传历史和方言文化，实施传统节日和文化项目振兴工程。培育本土文化艺术品牌。实施传统工艺振兴计划，对惠泽龙红糟黄酒老字号、中医、青草医老字号、老武馆、手工技艺进行保护和市场开发。加强对新型城镇化和乡村振兴中的文化遗产保护，实施历史文化名镇名村和传统村落保护工程。培育一批文化创意公司，实现民间艺术产品与文化产业的有效融合，带动当地群众脱贫增收致富。

（二）注重人才培养，加强民间艺术人才队伍建设

一是加强民间文化艺术组织的建设。要进一步加强和充实屏南县文化艺术家协会，组建和充实有关协会、学会，开展经常性的文化艺术交流、创作，以提高文化艺术水平；要健全工作网络，在各乡镇文化站成立分会，各村文化室组建服务站，形成工作网络。二是加强对青少年文化艺术培养，鼓励老艺人带徒授艺。以文化馆为主要培训阵地，各相关单位密切配合，每年举办各种类型文化艺术培训班，组织中小学生、乡村社区群众参加基本技法培训、创作、交流活动，培养中青年、中小学生从小热爱屏南民间文化艺术，积极投身文化艺术事业，增强发展后劲。动员鼓励技艺传承人发挥传帮带作用，带徒弟，教学生，把民间文化艺术技艺传授给下一代，使民间文化艺术后继有人。三是积极组织开展民间艺术学习和交流活动。每年组织文化艺术骨干到县外、省外一些著名的文化艺术之乡参观学习，参加全国、全省展览和相关赛事；每年邀请专家学者到屏南开办讲座交流指导，不断提高屏南文化艺术整体水平。

（三）加大宣传力度，不断提高民间艺术之乡的知名度和影响力

一是实施文化品牌建设。建设屏南城市品牌视觉形象识别系统和空间标识指示系统，制作城市品牌对外宣传画册和高清宣传片。打造城市品牌示范工程，在高速入口、国道入口等处设立文化标志，在城市市政设施、城乡公共交通和餐饮娱乐场所加入文化标识，在特许农产品、旅游特色商品的设计和包装上融入屏南文化元素，不断增强文化品牌创建氛围，营造具有屏南地域特色的

文化艺术气息。二是积极开展形式多样的宣传活动。拍摄我县创建文化艺术之乡活动的电视专题片、宣传推广片在电视台、网络等媒介上进行宣传报道。围绕各个创建时期的主题，组织相关人员以屏南文化为题材创作文艺精品，并进行展演或展览。扶持具有屏南文化特色的旅游演艺产品《遇见屏南》《古调屏讲》等的创作，出台政策，鼓励县外文化艺术创作单位创作屏南乡土题材文化艺术产品和旅游商品。三是举办屏南文艺作品展览展演。持续举办好屏南十大传统节日民俗文化节系列活动，为屏南民间文化艺术展览展演提供良好的平台。调动民间艺人创作积极性，编创作品参加全省、全国性的展览展演，使屏南文艺作品走出福建走向全国。

《遇见屏南》

（四）加强普及推广，营造浓厚的民间文化艺术氛围

一是把屏南民间文化艺术纳入全县中小学校本课程列入教学计划。全县中小学校要结合学生素质教育、德育、美育教育，将屏南民间文化艺术内容列入教学计划，促进艺术人才的成长。二是运用民间文化艺术形式宣传、展示中心工作。根据廉政、计生、普法、环保等各系统各单位宣传需要，组织作者围绕宣传内容，进行艺术创作，以民间文化艺术形式宣传党的方针、政策和法律法规，寓教于乐。三是做好屏南民间文化艺术在乡村社区的普及工作。以乡镇文化站和社区综合文化服务中心为依托，组织开展培训、创作活动，培养一大批屏南文化艺术爱好者，做到村村都有能手，鼓励乡村社区在逢年过节、婚丧喜庆、农事活动中用文化艺术装点装扮场所，营造文化艺术氛围，扩大文化艺术

普及面。四是积极开展民间文化艺术活动。文艺调演、戏曲惠民演出、宁德世界地质公园文化旅游节、广场舞表演、书画美术作品展览等艺术活动已被广大群众接受和认可。要求各乡镇每年要组织不少于3场（次）的民间文化艺术活动，城区每年组织不少于20场（次）的大中型民间文化艺术活动，持续发挥好已形成文化活动的品牌作用，确保全县民众参与和受众人数达到总人数的80%以上。

（五）以市场为导向，不断探索屏南民间文化艺术产业发展

一是鼓励、支持创办文化企业。支持私营个体、文化大户扩大规模，形成产、供、销一条龙经营；鼓励自主经营，展开竞争，形成多家经营的格局。二是设计开发新包装、新产品。以屏南民间文艺家协会为依托，组织民间爱好者深入生活，进行创作，不断创新，充分利用现代艺术表现手法，使传统民间文化艺术作品形式多样，丰富多彩，具有特色。

第四节　创新发展

屏南申报成功四项"中国民间文化之乡"和两个传承基地，这既是荣誉，更是责任。文化遗产保护要遵循规律，更需要创新发展。

一、创新性建设

文化之乡建设主要包括组建相关保护机构，制定相关政策与管理办法，传承人的保护和扶持，技艺场所自然、人文的有效保护，开展教育、宣传与能力培养等方面。

（一）**继续深入开展普查工作**。普查是文化艺术之乡保护的一项非常重要的内容，要运用现代化多媒体信息技术等多种手段对文化遗产进行采集，忠实、完整地记录其在当下的面貌，最好做到每个传承人都有一部口述史；要对有关的文献和实物资料进行收集和归档，尤其是要对现存的实体进行调查、登录。普查成果应通过文字（如普查报告、文献汇编）、图片（如图集）和影像（如各种视频记录）等多种形式得以呈现，并使其得到妥善保存。深入开展普查是制定保护规划和落实保护措施的基础。

（二）**加强理论研究，提供学术支持**。要广开言路，加强与高校及各级研究机构的合作，充分发挥专家学者的学术支持作用。"中国廊桥国际学术研讨会""中国古桥研究与保护学术研讨会"就是一个很好的平台，为世界各地的学者提供了切磋、探讨的机会，它已经也必然会对屏南做好文化遗产的保护与传承提供了理论指导。屏南应多组织各种学术活动，加强与学术机构的合作，开展学术调研，为制定保护规划、落实保护措施获取智力支持。

加强与高校、科研机构合作

（三）**制定保护规划，使保护工作有据可依**。在深入开展普查和学术研究的基础上，组织专家对屏南各文艺之乡进行专项调研，制定详细、可行的保护规划，使各项具体保护措施的落实和整个保护工作的推进有据可依。制定保护规划要坚持科学的方法，要与文物部门和修复机构统一协调行动，在可行性调研和分析的基础上，细化保护原则与措施，制定配套性的实施方案，确保规划的可操作性。制定保护规划是一项系统工程，要协调各部门之间合作，发挥学术机构的力量，使政策制定者、专家、传承人和保护工作者形成合力，共同推动保护工作。

（四）**加大对传承人的保护力度，促进技艺传承与发展**。传承人是非物质文化遗产的活态载体。保护传承人是非物质文化遗产保护工作的重要内容之一，是确保非物质文化遗产活态传承与发展的根本途径。要实现该项技艺的保护与传承，首先要加大对传承人的扶持力度，为其创造良好的传承条件。其次，通过建立传习所等途径，为传承人的技艺传承提供平台，鼓励其收徒授艺，确保该项技艺后继有人。最重要的是，要实现技艺的传承与发展，应尽可能地为传承人提供技艺实践的机会，还应积极鼓励传承人将传统技艺融入现代艺术，促使传统技艺与现代社会需求的结合、融合，为其传承发展营造适宜土壤和活水源，通过生产性方式促进技艺的传承。

（五）坚持整体性保护原则，实现其与环境的良性互动。整体性保护是民间文化艺术之乡保护的一项重要原则，也是当前文化遗产保护中积极探索的新途径。首先，要保护民间文化艺术之乡存续地的自然环境；其次，要激活相应的民俗文化，技艺传承与发展的社会文化环境。只有将文化艺术融入当地的社会文化环境，实现其与环境的整体性保护，才能真正实现活态传承与发展。

（六）加大资金扶持，创造多渠道融资，确保保护工作的持续实施。政府作为民间文化之乡的组织者与主要实施者，要发挥主导作用，将民间文化艺术的保护经费纳入当地政府财政预算，调拨专项经费，为其提供稳定的资金支持。同时，创造多种融资渠道，采用社会募捐、企业社会责任、基金会运作等多种方式，为有效保护与传承提供经费支持和保证。

（七）充分利用公共文化基础设施，扩大宣传教育，提高民众参与度。民众是文化遗产的创造者和享有者，也是文化遗产重要的保护和传承主体。激发民众参与的积极性，有利于营造保护与传承的良好社会氛围。要实现广泛的社会参与，就要不断提高民众的认知，以及对保护、传承文化遗产重要性的认识，提高民众的文化自信和文化自觉。要实现这些目标，首先必须借助博物馆、展示馆、文化馆、文化站、基层文化服务中心等文化基础设施，通过广播、电视、报刊、网络等新闻媒体，扩大宣传，提高民众的认知度；其次，将民间文化艺术之乡纳入国民教育体系，编入乡土教材，提高广大青少年对本土其他文化表现形式的认识；第三，还可以通过举办各种民俗、节庆活动等，激发屏南当地民众的参与热情；第四，规划建设传习所或专题展示馆，以利于技艺的传承和展陈。

木拱廊桥、民间武术文化之乡授牌仪式

二、合理化利用

文化遗产的不可再生性决定了对待文化遗产必须始终把保护放在第一位，文化遗产的真实性、完整性原则反对任意改动文化遗产本身及相关环境，反对添加新的不和谐建筑物，甚至反对不必要的修复，包括过度的开发利用。我们强调保护，并不是反对合理化利用，民间文艺之乡要通过适度、科学地开发，使更多的人认识其文化价值，提高保护意识和觉悟。

（一）**政府主导民间文化艺术之乡的保护与开发**。在文艺之乡保护过程中，我们要坚持"保护为主、抢救第一、合理利用、加强管理"十六字方针，要坚持政府主导原则，将遗产保护列入各级党委、政府的议事日程，列入当地财政预算、列入当地社会事业发展规划。在遵守《中华人民共和国非物质文化遗产法》《中华人民共和国文物保护法》的基础上，制定相关法规，加大法律法规宣传，建立依法保护制度。制定优惠政策，招商引资，开发资源，发展以各文化之乡为主题的旅游产业，使文化资源优势转化为经济优势，更好地为当地经济发展旅游开发服务。

红粬黄酒文化之乡授牌仪式

（二）**发动群众积极参与文艺之乡的保护与开发**。文艺之乡保护工作要充分发挥民间的积极性与创造性。要政民结合，加强政府引导与民间主体的合作。在保护规划的制定以及整个项目实施过程当中，民众的主体性要得到很好的体现与发挥，要充分体现以人为本、以民为本的精神。文化遗产保护与传承

动力来自民众,目的为了民众,必须从民众的长远和根本的利益出发,其目的才能达到,保护才能持之以恒。一种文化传统、一份文化遗产、一项民间技艺、一座文化遗存物,只有在民众的现实生活环境中,才能长期有效地得到保护。政府应该规划在该技艺的核心存续、保护区建立技艺展示馆和传习所,来激活民间参与文艺之乡保护的积极性与创造性。

本草养生文化之乡授牌仪式

(三)**应从文艺之乡整体入手,开展整体性保护。**文艺之乡的保护牵涉到三个方面的保护问题,一是本体作为各级文物保护单位的保护维修问题;二是作为技艺的非物质文化遗产保护与传承问题;三是文化空间与文化生态的保护问题。在文艺之乡保护实践中,存在缺乏整体性保护的现象。我们要把民众的情感和诉求放在保护的中心地位,把技艺本体、文化空间一同加以整体保护,这样才不会失去灵魂与本真,才不会使保护成为无本之木,无源之水。正如刘魁立先生所言:"任何文化表现形式都不是孤立存在的,就其构成而言,是混元的;就其存在方式而言,又是与其他多种文化表现形式共生的。对文化遗产的保护不应使之成为"碎片"或"孤岛"。因此,我们要防止保护变"圈护",防止人为割裂文化整体性。

(四)**以可持续发展为保护理念,注意与时俱进地传承和延续。**在抓好文艺之乡保护的同时,也要与时俱进地改革创新。任何文化都是活态的、都是跟着时代步伐往前行。同样，文艺之乡也应因势利导地加以创新与引导，使其朝着健康的方向发展。例如，对于廊桥的风水与信仰空间，我们不能见神就说是"迷信"，动不动就拆神龛，而要从防火角度出发引导民众将桥上香火外迁。针对廊桥的娱乐、休憩、教化、交流空间则加以大力支持与提升，使其发挥更大、更积极的作用。

（五）**以保护为基础，以适度开发为原则**。在开发利用文艺之乡过程中，我们要防止造成对文化遗产的二次伤害。不要做"文化搭台、经贸唱戏"这样的宣传活动，而要开展文化唱戏，而且文化要唱主角。为此，要充分利用文化资源，开发有高文化附加值的文化旅游产品，形成独具地方特色文化经济，造就丰富人文景观。近年来，屏南积极开展以文艺之乡、古村落、文创产业等为核心的文化旅游开发与招商引资，成果斐然。屏南县已经编制完成全域化旅游总规与详规，把以各文艺之乡为核心的文化旅游纳入旅游总规与详规中。文艺之乡的开发利用要本着适度的原则，任其自然发展与过度商业化开发都不恰

《情暖屏南》参加福州十邑春晚演出

当，甚至会带来负面影响。因此，要充分评估文艺之乡市场开发的承载力与保护利用风险，做到保护与开发相得益彰。让文艺之乡在助力发展"县强民富生态美"的新屏南实践中发挥应有的作用！

主要参考书目

1. 茅以升主编：《中国古桥技术史》，北京出版社，1986年。
2. 唐寰澄：《中国科学技术史·桥梁卷》，科学出版社，2000年。
3. 王文章主编：《非物质文化遗产概论》，文化艺术出版社，2006年。
4. （清）沈钟等修纂：《屏南县志》（四种），方志出版社，2014年。
5. 屏南县地方志编纂委员会：《屏南县志》，方志出版社，1999年。
6. 刘杰、周芬芳：《乡土屏南》中华书局，2009年。
7. 《第三届中国廊桥国际学术（屏南）研讨会论文集》，2009年。
8. 郑道居主编：《屏南古代桥梁》，政协屏南县文史委员会编印，2003年。
9. 屏南县地方志编纂委员会：《屏南年鉴2017》，海峡书局，2017年。
10. 刘春生、石子奇主编：《本草与养生》，人民军医出版社，2009年。
11. 周芬芳、陆则起、苏旭东著：《中国木拱桥传统营造技艺》，浙江人民出版社，2011年。
12. 甘景山主编：《清代戍台名将甘国宝》，中国文史出版社，2006年。
13. "中国木拱桥传统营造技艺"申报联合国教科文组织急需保护的非物质文化遗产名录申报文本。
14. 《屏南县申报"中国木拱廊桥文化之乡"报告书》2014年。
15. 《屏南县申报"中国民间武术文化之乡"报告书》2014年。
16. 《屏南县申报"中国红粬黄酒文化之乡"报告书》2016年。
17. 《屏南县申报"中国本草养生文化之乡"报告书》2017年。
18. 陆则起编著：《乡村表情·屏南廊桥》，福建人民出版社，2017年。
19. 福建药膳研究会屏南分会《屏南药膳》屏南文史资料23辑。
20. 屏南县民间文学集成编委会《中国民间故事集成·福建卷·屏南县分卷》，《中国民间歌谣集成·福建卷·屏南县分卷》，1993年。
21. 屏南地方戏研究办公室编辑：《屏南地方戏研究丛书》（1—8卷）。
22. 相关网站。

后 记

　　民间文艺之乡，是丰富多彩地域文化的品牌和标志。抓好民间文艺之乡建设不仅凸显地方文化亮点，塑造地方文化品牌，同时极大地提升了地方政府、人民群众的文化自觉与文化自信，对促进乡村文化振兴意义重大。

　　作为扎根基层一线的文化守望者，我们没有这方面学术背景，也不是相关专业科班出生，研究、保护与传承地方文化既是兴趣爱好，更显文化自觉与自信。我们共同参与《中国红粬黄酒文化之乡——福建屏南》书稿的编著，是基于屏南有一支"本土文化保护研究团队"。这一团队二十多年来持之以恒，从挖掘、抢救、保护地方戏曲、廊桥、武术、黄酒、本草文化入手，多角度全方位开展了地方文化的普查、挖掘、保护与研究，积累了许多宝贵的第一手资料。作为团队中的一员，我沉浸其中，受益匪浅，共参与包括"中国木拱桥传统营造技艺"申报联合国教科文组织《急需保护的非物质文化遗产名录》；申报"闽浙木拱廊桥"为《中国世界文化遗产预备名单》；申报屏南各类各级别文化遗产（非遗、文保）、历史文化名镇名村、传统村落、各文艺之乡等文化类国家级以上项目30多项。由于本人长期参与相关文化遗产项目的申报与保护实践，积累了些许经验，因此，希望通过本书能够得到大家的理解与支持，以共同保护民间文艺之乡这一文化瑰宝。

　　该书付梓凝聚着诸多领导、专家、学者以及中国民协与省、市民协的关爱，在此表示最真挚的谢意。感谢为本书提供文字资料、图片的张尊镇、苏维邦、郑道居、熊寿鹏、张峥嵘、陆坚、张璘琳、苏旭东、甘代寿、张少忠、吴良滇、李朱生、王让梨、周回利、张川闽、陈穗芳、高年祖、叶迎阳、张世带、宋文瑞、张书伟、包锦瑶、卓育兴、饶瑞声、余慧君、吴文胜、郑玉晶、邱仰左、陆则镇、陈俊孙、苏永欣、郑福顶、黄闽辉等诸君；感谢黄春财、张贤读、张贤楼、张尊盟、陈秀雨、陈大井、陈玉光、张雪妃、陆绍灿、陈官唱、陈官购、邱允滔、谢长春、韦顺岭等各级非遗代表性传承人一生的执着和付出，他们的艺术追求与工匠精神值得尊敬！

　　由于本人学识尚浅，修为不逮，虽使出洪荒之力，仍难以深入博大精深的民族民间文化本源与内核，所以不免挂一漏万，差错必然存在。诚请方家、读者朋友批评指正。

　　谨此后记！

陆则起
戊戌年菊月

图书在版编目（CIP）数据

中国红粬黄酒文化之乡——福建屏南 / 陆则起主编. -- 北京：中国文联出版社，2018.12
ISBN 978-7-5190-4070-3

Ⅰ. ①中… Ⅱ. ①陆… Ⅲ. ①屏南县－概况②酒文化—介绍—屏南县 Ⅳ. ①K925.74②TS971.22

中国版本图书馆 CIP 数据核字（2018）第 280070 号

中国红粬黄酒文化之乡——福建屏南
（Zhongguo Hongquhuangjiu Wenhua Zhixiang—Fujian Pingnan）

主　　编：陆则起	
出 版 人：朱　庆	
终 审 人：奚耀华	复 审 人：周小丽
责任编辑：王素珍	责任校对：潘传兵
封面设计：王熙元	责任印制：陈　晨

出版发行：中国文联出版社
地　　址：北京市朝阳区农展馆南里 10 号，100125
电　　话：010-85923036（咨询）85923000（编务）85923020（邮购）
传　　真：010-85923000（总编室），010-85923020（发行部）
网　　址：http://www.clapnet.cn　　http://www.claplus.cn
E－mail：clap@clapnet.cn　　wangsz@clapnet.cn

印　　刷：北京新华印刷有限公司
装　　订：北京新华印刷有限公司
法律顾问：北京市德鸿律师事务所王振勇律师
本书如有破损、缺页、装订错误，请与本社联系调换

开　　本：787×1092		1/16	
字　　数：320 千字		印　张：22	
版　　次：2018 年 12 月第 1 版		印　次：2018 年 12 月第 1 次印刷	
书　　号：ISBN 978-7-5190-4070-3			
定　　价：128.00 元			

版权所有　翻印必究

N